サクサク身につく！

日商簿記3級

テキスト&問題集 第2版

前田信弘 著

ナツメ社

はじめに

　簿記の知識は、経理担当者のみならず、社会人にとって必須知識ともいえるものです。簿記を学習することによって、企業の数字に関する知識が身につき、計数感覚も養うことができます。

　しかし、簿記というと「かたい」「難しい」というイメージを持ってしまいがちです。

　そこで、本書はさまざまなキャラクターを登場させ、イラストと図解で楽しく日商簿記3級を学習することができる構成にしてあります。本書でキャラクターたちとともに学習することによって、日商簿記3級の知識をしっかり習得することができます。

　なお、今回の改訂では、2021年度以降の新しい日商簿記検定の試験方式に対応した内容に変更してあります。

　本書を活用して、日商簿記3級の検定試験に合格されることをお祈りいたします。

前田 信弘

僕たちといっしょに学習しよう

基礎から覚えてレベルアップしましょう

本書に登場する主なキャラクターたち

くまの助

文具・事務用品を扱う「株式会社こぐま文具店」の店主。みなさんといっしょに簿記の学習を始めます。

くま美

こぐま文具店の会計係。くまの助といっしょに簿記の学習を行います。

簿記のくま先生

簿記の学習のバックアップをしてくれます。わかりやすく、親切・ていねいに解説してくれます。

小口現金係

こぐま文具店の小口現金係。

倉庫係

こぐま文具店の倉庫係。

アルバイトのくま川くん

こぐま文具店のアルバイト。

お客さん

こぐま文具店でよく買い物をする個人顧客。

ひぐま商事

こぐま文具店の仕入先。

しろくま商店

こぐま文具店の得意先。

レストランBear

こぐま文具店の近所のレストラン。

🔍 はじめに 簿記の流れを見ておこう！

こぐま文具店のようなお店では、日々、お客さんに商品を販売しています。また、売るための商品を購入してきます。この商品を購入してくることを仕入れといいます。そして、電気代・水道代や、従業員の給料などを支払っています。

お店ではこのような活動を行っていますが、これを取引といいます。取引が発生したら、それを記録しておく必要があります。ただし、でたらめに記録するわけにはいきません。一定のルールにしたがって記録していくのですが、簿記ではこれを仕訳といいます。

たとえば、「¥500で商品を販売して、現金を受け取った」という取引の場合、また「¥300で商品を仕入れて、現金を支払った」という取引の場合、仕訳は右のようになります。

仕訳をしたら、総勘定元帳という帳簿に書き移す作業をします。この作業を転記といいます。総勘定元帳というのは、現金や売上、仕入など、項目ごとに金額を記録するノートのようなものです。

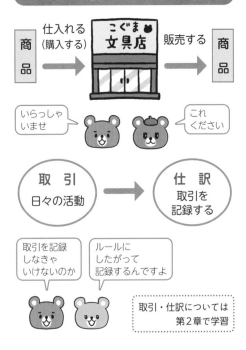

お店の日々の活動

商品 → 仕入れる（購入する）→ こぐま文具店 → 販売する → 商品

いらっしゃいませ
これください

取引 日々の活動 → 仕訳 取引を記録する

取引を記録しなきゃいけないのか
ルールにしたがって記録するんですよ

取引・仕訳については第2章で学習

「¥500で商品を販売して、現金を受け取った」

(借)現	金 500	(貸)売	上 500

「¥300で商品を仕入れて、現金を支払った」

(借)仕	入 300	(貸)現	金 300

仕訳についてはあとでくわしく学習するので、ここではこんな感じとだけ押さえておきましょう

仕訳 取引を記録する → 転記する → 総勘定元帳

転記という作業もあるのか

転記については第2章で学習

たとえば、さきほどの「¥500で商品を販売して、現金を受け取った」という取引の場合は、右のように転記します。

日々、「仕訳」→「転記」を行っていきます。

日々、「仕訳」→「転記」を行っていると、間違って記入してしまうことがあるかもしれません。そこで、1カ月ごとなどに、試算表という表を作ってミスがないかどうかチェックします。

試算表は総勘定元帳の記入をもとに作成します。

このような作業を行い、そして1年が経ちます。
お店や会社では、一定期間ごとにもうけや財産の状況を明らかにして、一覧にする必要があります。
なお、一定期間のことを会計期間、その終わりを決算日といいます。

お店がいくらもうかっているのか、財産がいくらあるのかがわからないと、どう経営を行っていけばよいかわかりませんよね

5/1（借）現　　金 500（貸）売　　上 500

総勘定元帳

現　　金

5/1 売　　上 500

売　　上

5/1 現　　金 500

こんなふうに書き移していきますが、これもあとでくわしく学習するので、ここではとりあえず流れを押さえておきましょう

試 算 表

借方合計	勘定科目	貸方合計
×××	現　　金	
×××	売　掛　金	
	買　掛　金	×××
	︙	
	売　　上	×××
×××	仕　　入	
×××		×××

左右の合計金額が合っているかを確認

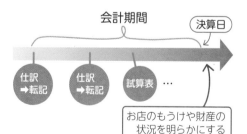

試算表はこんな表です

試算表については第10章で学習

会計期間　　　　　決算日

仕訳→転記　　仕訳→転記　　試算表…

お店のもうけや財産の状況を明らかにする

そうですね。だから一定期間ごとに明らかにしていくわけですね

一定期間のもうけは損益計算書という書類に、財産などの状況は貸借対照表という書類に記載します。なお、損益計算書と貸借対照表は財務諸表とも呼ばれます。

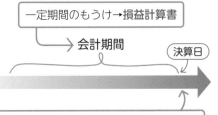

決算日になったら、損益計算書と貸借対照表を作成するわけですが、いきなり作るのではなく、その前に決算整理という手続きを行います。

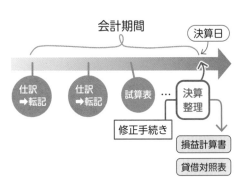

毎月、試算表を作成し、12カ月が経つと、1年分の取引の金額が集計されていることになります。ただし、試算表に記載された金額のなかには、もうけや財産の状況を正しく表すために、修正しなければならないものがあります。そこで、修正手続きを行います。

今期(当期)に計上するべきなのに、まだ計上していないものがあったり、来期(次期)に計上するべきなのに、すでに計上されてしまっていたりすることがあります

だから、修正するのか

決算整理については
第11章で学習

精算表は、決算の作業を確実かつスムーズに行うために作成します

決算整理をしたあとに、損益計算書と貸借対照表を作成するわけですが、その前に精算表という表を作成することがあります。

試算表 → 決算整理 → 損益計算書 / 貸借対照表

精算表は、決算整理前の試算表から決算整理を行い、損益計算書と貸借対照表を作成するまでの過程を1つにまとめた表です。

この過程をまとめた表＝精算表

精算表については
第12章で学習

6

精 算 表

勘定科目	試算表 借方	試算表 貸方	修正記入 借方	修正記入 貸方	損益計算書 借方	損益計算書 貸方	貸借対照表 借方	貸借対照表 貸方
現 金								
売 掛 金								
繰 越 商 品								
備 品								
買 掛 金								
⋮								
売 上								
仕 入								
当期純利益								

精算表は
こんな表です

精算表を作成する場合は、精算表から損益計算書と貸借対照表を作成します。

このように簿記はゴールを迎えますが、来期の記入に向けて、総勘定元帳を締め切るという作業もあります。

日々、総勘定元帳に転記をしていきますが、ここまでが今期の分、ここからは来期の分というように区切っておきます。これを帳簿の締め切りといいます。

帳簿の締め切り

現　　金

前期繰越	1,000	仕　　入	1,500	今期分
売　　上	2,000	次期繰越	1,500	
	3,000		3,000	
前期繰越	1,500			来期分

締め切りについては
第12章で学習

ざっくりと簿記の流れを頭において、簿記の学習を始めましょう

簿記の勉強
がんばるぞ！

7

CONTENTS
もくじ

本書は日商簿記3級の検定試験の学習用テキストです。各章は次のような構成になっています。本書を効果的に活用し、試験合格に向けて学習を進めてください。

※赤シートをおくと本文の重要語句が隠れるので、きちんと覚えているか確認しながら学習が進められます。

1：その章で学習する内容がマンガになっています。学習を始める前にイメージをつかみましょう。

2：キャラクターたちが内容・図表の説明をしたり、重要ポイントなどを解説しています。

3：間違いやすいところや、とくに重要なところを解説しています。ここに注目して学習を進めていきましょう。

4：各ページの下に簡単な問題がついています。次のページをめくると答えがあります。学習を進めながら理解度をチェックできます。

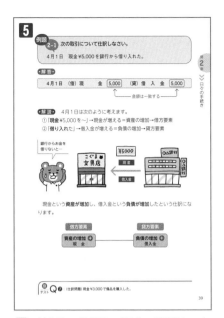

5 例題 2-1 次の取引について仕訳しなさい。

4月1日 現金 ¥5,000 を銀行から借り入れた。

• 解答 •

| 4月1日 | （借）現 | 金 | 5,000 | （貸）借 入 金 | 5,000 |

← 金額は一致する →

• 解説 • 4月1日は次のように考えます。

①「現金 ¥5,000 を〜」→現金が増える＝資産の増加→借方要素
②「借り入れた」→借入金が増える＝負債の増加→貸方要素

銀行からお金を
借りないと…

現金という**資産**が**増加**し、借入金という**負債**が**増加**したという仕訳になります。

| 借方要素 | 貸方要素 |
| 資産の増加 ⊕ 現 金 | 負債の増加 ⊕ 借入金 |

Q ⑦ 〔仕訳問題〕現金 ¥3,000 で備品を購入した。

39

5：基本的に「例題」→「解答・解説」という構成になっています。例題を解き、解答・解説で内容を理解、確認していきましょう。

---

6 この章の **まとめ** chapter1

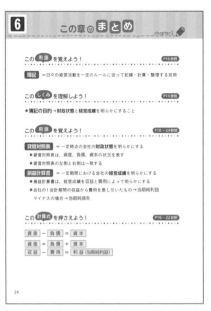

この **用語** を覚えよう！　P16参照

簿記 ＝日々の経営活動を一定のルールに従って記録・計算・整理する技術

この **しくみ** を理解しよう！　P16参照

● 簿記の目的→財政状態と経営成績を明らかにすること

この **用語** を覚えよう！　P18〜24参照

貸借対照表 ＝一定時点の会社の財政状態を明らかにする
● 貸借対照表は、資産、負債、資本の状況を表す
● 貸借対照表の左側と右側は一致する

損益計算書 ＝一定期間における会社の経営成績を明らかにする
● 損益計算書は、経営成績を収益と費用によって明らかにする
● 会社の1会計期間の収益から費用を差し引いたもの→当期純利益
　マイナスの場合→当期純損失

この **計算式** を押さえよう！　P19〜22参照

資 産	−	負 債	＝	資 本
資 産	＝	負 債	＋	資 本
収 益	−	費 用	＝	利 益（当期純利益）

24

6：各章の終わりに、その章のポイントとなる事項を箇条書きでまとめています。復習に使いましょう。

---

7 ☑ 理解度チェック問題

1 簿記とは　解答＆解説 ●P26

次の文章の（　）に当てはまる用語を記入しなさい。

簿記とは、日々の（ ① ）を一定のルールに従って記録・計算・整理する技術のことである。簿記の主な目的は、会社やお店の財政状態と経営成績を明らかにすることで、財政状態を明らかにする計算書を（ ② ）、経営成績を明らかにする計算書を（ ③ ）という。

① (　　)　　② (　　)　　③ (　　)

2 貸借対照表と損益計算書①　解答＆解説 ●P26

次の図の（　）に当てはまる用語および□□□に当てはまる金額を記入しなさい。

貸借対照表	損益計算書
(②) ¥60,000	¥40,000 (④)
¥80,000 (①)	(⑤) ¥50,000
A	B

① (　　)　② (　　)　③ (　　)　④ (　　)
⑤ (　　)　⑥ (　　)　A (　　)　B (　　)

3 貸借対照表と損益計算書②　解答＆解説 ●P27

次のうち、資産となるものにはA、負債となるものにはB、資本となるものにはC、収益となるものにはD、費用となるものにはEを記入しなさい。

| 現金 (　) | 売上 (　) | 資本金 (　) | 借入金 (　) |
| 仕入 (　) | 備品 (　) | 売掛金 (　) | 消耗品費 (　) |

25

7：章ごとに理解度チェック問題がついています。各章の学習がひと通り終わったら、問題を解いてみましょう。

第12章まで学習が終わったら、力だめしに巻末の総合問題を解いてみましょう

日商簿記検定試験 3 級

● 試験概要

科　　目	商業簿記	
試験時間	60分	
合格基準	70点以上	
試験方式	統一試験	年3回（6月、11月、2月）の全国統一試験日に、各地商工会議所が決めた試験会場で、ペーパーで実施
	ネット試験	ネット試験会場（テストセンター）が定める試験日時に、パソコンを使用して実施（随時施行）
申込方法	統一試験の申込期間は各商工会議所で異なります。各商工会議所にお問い合わせください。ネット試験はテストセンターの申し込みサイトより申し込むことができます	

※詳細は商工会議所の検定試験ホームページ　**http://www.kentei.ne.jp**

● 試験の構成

日商簿記検定3級試験は3題出題され、おおむね下の表のような構成になっています。

	内　　容	配　点
第1問	仕訳問題が15問出題される	45点
第2問	勘定記入の問題、補助簿に関する問題、伝票の問題、空欄補充の問題などから2問出題される	20点
第3問	財務諸表や精算表、決算整理後残高試算表を作成する決算に関する問題が出題される	35点

上の表を見てわかるように、**仕訳問題**の出題ウェートが高く重要です。各取引の仕訳をしっかり理解しましょう。また、60分という試験時間のなかで、これだけの問題を解答しなければならないので、**早く**、そして**正確**に問題を解くことが求められます。その力を身につけるためには、繰り返し問題を解く練習をすることが重要です。何度も練習することによって、早さと正確性を身につけることができるようになるでしょう。

> 巻末に総合問題があります。試験の出題パターンの一例として参考にしてください

第 1 章

簿記の基本

簿記の学習のスタートです。この章では「簿記とは何か?」「その目的は?」など、簿記の基本について学習していきます。まずは簿記の基本を身につけましょう。

1 簿記とは?

2 貸借対照表とは?

3 損益計算書とは?

簿記の学習のスタート、がんばろう!

そもそも簿記がどんなものなのか、まずはそこから学習していきましょう

簿記って何だろう？

14

記録するといってもデタラメではいけません

一定のルールに従って**帳簿**に記録・計算していきますそのしくみ・技術が**簿記**なのです

ノートのようなものです

でも どうして簿記が必要なんだろう？

記録・計算苦手だなぁ

お店の活動を記録しないとお店に財産や借金がいくらあるかわかりませんそして いくらもうかっているかもわかりません

もうけ？

こぐま文具店

財産？借金？

それは困りますね

だから簿記が必要というわけか！

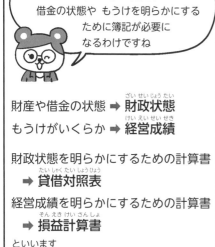

つまり お店や会社の財産や借金の状態や もうけを明らかにするために簿記が必要になるわけですね

財産や借金の状態 ➡ **財政状態**
もうけがいくらか ➡ **経営成績**

財政状態を明らかにするための計算書
➡ **貸借対照表**

経営成績を明らかにするための計算書
➡ **損益計算書**

といいます

うう…漢字が多い

さっきまではりきってたのに

漢字も数字も苦手大丈夫か…

大丈夫ですよ最初はとまどうかもしれませんが だんだん慣れてきますでは 基本から学習していきましょう！

① 簿記とは？

簿記とは何？

簿記とは何かを簡単に説明すると、**帳簿に記入すること**といえます。もう少しくわしくいうと、会社やお店は、商品を仕入れたり、その商品を販売したり、日々さまざまな活動を行っています。その活動を経営活動ともいいますが、日々の経営活動を一定のルールに従って**記録・計算・整理**する技術が簿記です。

\いらっしゃいませ/

お店の経営活動を
帳簿に記録します

こぐま
文具店

ワンポイント Q&A　「帳簿」って？

帳簿とは、帳面、**ノートのようなもの**で、これに記録をしていきます。たとえば、家計簿も広くいえば帳簿のひとつといえるでしょう。家計簿は家庭のお金を記録しますが、帳簿は会社の活動を記録します。ですから、帳簿は会社の家計簿のようなものとイメージするとよいでしょう。

簿記の目的

簿記の主要な目的は、**財政状態と経営成績**を明らかにすることです。**財政状態**とは、一定時点における会社の財産などの状況のことです。**経営成績**とは、一定期間にどれだけ「もうかったか」を示すものです。

この2つを明らかにするために帳簿に記録・計算・整理する必要があるのです。

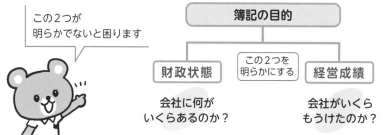

この2つが明らかでないと困ります

簿記の目的

財政状態 ← この2つを明らかにする → 経営成績

会社に何がいくらあるのか？

会社がいくらもうけたのか？

そして、**財政状態**を明らかにする計算書を貸借対照表といい、**経営成績**を明らかにする計算書を損益計算書といいます。これらの計算書は、会社の経営に役立てるために使いますが、外部に報告するためにも必要となります。

2つの計算書を店の経営に役立てよう！

また、一定期間、一定時点という言葉が出てきましたが、簿記では、一定期間（通常、**1年**）を区切って、**会計期間**としています。

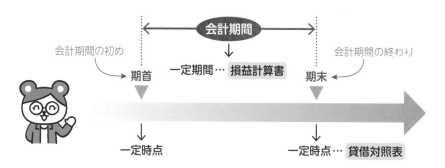

会計期間の初め

会計期間
↓
一定期間… 損益計算書

会計期間の終わり

期首　　　　　　　　　　期末

一定時点　　　　　　　一定時点… 貸借対照表

そして、会計期間の初めを期首、終わりを期末といいます。

なお、簿記にはいくつかの種類がありますが、本書では「こぐま文具店」のような小さな会社の商業簿記について学習していきます。

┌─ ここを ─ **CHECK！**
│ **貸借対照表**と**損益計算書**
│ は重要です。基本をしっ
│ かりと学習しておきま
│ しょう。

 Q❶：簿記の主要な目的は何か？

② 貸借対照表とは？

貸借対照表とは

 重要

貸借対照表 (Balance Sheet：略して B/S) が、一定時点の会社の**財政状態**を明らかにする計算書であることには、さきほど触れました。この財政状態をもう少し正確にいうと、会社の**資産**、**負債**、**資本**の状況のことで、これを表示する計算書が貸借対照表ということになります。図にすると次のようになります。

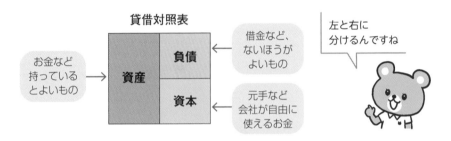

貸借対照表の**左側が資産、右側が負債と資本**になります。では、この資産、負債、資本を具体的にみていきましょう。

資産・負債・資本

資産は、現金や預金、土地、建物などの**財貨**や**債権** (P127参照) で、簡単にいうと、持っていればいるほどよいものといえます。具体的には次のようなものが資産となります。

資産って、あったらうれしいもののことか

資産となるもの

財貨	現金、預金、備品、土地、建物
債権	売掛金 (商品を掛けで販売し、あとでお金をもらえる権利) P19 Q&Aへ➡ 貸付金 (お金を貸して、あとで返してもらえる権利)

 A Q❶の答え：会社の財政状態と経営成績を明らかにすること。

負債とは、お金を借りて返さなければならない義務、商品を掛けで仕入れて、あとでお金を返さなければならない義務など、会社の債務（P127参照）のことで、簡単にいうと、ないほうがよいものといえます。具体的には次のようなものがあります。

負債は、ないほうがいいものか

負債となるもの

債務	買掛金（商品を掛けで仕入れ、あとでお金を払わなければならない義務） 借入金（お金を借り入れて、あとで返済しなければならない義務）

資本とは、会社が活動するための元手（株主から出資してもらったお金）などで、返す必要のないものです。そして、資本は**資産から負債を差し引く**ことによって計算ができます。つまり資産と負債の差額が資本＝正味の財産といえます。この関係から、次の計算式が成り立ちます。

資産 － 負債 ＝ 資本

資本となるもの

資本金	会社やお店の元手、株主の出資分

※資本については第8章でくわしく学習します。

会社が活動するにも元手が必要

> ここを CHECK !
>
> 貸借対照表は、**資産**、**負債**、**資本**によって構成され、「**資産－負債＝資本**」という等式が成り立ちます。これは重要です。

ワンポイント Q&A　「掛け」って？

詳細は第4章へ➡

先に商品の受渡しをして、代金はあとで支払う取引を「掛取引」といいます。掛けで販売し、代金をあとでもらえる権利を売掛金といい、反対に掛けで商品を仕入れ（購入し）て、後日代金を支払わなければならない義務を**買掛金**といいます。よく出てくる言葉なので押さえておきましょう。

豆テスト Q❷：一定時点の会社の財政状態を明らかにする計算書は何か？

貸借対照表のしくみ

　ここで、あらためて貸借対照表のしくみをみていきましょう。貸借対照表は**左側が資産、右側が負債と資本**となっています。右側は会社が**どのようにお金を集めてきたか**を表し、左側はその**お金をどのように運用しているか**、つまり、どう使ったかを表しているともいえます。たとえば、集めたお金で机やイスなどの備品を買うと左側の資産に備品が入り、集めたお金を使わずにそのままの場合は現金となっているわけです。そして、貸借対照表の**左側と右側は必ず一致**します。ですから次のような式が成り立つのです。

資産 ＝ 負債 ＋ 資本

ここを CHECK！

貸借対照表の左側と右側は一致します。
これも重要です。

③ 損益計算書とは？

損益計算書とは

　損益計算書（Profit and Loss Statement：略して P/L）が、会社の**経営成績を明らかにする計算書**であることについては、さきほど触れました。経営成績を簡単にいうと、一定期間に会社がどのくらい「もうかった

豆テスト **A** Q②の答え：貸借対照表　会社の財政状態とは、会社の資産、負債、資本の状況のこと。

のか」ということになりますが、損益計算書ではこれを**収益**と**費用**によって明らかにします。損益計算書の右側に**収益**を、左側に**費用**を記載します。

損益計算書
左側	右側
費用	
	収益

もうけ → 利益

こぐま文具店は
いくらもうかって
いる？？？

では、続いてこの収益と費用とはどのようなものかをみていきましょう。

収益・費用

収益とは、会社の経営活動によって財産を増加させる原因、簡単にいうと「もうけ」を増やすものといえます。たとえば、次のようなものがあります。

これらは、もうけを
増やすものだね

収益となるもの

売　　上	商品を売ることによって得られるもの
受 取 利 息	お金を貸した場合に受け取る利息
受取手数料	取引の仲介その他で受け取る手数料

費用とは、会社の経営活動によって財産を減少させる原因、別のいいかたをすると、収益をあげるために費やされたもので、収益を得るために必要な支払いといえます。費用には次のようなものがあります。

豆テスト Q❸：資産－負債＝（ ① ）　（ ② ）＝負債＋資本
①、②に入るものは？

仕　　　入 （しいれ）	商品を仕入れる（購入する）のにかかるもの
給　　料 （きゅうりょう）	従業員に支払う給料
旅費交通費 （りょひこうつうひ）	電車やバス、タクシー代など
支払手数料 （しはらいてすうりょう）	取引の仲介その他で支払う手数料
水道光熱費 （すいどうこうねつひ）	水道代、電気代、ガス代など
消耗品費 （しょうもうひんひ）	文房具などの代金
通　信　費 （つうしんひ）	電話料金、切手・はがき代など
支払利息 （しはらいりそく）	お金を借りた場合に支払う利息

収益を得るためには、これらの支出は必要ですね

損益計算書のしくみ

　そして、収益から費用を差し引いたものが利益、「もうけ」となります。

　つまり、　収益　−　費用　＝　利益（当期純利益）　となるわけです。

　この関係をこぐま文具店の例で考えてみましょう。

　こぐま文具店は、万年筆を¥1,000で仕入れ（購入し）てきました。これを¥1,200で販売したとします。この場合、¥1,200が**収益**となります。そして、この収益を得るために、¥1,000を費やしていますので、¥1,000が**費用**となります。こぐま文具店のもうけは、¥1,200から¥1,000を差し引いた¥200で、これが**利益**です。

万年筆を1,000円で買ってきて

いらっしゃいませ

万年筆が1,200円で売れました

これください

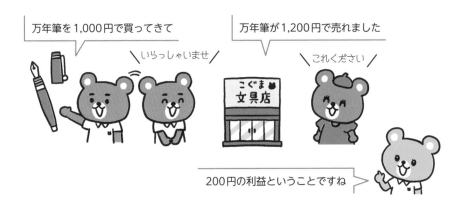

200円の利益ということですね

　会社の1会計期間の収益から費用を差し引いたものを**当期純利益**といいます。図をみてわかるように、損益計算書の左側と右側は必ず一致します。

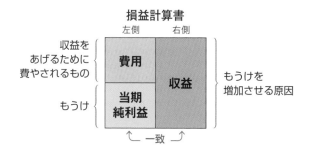

損益計算書

もし、**収益より費用が大きい**場合には、マイナスとなります。これを**当期純損失**といいます。当期純損失は損益計算書の右側に現れることになります。

万年筆が800円でしか売れませんでした

200円の損失ということですね

　損益計算書の左側と右側が一致するという関係から、

費用 ＋ 当期純利益 ＝ 収益

という等式が成り立ちます。

ここを CHECK！

損益計算書の左側と右側も一致します。「収益－費用＝当期純利益」「費用＋当期純利益＝収益」の計算式は重要です。

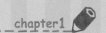

この 用語 を覚えよう！

P16参照

簿記 ＝日々の経営活動を一定のルールに従って記録・計算・整理する技術

この しくみ を理解しよう！

P16参照

●**簿記の目的**→**財政状態**と**経営成績**を明らかにすること

この 用語 を覚えよう！

P18〜23参照

貸借対照表 ＝ 一定時点の会社の**財政状態**を明らかにする

- ●貸借対照表は、**資産**、**負債**、**資本**の状況を表す
- ●貸借対照表の左側と右側は一致する

損益計算書 ＝ 一定期間における会社の**経営成績**を明らかにする

- ●損益計算書は、経営成績を**収益**と**費用**によって明らかにする
- ●会社の1会計期間の収益から費用を差し引いたもの→**当期純利益**

　マイナスの場合→**当期純損失**

この 計算式 を押さえよう！

P19〜23参照

| 資産 | － | 負債 | ＝ | 資本 |

| 資産 | ＝ | 負債 | ＋ | 資本 |

| 収益 | － | 費用 | ＝ | 利益（当期純利益） |

☑ 理解度チェック問題

1 簿記とは　　解答＆解説 ➡P26

次の文章の（　　）に当てはまる用語を記入しなさい。

　簿記とは、日々の（　①　）を一定のルールに従って記録・計算・整理する技術のことである。簿記の主な目的は、会社やお店の財政状態と経営成績を明らかにすることで、財政状態を明らかにする計算書を（　②　）、経営成績を明らかにする計算書を（　③　）という。

① （　　　　　）　　② （　　　　　）　　③ （　　　　　）

2 貸借対照表と損益計算書①　　解答＆解説 ➡P26

次の図の（　　）に当てはまる用語および □□□ に当てはまる金額を記入しなさい。

貸借対照表

| （ ① ）¥80,000 | （ ② ）¥60,000 |
| | （ ③ ）A |

損益計算書

| （ ④ ）¥40,000 | （ ⑥ ）¥50,000 |
| （ ⑤ ）B | |

① （　　　　）　② （　　　　）　③ （　　　　）　④ （　　　　）
⑤ （　　　　）　⑥ （　　　　）　A （　　　　）　B （　　　　）

3 貸借対照表と損益計算書②　　解答＆解説 ➡P27

次のうち、資産となるものにはА、負債となるものにはB、資本となるものにはC、収益となるものにはD、費用となるものにはEを記入しなさい。

現金 （　　　）　売上 （　　　）　資本金 （　　　）　借入金 （　　　）
仕入 （　　　）　備品 （　　　）　売掛金 （　　　）　消耗品費 （　　　）

☑ 解答&解説

1 簿記とは　参照 ➡P16・17

① 経営活動　　② 貸借対照表　　③ 損益計算書

　簿記とは、日々の経営活動を一定のルールに従って記録・計算・整理する技術のことです。簿記の主な目的は、会社やお店の財政状態と経営成績を明らかにすることで、財政状態を明らかにする計算書を貸借対照表、経営成績を明らかにする計算書を損益計算書といいます。

　なお、財政状態とは、一定時点における会社の財産などの状況のこと、経営成績とは一定期間にどれだけもうかったかを示すものです。

2 貸借対照表と損益計算書①　参照 ➡P18〜23

① 資産　　② 負債　　③ 資本　　④ 費用　　⑤ 当期純利益　　⑥ 収益
A　¥20,000　　B　¥10,000

　貸借対照表は、左側が資産、右側が負債と資本という構成になっています。そして貸借対照表の左側と右側は一致します。

　損益計算書は、右側が収益、左側が費用という構成になっていて、収益と費用の差額が当期純利益（または当期純損失）となります。

貸借対照表	
資産 ¥80,000	負債 ¥60,000
	資本 ¥20,000

損益計算書	
費用 ¥40,000	収益 ¥50,000
当期純利益 ¥10,000	

　Aの資本は次のように計算します。
　¥80,000 − ¥60,000 ＝ ¥20,000
　Bの当期純利益は次のように計算します。
　¥50,000 − ¥40,000 ＝ ¥10,000

ワンポイントアドバイス
貸借対照表と損益計算書の構成としくみをしっかり押さえておきましょう

3 貸借対照表と損益計算書② 参照 ➡ P18〜23

現金 (A)	売上 (D)	資本金 (C)	借入金 (B)
仕入 (E)	備品 (A)	売掛金 (A)	消耗品費 (E)

　資産は現金や預金、建物、備品などの財貨や債権です。負債は借入金など会社の債務のことで、資本は会社が活動するための元手です。収益は売上など会社の経営活動によって財産を増加させる原因、費用は仕入など収益をあげるために費やされたものです。

理解度チェック問題できましたか？

まずは基本を押さえましょう

は〜い！

ここまで簿記の基本を学習してきましたが、貸借対照表、損益計算書など聞きなれない用語が出てきて難しいと感じたかもしれません。また、そのしくみが理解しにくいと思った人もいるかもしれません。

しかし、一度に理解できなくても、そこであきらめずに先に進めて学習してみましょう。はじめはよくわからなくても、あとで振り返って学習してみると理解できるようになっているはずです。

第 2 章

日々の手続き

第1章では貸借対照表と損益計算書を中心に学習してきましたが、それを踏まえて、この章では日常の手続きを学習します。とくに簿記の学習の基本となる仕訳はとても重要です。

1 取引と勘定

2 仕訳と勘定記入

次は日々の手続きの学習ですね

日々の手続きって、どんなことをするのかなあ？

日々行う手続きとは？

それでは日々の活動を記録していきましょう

は〜い

デタラメではダメですよ

一定のルールに従って記録していきます

ルール

まずお店や会社の活動のことを取引といいます

簿記では 取引を第1章で学習した資産・負債・資本・収益・費用の5つに分類して記録していきます

第1章の内容覚えてますか？

資産・負債…？

もう忘れちゃったんですか

増えた！	減った！		増えた！	
資産	負債	資本	収益	費用

この5つが増えたり 減ったりしたときに記録していきますが 具体的な項目ごとの記録・計算の単位を勘定といいます

勘定ならぼくも知っているお店の…

それは お店のお勘定でしょ

えっなぜここに？

そして 勘定につけられた名前のことを勘定科目といいます

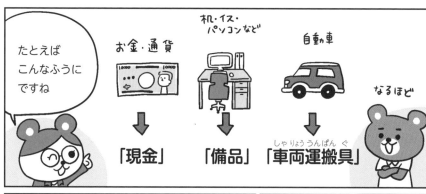

たとえば
こんなふうに
ですね

お金・通貨 → 「現金」

机・イス・
パソコンなど → 「備品」

自動車 → 「車両運搬具」（しゃりょううんぱんぐ）

なるほど

取引を勘定に
記録・記入していく
わけですが
その前のスタートの
段階があります

それは取引を
一定のルールに従って
左側と右側に分ける
分解作業で
これを**仕訳**（しわけ）といいます

分解

左側 ← → 右側

何している
んですか？

分解作業！

カチャ

カチャ

意味が
違うでしょう！

そして簿記では
左側のことを**借方**（かりかた）
右側のことを**貸方**（かしかた）
と呼びます

何かを借りたり
貸したり？

いいえ 何かを貸すとか
借りるという意味は
ありません

単純に 簿記では
「左＝借方」「右＝貸方」と呼ぶ
と覚えてしまったほうが
よいでしょう

かりかた　かしかた
左　　　　　右

ひらがなの向きで覚える方法もある

アレ いつまでその
作業してるんですか

えっ
作業違い？

では 学習を
はじめましょう

① 取引と勘定

● 取 引

　簿記では、取引をすべて記録していきますが、この取引というのは、社会一般で考えられている取引とは異なります。簿記における取引とは、財産などが増減する取引で、これを**簿記上の取引**といいます。

ここを **CHECK！**

簿記上の取引と一般の取引とは異なる点に注意しましょう。

　たとえば、建物を借りる契約をした場合、一般には取引といいますが、簿記では取引となりません。なぜなら、契約だけでは財産などが増減していないからです。また、火災でモノが焼失してしまった場合、一般には取引とはいいませんが、簿記では取引となります。財産などが増減するためです（この場合は減少）。

　そして、数多くの**取引**を、第1章で学習した**資産・負債・資本・収益・費用**の5つに分類して記録していきます。

契約を結びました

契約だけでは簿記上の取引ではないんですね

こぐま文具店

● 勘 定

　簿記では、取引を**資産・負債・資本・収益・費用**の5つに分類していくわけですが、具体的な項目ごとの記録・計算の単位を**勘定**といいます。図

をみてわかるように、アルファベットのＴ字形をしているので、Ｔ勘定とも呼ばれます。そして、勘定の左側を借方、右側を貸方といいます。

さらに、それぞれの勘定には名前がつけられています。たとえば、現金が増えたり減ったりするのを示す勘定には「現金」と名前をつけます。この勘定につけられた名前を勘定科目といいます。

勘定科目は、貸借対照表の勘定と損益計算書の勘定に分類されます。主な勘定科目には次のようなものがあります。

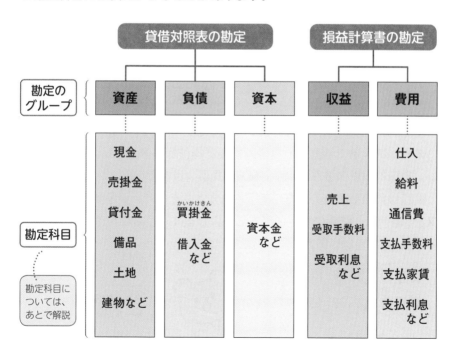

 Q❹：①商品¥30,000を仕入れた。②土地を月額¥30,000で借りる契約をした。
簿記上の取引となるのはどちらか？

勘定科目ごとに記録・計算を行うための帳簿（ノートのようなもの）を総勘定元帳といいます。そして、帳簿上に勘定が設けられている場所を勘定口座といいます。たとえば、現金が増えたり減ったりした場合は、現金の勘定口座に記入していきます。

勘定口座に記入していくんですね

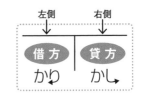
勘定への記入は、次のようなルールに従って行われます。

まず、第1章で学習した貸借対照表と損益計算書を思い出してください。貸借対照表の**借方**は資産、**貸方**は負債、資本でした。

資産は貸借対照表の**借方**に表示されます。そこで、資産が増えた（**プラスの**）場合は、資産の勘定の**借方**に記入します。反対に資産が減った（**マイナスの**）場合は、**貸方**に記入します。つまり、

資産の ➕ → 借方
資産の ➖ → 貸方

借方と貸方に分けるルールがあるんですね

というルールです。

A Q❹ の答え：①　簿記上の取引は財産などが増減する取引。契約だけでは簿記上の取引とはならない。

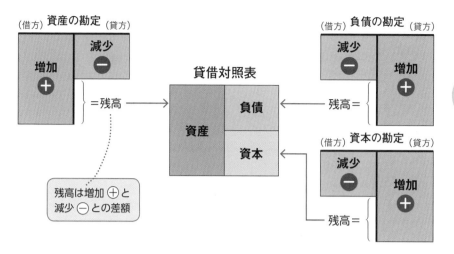

　負債・資本は貸借対照表の**貸方**に表示されます。そこで、負債・資本が増えた（**プラス**の）場合は**貸方**に記入します。反対に負債・資本が減った（**マイナス**の）場合は、**借方**に記入します。

　つまり、

というルールです。

　収益は損益計算書の**貸方**に表示されます。そこで、収益が発生（**プラス**）の場合は、**貸方**に記入します。費用は損益計算書の**借方**に表示されます。ですから、費用が発生（**プラス**）の場合は**借方**に記入します。

　つまり、

収益の ➕ → 貸方
費用の ➕ → 借方

となります。

> **ここを CHECK !**
>
> このルールはとても重要です。しっかりと押さえておきましょう。

豆テスト **Q ❺**：勘定の左側を（　①　）といい、右側を（　②　）という。

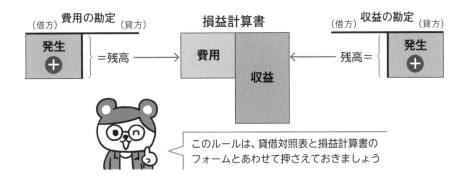

このようなルールで勘定を**借方**と**貸方**に分けて記入していきます。すべての取引は借方、貸方の**左右2つに分ける**ということを理解しておきましょう。

② 仕訳と勘定記入

● 仕 訳　

今、勘定について学習してきましたが、じつは勘定に記入する前のスタートの段階があります。それは一定のルールに従って**取引を借方と貸方に分ける作業**です。このスタートの分解作業を**仕訳**といいます。

仕訳は次の手順で行っていきます。

たとえば、「5月1日、現金¥1,000で営業用の車を買った」という場合です。この取引を2つの面からとらえ、分解します。

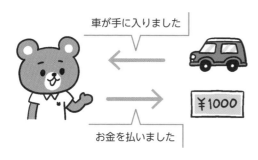

車が手に入りました

¥1000

お金を払いました

原因と結果のように
2つの面がありますね

二面的に分解すると、

> 車という資産の増加
> 現金という資産の減少

ここを CHECK !

取引を2つの面からとらえること
がポイントになります。

とすることができます。仕訳は、このように2つの側面に分解し、借方と
貸方とに分けて記入していきます。さきほど学習した勘定への記入のルー
ルで「資産の増加は借方、資産の減少は貸方」でしたから、この例の場合、

> 車という資産の増加 ➡ 借方
> 現金という資産の減少 ➡ 貸方

となります。このように借方要素・貸方要素で分解します。簿記上の取引
は次の8つの要素の結びつきによって整理することができ、この結びつき
によって、仕訳を行います。

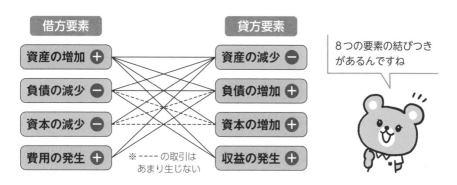

借方要素	貸方要素
資産の増加 ➕	資産の減少 ➖
負債の減少 ➖	負債の増加 ➕
資本の減少 ➖	資本の増加 ➕
費用の発生 ➕	収益の発生 ➕

※---- の取引は
あまり生じない

8つの要素の結びつき
があるんですね

豆テスト Q❻：一定のルールに従って取引を借方と貸方に分ける作業は？

今の例は、

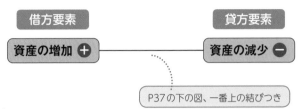

という結びつきになります。

続いて、勘定科目と金額を決定します。

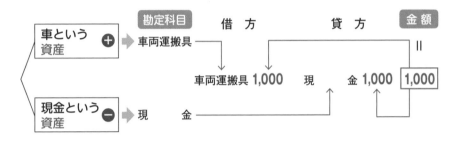

車は「車両運搬具」という勘定科目を用います。現金は「現金」です。金額はこの場合¥1,000ですが、注意しなければならないのは、<u>借方と貸方の金額は合計額で**必ず一致する**</u>という点です。

では、この例を仕訳してみましょう。

5月1日	（借）車両運搬具	1,000	（貸）現　　　金	1,000

のようになります。

今みてきたような流れで仕訳を行っていきますが、いくつかの仕訳のパターンを次の例題を使って学習していきましょう。

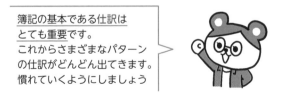

簿記の基本である<u>仕訳は</u>
<u>とても重要です。</u>
これからさまざまなパターンの仕訳がどんどん出てきます。
慣れていくようにしましょう

A Q**6**の答え：仕訳　一定のルールに従って取引を借方と貸方に分ける作業を仕訳という。

例題 2-1 次の取引について仕訳しなさい。

4月1日　現金¥5,000を銀行から借り入れた。

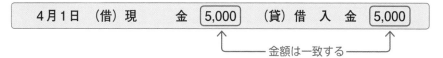

•解 答•

| 4月1日 | （借）現　　　金 | 5,000 | （貸）借　入　金 | 5,000 |

金額は一致する

•解 説•　4月1日は次のように考えます。

①「**現金**¥5,000を～」→現金が増える＝資産の増加→借方要素

②「**借り入れ**た」→借入金が増える＝負債の増加→貸方要素

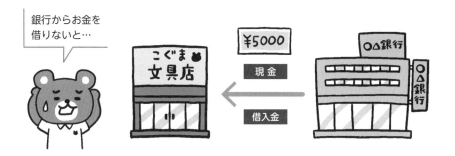

銀行からお金を借りないと…

¥5000

現金

借入金

現金という**資産が増加**し、借入金という**負債が増加**したという仕訳になります。

借方要素	貸方要素
資産の増加 ⊕ 現　金	負債の増加 ⊕ 借入金

  Q❼：〈仕訳問題〉現金¥3,000で備品を購入した。

第**2**章　日々の手続き

39

例題 2-2 次の取引について仕訳しなさい。

5月10日 手数料¥1,000を現金で受け取った。
5月20日 4月1日の借入金のうち¥3,000を利息¥100とともに
現金で返済した。

・解答・

5月10日	(借)	現　　　金	1,000	(貸)	受取手数料	1,000
5月20日	(借)	借　入　金	3,000	(貸)	現　　　金	3,100
		支 払 利 息	100			

────── 金額は一致する ──────

・解説・ 5月10日は次のように考えます。

① 「**現金で〜**」→現金が増える＝資産の増加→借方要素
② 「**手数料〜受け取った**」→受取手数料＝収益の発生→貸方要素

¥1000
現金
受取手数料

手数料を支払います

受取手数料という**収益が発生**し、現金という**資産が増加**したという仕訳になります。

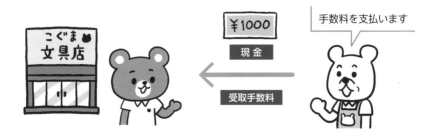

借方要素	貸方要素
資産の増加 ➕	収益の発生 ➕
現　金	受取手数料

5月20日は次のように考えます。

① 「**借入金のうち¥3,000〜返済した**」→借入金が減る＝**負債の減少**→**借方要素**

② 「**利息¥100とともに**」→支払利息＝**費用の発生**→**借方要素**

③ 「**現金で返済した**」→現金が減る＝**資産の減少**→**貸方要素**

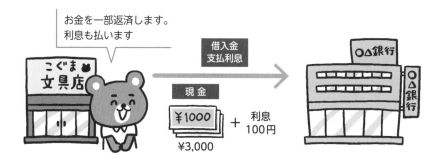

借入金という**負債が減少**、支払利息という**費用が発生**、現金という**資産が減少**したという仕訳になります。

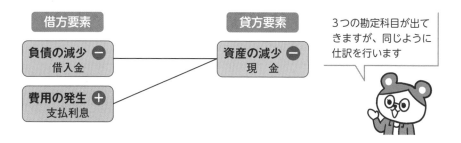

37ページの取引の8要素の結びつきの図で確認してみましょう。

転 記

　仕訳された取引は次のステップとして、各勘定口座に記入を行います。この手続きを転記といいます。そして、すでに触れましたが、勘定口座を集めた帳簿を総勘定元帳といいます。転記は**仕訳された各勘定の金額を総勘定元帳の各勘定へ移す作業**といえます。

Q⑧：〈仕訳問題〉現金¥10,000を銀行から借り入れた。

転記は、**借方**に仕訳された勘定科目はその勘定口座の**借方**に記入し、**貸方**に仕訳された勘定科目はその勘定口座の**貸方**に記入します。記入するのは、通常、**日付、相手勘定科目、金額**です。

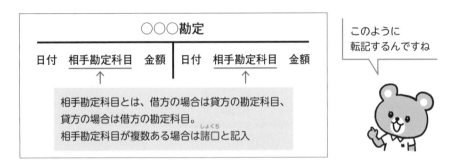

このように転記するんですね

さきほどの仕訳の例、「5月1日、現金¥1,000で営業用の車を買った」というケースで、転記の方法をみていきましょう。

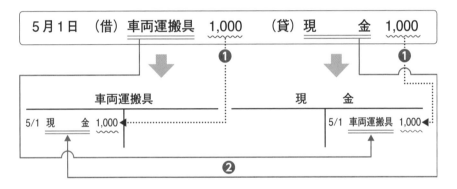

❶…仕訳の借方科目である「車両運搬具」は、車両運搬具勘定の借方側に日付と金額を記入します。仕訳の貸方科目である「現金」は、現金勘定の貸方側に日付と金額を記入します（ ┈┈┈┈┈▶ の流れ）。

❷…車両運搬具勘定の借方側に相手勘定科目である「現金」と記入します。現金勘定の貸方側に相手勘定科目である「車両運搬具」と記入します（ ──────▶ の流れ）。

なお、相手勘定科目が複数ある場合は、「諸口」と記入します。

豆テスト **A** Q❽の答え： （借）現　　　金　10,000　　（貸）借　入　金　10,000

42

頭が混乱してきました

相手勘定科目を記入するので、混乱することがあります。どちらかというと機械的な作業ととらえたほうがよいかもしれません

では、仕訳と転記について次の例題を使って確認しましょう。

例題 2-3 次の取引の仕訳を行い、勘定口座へ転記しなさい。

4月 1日　手数料¥50,000を現金で受け取った。
4月 3日　銀行から現金¥30,000を借り入れた。
4月10日　備品¥30,000を現金で購入した。
4月25日　借入金のうち¥20,000を利息¥300とともに現金で返済した。

・解 答・

```
                  資産➕                              収益➕
4月 1日 （借）現    金 50,000   （貸）受取手数料 50,000
4月 3日 （借）現    金 30,000   （貸）借 入 金 30,000
          資産➕  資産➕              負債➕ 資産➖
4月10日 （借）備    品 30,000   （貸）現    金 30,000
          負債➖                     資産➖
4月25日 （借）借 入 金 20,000   （貸）現    金 20,300
         支 払 利 息    300
          費用➕
```

	現　　金		
4/1	受取手数料 50,000	4/10	備　　品 30,000
4/3	借 入 金 30,000	4/25	諸　　口 20,300

	備　　品		
4/10	現　　金 30,000		

	受取手数料		
		4/1	現　　金 50,000

	借入金		
4/25	現　　金 20,000	4/3	現　　金 30,000

	支払利息		
4/25	現　　金 300		

豆テスト **Q ❾**：〈仕訳問題〉手数料¥5,000を現金で受け取った。

・解説・ 4月25日、仕訳の貸方科目「現金」に対する相手勘定科目は、借方科目「借入金」、「支払利息」の2つです。このように相手勘定科目が2つ以上の場合は、「諸口」と記入します。

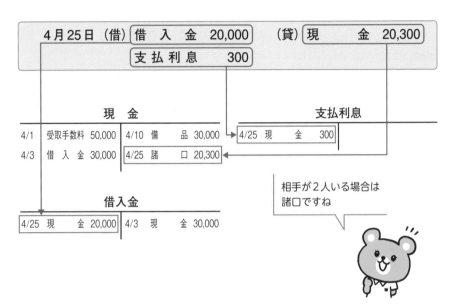

相手が2人いる場合は諸口ですね

　なお、各勘定の残高、つまり借方と貸方との差額は、今残っている金額を表しています。たとえば、例題の現金勘定の借方の合計は¥80,000、貸方の合計は¥50,300なので、差額は¥29,700です。ですから、今残っている現金は、¥29,700ということになります。

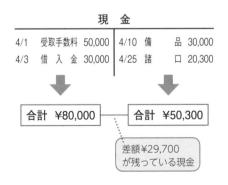

この章のこれまでの流れを整理すると次のようになります。

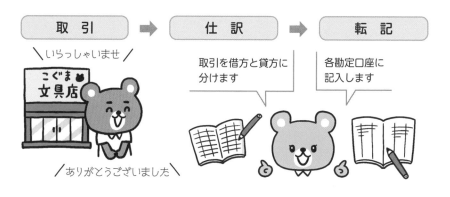

仕訳帳と総勘定元帳

簿記では日々の取引を仕訳しますが、この仕訳を記入する帳簿を**仕訳帳**といいます。**仕訳帳**以外にもさまざまな帳簿がありますが、帳簿は次のように**主要簿**と**補助簿**に分けることができます。

各帳簿については、これから少しずつ学習していきます。

仕訳帳は、すべての取引をその発生順（日付順）に仕訳して記録する帳簿です。仕訳帳と総勘定元帳の形式と記入要領を【例題2-3】を使って学習していきましょう。

【例題2-3】の一部を仕訳帳に記入すると次のようになります。

取引の仕訳を仕訳帳に記入。仕訳するノートみたいなものですね

Q❿：〈仕訳問題〉借入金¥10,000を利息¥200とともに現金で返済した。

45

仕　訳　帳

1

○年		摘　　　要	元丁	借　方	貸　方
❶		**❷**			**❸**
4	1	（現　　　金）		50,000	
		（受取手数料）			50,000
	❹	手数料の受け取り			

仕訳帳は次の要領で記入します。

❶…日付欄に取引が発生した日付を記入

❷…摘要欄

●左側を借方、右側を貸方とし、勘定科目を記入

●勘定科目はカッコ書き

●通常、借方を上に、貸方を1行下げて書く

●勘定科目の下に取引の簡単な説明を書く。これを小書きという

❸…金額も勘定科目と同様に貸方側を1行下げて書く

❹…1つの取引の記入が終わったら、摘要欄に1本線（境界線）を引く

　勘定科目が複数のときは、複数のほうの最初に諸口をつけ、次のように記入します。

	25	諸　　　口　　　（現　　　金）			20,300
		（借　入　金）		20,000	
		（支 払 利 息）		300	
		借入金を利息とともに返済			

　仕訳帳に仕訳された取引は、次は総勘定元帳に転記されます。総勘定元帳はこれまでにも出てきましたが、設けられている勘定口座を1つにまとめた帳簿です。

豆テスト	A	Q❿の答え：	（借）借　入　金	10,000	（貸）現　　　金	10,200
			支 払 利 息	200		

46

　総勘定元帳の形式には、標準式と残高式とがありますが、今の仕訳帳の記入例の一部を総勘定元帳に転記すると次のようになります。

標準式

現　　金　　　　　1

○年		摘　　要	仕丁	借　　方	○年		摘　　要	仕丁	貸　　方
❶		❷	❸	❹					
4	1	受取手数料	1	50,000					

> この標準式を簡略化したのがTフォーム

次の要領で記入します。

❶…日付欄に取引の日付を記入

❷…摘要欄に相手勘定科目を記入する。2つ以上の場合は諸口と記入

❸…仕丁欄に仕訳帳のページ数を記入する

❹…借方欄には仕訳帳の借方の金額を、貸方欄には貸方の金額を記入する

残高式

現　　金　　　　　1

○年		摘　　要	仕丁	借　　方	貸　　方	借/貸	残　　高
4	1	受取手数料	1	50,000		借	50,000

　残高式への記入は、標準式と同じ要領で行いますが、借／貸の欄は、残高欄の金額が借方残高のときは「借」、貸方残高のときは「貸」と記入します。

豆テスト　**Q⓫**：すべての取引をその発生順（日付順）に仕訳して記録する帳簿は？

今学習してきた仕訳帳と総勘定元帳の関係を示すと次のようになります。元丁欄は、総勘定元帳に転記するつど、総勘定元帳の勘定の番号を記入します。

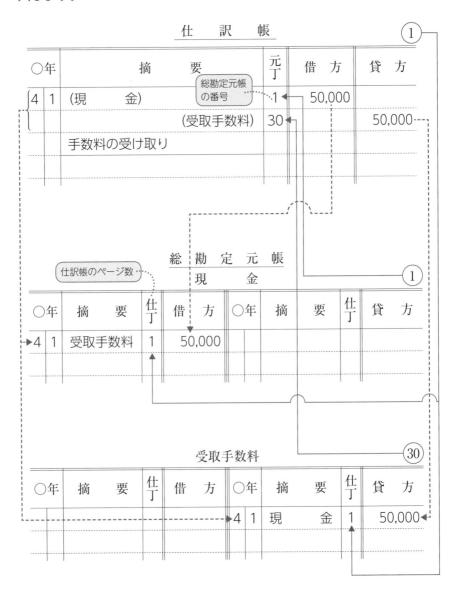

仕　訳　帳　①

○年	摘　　要	元丁	借　方	貸　方
4 1	（現　　金） 総勘定元帳の番号	1	50,000	
	（受取手数料）	30		50,000
	手数料の受け取り			

総　勘　定　元　帳
現　　金　①

仕訳帳のページ数

○年	摘　要	仕丁	借　方	○年	摘　要	仕丁	貸　方
4 1	受取手数料	1	50,000				

受取手数料　㉚

○年	摘　要	仕丁	借　方	○年	摘　要	仕丁	貸　方
				4 1	現　　金	1	50,000

簿記一巡の手続き

今、取引から総勘定元帳への転記までを学習してきましたが、転記作業にミスがないかどうか試算表を作成してチェックする必要があります。試算表は、総勘定元帳の記入が正しく行われたかどうかを確かめるために作成する計算表のことで、月末ないし期末、また必要に応じて作成します。試算表は第10章で詳しく学習します。

そして期末になると、決算をもって簿記の手続きは終わります。決算については第11・12章で詳しく学習しますが、取引を仕訳するところから始まって決算で終わる、この手続きを簿記一巡の手続きといいます。

ここを CHECK！
この段階で簿記の全体像、一連の流れを押さえておきましょう。

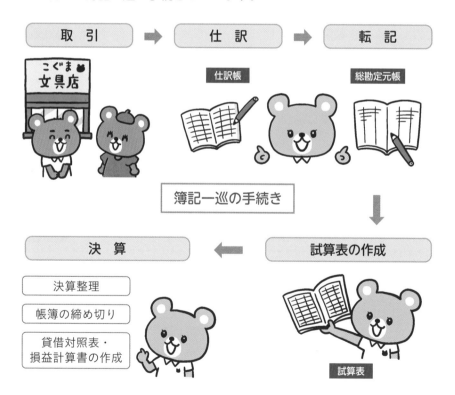

この章の **まとめ**

 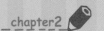

この **用語** を覚えよう！

P32〜42参照

簿記上の取引 ＝財産などが増減する取引

勘定 ＝資産・負債・資本・収益・費用の各項目ごとに分けられた記録・計算の単位

- 勘定につけられた名前＝勘定科目

仕訳 ＝取引を借方要素・貸方要素に分解する作業

転記 ＝仕訳に続いて勘定口座に記入すること

この **ルール** を理解しよう！

P33参照

- 簿記では、勘定の左側を借方、右側を貸方と呼ぶ

この **帳簿** を理解しよう！

P45〜48参照

仕訳帳 →取引の仕訳をその発生順（日付順）に記入する帳簿

総勘定元帳 →設けられているすべての勘定口座を1つにまとめた帳簿

この **流れ** を理解しよう！

P49参照

- 取引→仕訳帳へ記入→総勘定元帳へ転記
- 取引を仕訳するところから始まって決算で終わる、この一連の手続き＝簿記一巡の手続き

しっかり確認しましょう

☑ 理解度チェック問題

1 仕訳と勘定記入　解答＆解説 ➡ P52

次の取引を仕訳帳に仕訳し、総勘定元帳に転記しなさい。ただし、小書きは省略する。

4月 1日　銀行から現金¥10,000 を借り入れた。

　　 5日　営業用の机・イス¥5,000 を買い入れ、代金は現金で支払った。

　　10日　手数料¥2,000 を現金で受け取った。

仕　訳　帳　　　　　1

○年	摘　　　要	元丁	借　方	貸　方

総　勘　定　元　帳

現　　　金　　　　　1

○年	摘　要	仕丁	借　方	○年	摘　要	仕丁	貸　方

備　　　品　　　　　3

借　入　金　　　　　5

受取手数料　　　　　7

✅ 解答&解説

1 仕訳と勘定記入　参照 ➡ P43・44・46~48

仕　訳　帳　　1

○年		摘　　要	元丁	借　方	貸　方
4	1	(現　　金)	1	10,000	
		(借　入　金)	5		10,000
	5	(備　　品)	3	5,000	
		(現　　金)	1		5,000
	10	(現　　金)	1	2,000	
		(受取手数料)	7		2,000

総　勘　定　元　帳

現　　金　　1

○年	摘　要	仕丁	借　方	○年	摘　要	仕丁	貸　方
4 1	借入金	1	10,000	4 5	備　品	1	5,000
10	受取手数料	1	2,000				

備　　品　　3

4 5	現　金	1	5,000				

借　入　金　　5

				4 1	現　金	1	10,000

受取手数料　　7

				4 10	現　金	1	2,000

4月　1日　現金¥10,000を借り入れたので、現金(資産)の増加、借入金(負債)の増加となります。

　　5日　備品(資産)の増加、現金(資産)の減少となります。

　　10日　現金(資産)の増加、受取手数料(収益)の発生となります。

> **ワンポイントアドバイス**
> 転記はミスがないように正確に記入しましょう

第 3 章

現金・預金

この章では、現金や預金の処理について学習します。
現金・預金は日常の取引でもよく出てくる項目なので、しっかりと理解しましょう。

❶ 現金
❷ 預金
❸ 小口現金

次は現金や預金の
学習ですね

しっかり学習しなきゃ

54

現金は資産なので 現金が増えたら **借方** 現金が減ったら **貸方**に記入します 現金は左手で受け取って 右手で支払うと考えるとわかりやすいかもしれません

現金

現金

現金が入って
くる取引は左：
借方に記入

現金が出てい
く取引は右：
貸方に記入

次は預金に
ついてです

預金は銀行などの
金融機関に現金を
預けたものですね

そうです 預金には
普通預金
定期預金
当座預金などの種類
があり それぞれの
勘定科目で処理します

小切手を振り出した場合は
銀行の**当座預金**口座から
その金額が支払われること
になります

○△銀行

小切手 ----- 当座預金

当座預金とは取引銀行と
当座取引契約を結ぶことによって
預け入れられた無利息の預金

小切手を振り出
すことができ
れば便利だよね

アレ
そういえば

どうしたん
ですか？

もらった
小切手がない！

ダメですね
ちゃんと
管理しないと

わたしも
探しますよ

では 学習を
はじめましょう

① 現金

● 現金とは？

現金勘定（**資産**）とは、普段私たちが使っているお金、通貨のことです。ただし簿記では、次のように**通貨以外**にも現金として扱うものがあります。

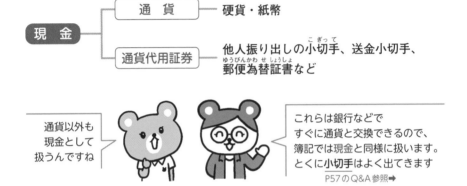

現 金 ── 通 貨 ── 硬貨・紙幣

現 金 ── 通貨代用証券 ── 他人振り出しの小切手（こぎって）、送金小切手、郵便為替証書（ゆうびんかわせしょうしょ）など

通貨以外も現金として扱うんですね

これらは銀行などですぐに通貨と交換できるので、簿記では現金と同様に扱います。とくに小切手はよく出てきます
P57のQ&A参照➡

すでに学習しましたが、現金が増減した場合の仕訳は次のようになります。

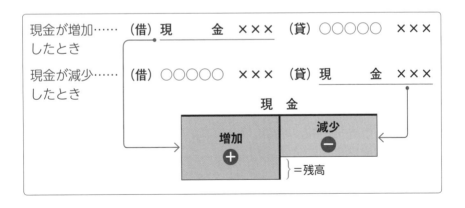

現金が増加……したとき	（借）現　　金　×××　（貸）○○○○○　×××	
現金が減少……したとき	（借）○○○○○　×××　（貸）現　　金　×××	

現　金

増加 ➕	減少 ➖
	｝＝残高

例題 3-1 次の取引について仕訳しなさい。

❶ 商品を¥10,000で売り上げ、代金は現金で受け取った。

❷ 備品（机・イス）を¥5,000で購入し、代金は現金で支払った。

・解 答・

❶	（借）	現	金	10,000	（貸）	売	上	10,000
❷	（借）	備	品	5,000	（貸）	現	金	5,000

・解 説・ 現金は、受け取ったときには**現金勘定の借方**、支払ったときには**現金勘定の貸方**に記入します。

なお、売上や仕入などの商品売買については、次の第4章でくわしく学習していきます。

ワンポイント Q&A 「小切手」って？

小切手という紙片に金額を記入して、他人に渡します。これを「小切手の**振り出し**」といいます。そして、小切手をもらった人は銀行等でお金にかえることができます。ですから、簿記では小切手を**受け取った**場合は**現金**と同様に扱います。また、小切手を振り出した場合は、銀行の預金口座からその金額が支払われることになります。

 Q ⓬：〈仕訳問題〉商品¥1,000を売り上げ、代金は現金で受け取った。

現金出納帳

現金取引は**現金出納帳**という帳簿に記入していきます。**現金出納帳**は現金の収入と支出に関する明細を取引順に記録したものです。次の例題を使って様式や記入要領をみていきましょう。

例題 3-2 次の取引について仕訳を行い、現金出納帳に記入しなさい。なお、現金の前月繰越高は¥1,000である。

5月10日　千代田商店から商品¥800を仕入れ、代金は現金で支払った。

5月15日　世田谷商店へ商品¥1,200を売り上げ、代金は同店振り出しの小切手で受け取った。

5月20日　事務用の消耗品を購入し、代金¥600を現金で支払った。

・解　答・

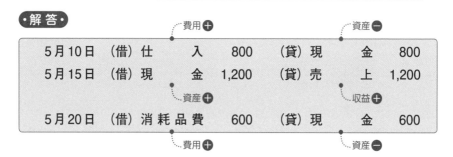

費用➕　　　　　　　　　　　　　資産➖

| 5月10日 | （借）仕 | 入 | 800 | （貸）現 | 金 | 800 |
| 5月15日 | （借）現 | 金 | 1,200 | （貸）売 | 上 | 1,200 |

資産➕　　　　　　　　　　　　　収益➕

| 5月20日 | （借）消耗品費 | 600 | （貸）現 | 金 | 600 |

費用➕　　　　　　　　　　　　　資産➖

・解　説・ 5月10日は現金の支払い、5月15日は**現金**（同店とは世田谷商店のこと＝他人振り出し小切手）の受入れとなります。5月20日は消耗品を購入（消耗品費＝費用）し、現金を支払っていますから、上記のような仕訳になります。

ここを▶ CHECK！

他人振り出しの小切手は、簿記では「現金」として処理しますので注意しましょう。

これらの取引を現金出納帳に記入すると次のようになります。

この欄は入ってきた金額を記入

この欄は支払った金額を記入

この欄は残った金額を記入

現 金 出 納 帳

○年		摘　　要	収　入	支　出	残　高
5	1	前月繰越	1,000		1,000
	10	千代田商店から商品を現金仕入れ		800	200
	15	世田谷商店へ商品売り上げ、小切手受け取り	1,200		1,400
	20	事務用消耗品を購入		600	800
	31	次月繰越		800	
			2,200	2,200	
6	1	前月繰越	800		800

合計線…実線（－）

ここは必ず一致

締切線…二重線（＝）

第3章 現金・預金

● 現金過不足

　現金は、帳簿の残高と実際にあるお金とをつき合わせて、一致することを確かめます。正しく記帳を行っていれば、常に一致するはずなのですが、ときには食い違いが生じることもあります。その場合には**現金過不足**勘定（げんきんかぶそく）で処理をします。**現金過不足**勘定とは、現金の帳簿残高と実際有高（ありだか）の差額を一時的に処理しておくための仮の勘定のことです。

　現金過不足勘定で処理する場合、次の段階で処理が行われます。

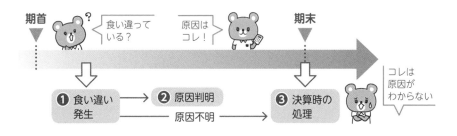

期首　食い違っている？　原因はコレ！　期末　コレは原因がわからない

❶ 食い違い発生　→　❷ 原因判明　→　❸ 決算時の処理

原因不明

豆テスト **Q** ⓭：〈仕訳問題〉備品￥5,000を購入し、代金は現金で支払った。

食い違いが生じた場合、現金残高は必ず**実際有高のほうに修正**するようにします。

❶…現金勘定の残高を実際有高に合わせるために、原因不明の過剰額または不足額は一時的に現金過不足勘定で記入しておきます。

❷…後日その原因が判明したときは、正しい勘定に振り替えるようにします。

❸…決算時になっても原因が判明しないときには、雑益勘定または雑損勘定に振り替えます。

どのような仕訳を行うのか、次の例題で学習しましょう。

例題 3-3 **次の取引について仕訳しなさい。**

3月 2日 現金の帳簿残高は¥3,000、実際有高は¥2,200であった。

3月10日 上記現金不足額のうち、¥500は交通費の計上もれであることが判明した。

3月31日 決算日になっても、残りの不足額については原因が不明であるので、雑損として処理をした。

・解 答・

現金を減少させる処理

3月 2日	（借）現金過不足	800	（貸）現　　　金	800	……①
3月10日	（借）旅費交通費	500	（貸）現金過不足	500	……②

費用➕

3月31日	（借）雑　　　損	300	（貸）現金過不足	300	……③

費用➕

・解 説・ 現金が不足している場合は、**現金過不足勘定の借方、現金勘定の貸方**に記入します。

反対に現金が多い場合には、現金勘定の借方、現金過不足勘定の貸方に記入します。

ここを CHECK !

帳簿有高を実際有高に合わせるのがポイントです。

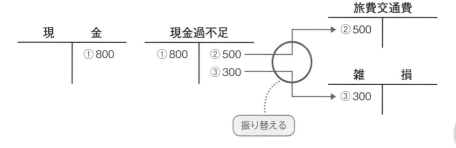

この例題では、①差額（不足額）が¥3,000 － ¥2,200 ＝ ¥800 となります。②3月10日、¥500が交通費の計上もれであることがわかったので、旅費交通費勘定に振り替えます。③決算日になっても残りの¥300の原因が不明なので、雑損勘定に振り替えます。

ワンポイント Q&A 「振り替える」ってどういうこと？

ある勘定から他の勘定に**振り替える**という表現がよく出てきます。これは、勘定から勘定への**移動**を意味しています。そして、この移動するための仕訳を振替仕訳といいます。上の現金過不足のケースでは、現金過不足勘定のうち¥500を旅費交通費勘定へ移動させ、¥300を雑損勘定へ移動させています。この移動が振替えです。

---

② 預金

預金とは？

預金とは銀行などの金融機関に現金を預けたものです。預金には普通預金、当座預金、定期預金などの種類があり、それぞれの勘定（資産）で処理します。

たとえば、普通預金に現金を預け入れた場合、普通預金から現金を引き出した場合、それぞれ次のような仕訳になります。

Q ⑭：〈仕訳問題〉現金の帳簿残高は¥2,000、実際有高は¥1,800であった。

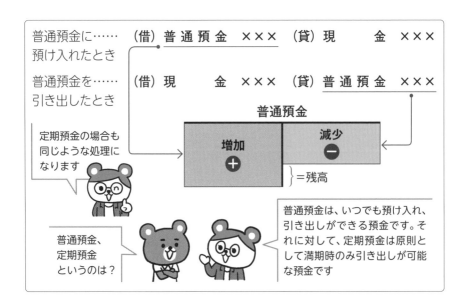

普通預金に……
預け入れたとき

（借）普 通 預 金　×××　（貸）現　　　金　×××

普通預金を……
引き出したとき

（借）現　　　金　×××　（貸）普 通 預 金　×××

普通預金

増加
＋

減少
－

｝＝残高

定期預金の場合も
同じような処理に
なります

普通預金、
定期預金
というのは？

普通預金は、いつでも預け入れ、
引き出しができる預金です。そ
れに対して、定期預金は原則と
して満期時のみ引き出しが可能
な預金です

例題
3-4 **次の取引について仕訳しなさい。**

❶ こぐま文具店は現金¥50,000を普通預金口座に預け入れた。

❷ 普通預金口座から定期預金口座へ¥30,000を預け入れた。

・解 答・

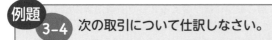

		資産➕		資産➖	
❶	（借）普 通 預 金	50,000	（貸）現　　　金	50,000	
❷	（借）定 期 預 金	30,000	（貸）普 通 預 金	30,000	

資産➕　　　　　　　　　　資産➖

・解 説・　❶は、現金を普通預金口座に預け入れたので、**現金勘定の貸方**、
普通預金勘定の借方に記入します。

❷は普通預金を減らすので、**普通預金勘定の貸方**に記入します。また、
定期預金を増やすので、**定期預金勘定の借方**に記入します。

次は当座預金についてみていきます。

当座預金口座を
開設しなきゃ

当座預金とは？

重要

　当座預金勘定（**資産**）とは、取引銀行と当座取引契約を結ぶことによっ
て預け入れられた無利息の預金です。当座預金の引き出しは、一般に**小切
手**を振り出して行い、小切手の**振り出し**は**当座預金の減少**となります。

　当座預金取引の仕訳は次のようになります。

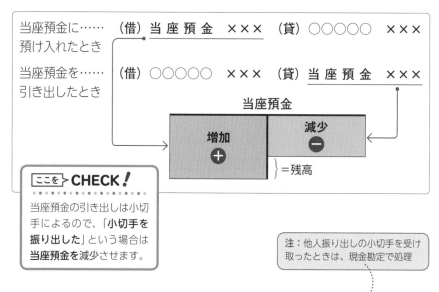

| 当座預金に……預け入れたとき | （借）当 座 預 金 ×××　（貸）○○○○○ ××× |
| 当座預金を……引き出したとき | （借）○○○○○ ×××　（貸）当 座 預 金 ××× |

当座預金

| 増加 ➕ | 減少 ➖ |
| | ＝残高 |

ここを CHECK！

当座預金の引き出しは小切
手によるので、「**小切手を
振り出した**」という場合は
当座預金を減少させます。

注：他人振り出しの小切手を受け
取ったときは、現金勘定で処理

　基本的な取引は、上のような仕訳になりますが、かつて**自分が振り出し
た小切手が戻ってきた場合**は、**当座預金の増加**として処理します。

豆
テスト **Q** ⑮：〈仕訳問題〉現金￥3,000 を普通預金口座に預け入れた。

次の取引について仕訳しなさい。

❶ こぐま文具店は、取引銀行と当座取引契約を結び、当座預金口座に現金¥10,000 を預け入れた。

❷ 備品¥5,000 を購入し、代金は小切手を振り出して支払った。

❸ 杉並商店に商品¥3,000 を売り上げ、代金は同店振り出しの小切手を受け取り、ただちに当座預金に預け入れた。

・解 答・

			資産➕		資産➖	
❶	（借）当 座 預 金	10,000		（貸）現 金	10,000	

			資産➕		資産➖	
❷	（借）備 品	5,000		（貸）当 座 預 金	5,000	

❸	（借）当 座 預 金	3,000	（貸）売 上	3,000

資産➕　　　　　　　　　収益➕

・解 説・ ❶は、当座預金口座に現金を預け入れたので、当座預金の**増加**になります。

❷は、小切手を振り出して代金を支払ったので、当座預金の**減少**になります。

❸のように、他人振り出し（同店とは杉並商店のこと）の小切手を受け取って、**ただちに**当座預金に預け入れた場合は、直接、当座預金勘定を**増加**させます。

> ここを CHECK！
> **「ただちに」**というところがポイントとなります。

● 当座借越

あらかじめ銀行との間で結ぶ、**預金残高を超える**一定の支払いをしてもらう契約を**当座借越**契約といいます。当座預金残高を超えて引き出した分を**当座借越**といい、銀行からの借り入れを意味します。

当座借越の取引があった場合は、銀行が立て替えてくれたので、当座預

金はマイナスになります。ですから、当座預金勘定の**貸方**に残高が生じます。

決算まで貸方残高がある場合には、決算において負債に振り替える処理を行います。この処理については第11章で学習します。

● 当座預金出納帳

当座預金に関する取引があった場合には、当座預金出納帳（とうざよきんすいとうちょう）に記入します。当座預金出納帳は、当座預金の預入れ、引出しの明細を記入し、当座預金の残高を明らかにするものです。

当座預金出納帳は、次のような様式になっています。

この欄は残高が借方残か貸方残かを示す

当座預金出納帳

○年		摘　　要	預　入	引　出	借／貸	残　高
○	1	前月繰越	×××		借	×××
	31	次月繰越		×××		
			×××	×××		
○	1	前月繰越	×××		借	×××

 Q⑯：〈仕訳問題〉現金¥5,000を当座預金口座に預け入れた。

複数口座を開設している場合の管理

　預金には、普通預金、当座預金、定期預金などの種類があり、それぞれの勘定で処理することについてはすでに学習しましたが、複数の普通預金口座や当座預金口座を開設していることがあります。その場合、その口座の管理のために口座ごとに勘定を設定することがあります。具体的には、**普通預金S銀行**や**当座預金T銀行**など、口座の種類や銀行名などを勘定科目として使用します。

例題
3-6 次の取引について仕訳しなさい。

❶ S銀行に普通預金口座、T銀行に当座預金口座を開設し、それぞれに現金¥50,000ずつを預け入れた。ただし、管理のために口座ごとに勘定を設定することにした。

❷ S銀行の普通預金口座からT銀行の当座預金口座へ¥30,000を預け入れた。

・解 答・

❶	(借) 普通預金S銀行	50,000	(貸) 現　金	100,000
	当座預金T銀行	50,000		
❷	(借) 当座預金T銀行	30,000	(貸) 普通預金S銀行	30,000

・解 説・　❶は**普通預金S銀行勘定**と**当座預金T銀行勘定の増加**として処理をするので、それぞれの勘定の**借方**に記入します。

　❷は当座預金T銀行勘定を**増加**させ、普通預金S銀行勘定を**減少**させる処理をするので、**当座預金T銀行勘定の借方**、**普通預金S銀行勘定の貸方**に記入します。

③ 小口現金

小口現金とは？

会社では、毎日のように少額の経費の支払いを行っていますが、小口現金係（用度係）という担当者を設けて、小口の現金の支払いをまかせています。小口現金係が管理するお金を**小口現金**といいます。**小口現金勘定**（資産）は、日常の少額の支払いのために、小口現金係に前渡しされる現金を処理するための勘定です。

私が小口現金係です。小口現金をしっかり管理

小口現金の処理方法については、通常、次の**定額資金前渡制**（インプレスト・システム）が用いられます。

定額資金前渡制（インプレスト・システム）

定額資金前渡制（定額資金前渡法）とは、❶会計係が一定の金額を小口現金係に前渡し（小切手を渡す）しておき、❷小口現金係はこれで支払いを行います。❸会計係は定期的（1週間や1ヵ月ごと）に小口現金係から報告を受け、❹使った分だけ小口現金を補給する（小切手を渡す）、という方法です。

現金に換えて切手代や交通費などを支払います

小切手

❶ あらかじめ前渡分として小切手を振り出す

❹ 会計係が小切手を振り出して小口現金を補給

小切手

❸ 会計係に週末（月末）に支払いの報告

❷ 小口現金係は小口の経費の支払いを行う

豆テスト **Q ⑰**：〈仕訳問題〉商品¥3,000を仕入れ、代金は小切手を振り出して支払った。

この流れを仕訳すると次のようになります。

❶ 小口現金を前渡し・小切手振り出し……

　　　　　（借）小 口 現 金 ×××　（貸）当 座 預 金 ×××

❷ 経費（切手代と交通費）を支払ったとき……　**仕訳なし**

❸ 支払いの報告のとき……

　　　　　（借）通 　 信 　 費 ×××　（貸）小 口 現 金 ×××
　　　　　　　旅費交通費 ×××

小口現金係が支払っ
たときは「仕訳なし」
なんですね

小口現金係が支出したとき
（❷）には仕訳はいりません。
**会計係が報告を受けたとき
（❸）に仕訳します**

❹ 小切手を振り出して小口現金を補給……

　　　　　（借）小 口 現 金 ×××　（貸）当 座 預 金 ×××

　支払報告後ただちに補給が行われる場合、❸＋❹の仕訳を行うこと
もできます。

　　　　　（借）通 　 信 　 費 ×××　（貸）当 座 預 金 ×××
　　　　　　　旅費交通費 ×××

ここを CHECK！

切手代は通信**費**になります。通信**費**も交通**費**も費用です。
繰り返しになりますが、**費用**の発生は借方です。

　なお、小口現金で支払われるもの（費用）には次のようなものがあります。

通信費………電話代、切手代、はがき代など

水道光熱費…水道代、電気代、ガス代など

旅費交通費…電車やバス、タクシー代など

消耗品費……文房具代など　　**雑費**……お茶代やその他少額の費用

　次の例題で確認しましょう。

豆テスト **A** Q⓱の答え：　（借）仕　　入　3,000　（貸）当 座 預 金　3,000

例題

3-7 次の一連の取引を仕訳しなさい。

❶ 定額資金前渡制を採用し、小口現金¥3,000を、小切手を振り出して小口現金係に渡した。

❷ 小口現金係から当月分の支払いにつき、次の報告があり、ただちに小切手を振り出して補給した。

交通費 ¥600　　通信費 ¥800　　消耗品費 ¥300　　雑費 ¥100

・解答・

				資産❶				資産➖	
❶	(借)	小 口 現 金	3,000		(貸)	当 座 預 金	3,000		
❷	(借)	旅費交通費	600		(貸)	小 口 現 金	1,800		
		通 信 費	800			資産➖			
		消 耗 品 費	300						
		雑 費	100	費用❶					
	(借)	小 口 現 金	1,800		(貸)	当 座 預 金	1,800		
または		資産❶				資産➖			
❷	(借)	旅費交通費	600		(貸)	当 座 預 金	1,800		
		通 信 費	800			資産➖			
		消 耗 品 費	300						
		雑 費	100						

費用❶

・解説・　❶は、小切手を振り出して小口現金係に渡したので、小口現金勘定の**増加**、当座預金勘定の**減少**として処理します。❷は、小口現金係から支払いの報告を受けてまとめて仕訳し、小口現金係が支払った額と同額を補給します。

なお、❷は減少する小口現金勘定の金額と、増加する小口現金勘定の金額が同額となるので、小口現金を省略して仕訳することもできます。

豆テスト **Q** ⑱：〈仕訳問題〉定額資金前渡制を採用し、小口現金¥10,000を小切手を振り出して用度係に前渡しした。

● 小口現金出納帳

　小口現金係は、日々の小口経費の支払いについての明細を**小口現金出納帳**に記入します。次の例題を使って小口現金出納帳の様式や記入要領をみていきましょう。

小口現金の明細は、小口現金出納帳に記入します

例題 3-8 次の一連の取引を仕訳し、小口現金出納帳に記入しなさい。

10月1日　定額資金前渡制を採用し、小口現金¥5,000 を、小切手を振り出して小口現金係に渡した。

10月5日　小口現金係から今週分の支払いにつき、次のような報告を受けたので、ただちに同額の小切手を振り出して補給した。

10月1日	郵便切手代	¥800
10月2日	茶菓子代	¥300
10月3日	文房具代	¥400
10月4日	バス回数券	¥1,000
10月5日	電話料	¥1,800

・解答・

資産⊕　　　　　　　　　　　　　　　　資産⊖

10月1日	（借）小口現金	5,000	（貸）当座預金	5,000
10月5日	（借）通信費	2,600	（貸）小口現金	4,300
	消耗品費	400		
	旅費交通費	1,000		
	雑費	300		
	（借）小口現金	4,300	（貸）当座預金	4,300

費用⊕　　　　　　　　資産⊖

資産⊕　　　　　　　　　　　　　　　　資産⊖

豆テスト **A** Q⑱の答え：（借）小口現金　10,000　（貸）当座預金　10,000

70

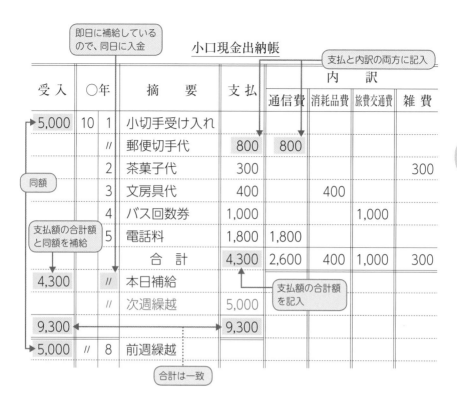

小口現金出納帳

受入	○年		摘　要	支払	内　訳			
					通信費	消耗品費	旅費交通費	雑費
5,000	10	1	小切手受け入れ					
		〃	郵便切手代	800	800			
		2	茶菓子代	300				300
		3	文房具代	400		400		
		4	バス回数券	1,000			1,000	
		5	電話料	1,800	1,800			
			合　計	4,300	2,600	400	1,000	300
4,300		〃	本日補給					
		〃	次週繰越	5,000				
9,300				9,300				
5,000	〃	8	前週繰越					

即日に補給しているので、同日に入金

支払と内訳の両方に記入

同額

支払額の合計額と同額を補給

支払額の合計額を記入

合計は一致

・解説・　仕訳は【例題3-7】と同じ要領で行っていきます。通信費は、郵便切手代¥800と電話料¥1,800の合計¥2,600となります。

　小口現金出納帳の記入は、図に示した要領で行っていきます。即日に補給しているので、当日に受け入れ、次月に繰り越します。

　なお、翌月・翌週の初めに補給する方法もあります。その場合は次のようになります。

			合　計	4,300	2,600	400	1,000	300
		〃	次週繰越	700				
5,000			合計は一致	5,000				
700		8	前週繰越					
4,300		〃	本日補給					

第3章　現金・預金

この章の まとめ

 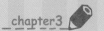

この 流れ を理解しよう！

P59〜61参照

● 現金の帳簿の残高と実際有高に食い違いが生じたとき

　→現金過不足勘定で処理

　・後日、原因が判明したとき＝**正しい勘定に振り替える**

　・決算日まで判明しなかったとき＝**雑損勘定・雑益勘定に振り替える**

この ルール を理解しよう！

P56・61・63〜66参照

● 簿記では現金以外にも現金として扱うものがある＝通貨代用証券

　（他人振り出しの小切手、送金小切手、郵便為替証書など）

● 預金の処理方法

　→預金には、普通預金、当座預金、定期預金などの種類があり、それぞれの

　　勘定で処理

● 自分が小切手を振り出したとき→**当座預金の減少**

　かつて自分が振り出した小切手を受け取った（自己振り出し小切手が戻って

　きた）とき→**当座預金の増加**

● 複数の預金口座を開設している場合

　→口座ごとに勘定を設定することがある。**普通預金○○銀行**など、口座の種

　　類や銀行名などを勘定科目として使用

この 用語 を覚えよう！

P67参照

小口現金　＝日々生じる少額の現金の支払いに備えて手もとに用意しておく

　　　　　　　現金

定額資金前渡制（インプレスト・システム）　＝小口現金の管理方法の1つ

☑ 理解度チェック問題

1 現金① 解答&解説 ➡P77・78

次の取引について仕訳しなさい。なお、勘定科目は [ ] の中から最も適当と思われるものを選ぶこと。

①郵便切手とはがきを¥1,000購入し、代金は現金で支払った。

②世田谷商店へ商品¥3,000を売り上げ、代金のうち¥2,000は同店振り出しの小切手で受け取り、残額は現金で受け取った。

③豊島商店より商品¥2,000を仕入れ、代金は現金で支払った。

④武蔵野商店へ商品¥6,000を売り上げ、代金は送金小切手を受け取った。

⑤従業員の給料¥5,000を現金で支払った。

勘定科目：現金、当座預金、売上、仕入、通信費、給料

	借　　方		貸　　方	
①				
②				
③				
④				
⑤				

2 現金② 解答&解説 ➡P78

次の取引について仕訳しなさい。なお、勘定科目は [ ] の中から最も適当と思われるものを選ぶこと。

2月28日 現金の実際有高を調べたところ、帳簿残高より¥3,600不足していることが判明した。

3月15日 上記不足額のうち¥3,000は、家賃の支払いの記帳もれであることが判明した。

31日 決算日になっても現金過不足額の残額については、その原因が不明のため、雑損として処理した。

	借　　方		貸　　方	
2/28				
3/15				
3/31				

3 **現金③** 解答&解説 ➡P78

次の取引について仕訳しなさい。なお、勘定科目は[ ]の中から最も適当と思われるものを選ぶこと。

①現金の実際有高が帳簿残高よりも¥2,000過剰であることが判明した。

②上記①の現金過剰分¥2,000は、手数料受取りの記帳もれであることが判明した。

勘定科目：現金、現金過不足、受取手数料、支払手数料

	借　　方		貸　　方	
①				
②				

4 **預金①** 解答&解説 ➡P78・79

次の取引について仕訳しなさい。なお、勘定科目は[ ]の中から最も適当と思われるものを選ぶこと。

①こぐま文具店は普通預金口座に現金¥10,000を預け入れた。

②こぐま文具店は定期預金口座に現金¥20,000を預け入れた。

③こぐま文具店は普通預金口座から現金¥5,000を引き出した。

勘定科目：現金、当座預金、普通預金、定期預金

	借　　方		貸　　方	
①				
②				
③				

5 **預金②**　　解答＆解説 ➡P79

次の取引について仕訳しなさい。なお、勘定科目は▢▢▢の中から最も適当と思われるものを選ぶこと。

①こぐま文具店は、銀行と当座預金契約を結び、当座預金口座を開設し、現金¥10,000を預け入れた。

②港商店より商品¥4,000を仕入れ、代金は小切手を振り出して支払った。

③板橋商店に商品¥6,000を売り上げ、代金は同店振り出しの小切手で受け取り、ただちに当座預金に預け入れた。

勘定科目：現金、当座預金、普通預金、売上、仕入

	借　　方		貸　　方	
①				
②				
③				

6 **預金③**　　解答＆解説 ➡P79

次の取引について仕訳しなさい。なお、管理のために預金口座ごとに勘定を設定している。また、勘定科目は▢▢▢の中から最も適当と思われるものを選ぶこと。

①こぐま文具店は品川銀行の普通預金口座に現金¥30,000を預け入れた。

②品川銀行の普通預金口座から水道光熱費¥5,000が引き落とされた。

勘定科目：現金、当座預金品川銀行、普通預金品川銀行、水道光熱費

	借　　方		貸　　方	
①				
②				

次の一連の取引を仕訳し、小口現金出納帳に記入しなさい。なお、当社は定額資金前渡制を採用しており、小口現金の補給は小切手により週末の金曜日に行っている。また、勘定科目は[　　　]の中から最も適当と思われるものを選ぶこと。

　10月1日　定額資金前渡制を採用し、小口現金として小切手¥10,000
　　　　　　を振り出して、小口現金係へ渡した。
　今週中　　小口現金係は、小口現金から次の支出を行った。
　　　　　　　10/1　郵便切手代　¥1,800　　10/4　タクシー代　¥1,600
　　　　　　　10/2　バス回数券　¥2,000　　10/5　電 気 料　¥2,600
　　　　　　　10/3　お 茶 代　¥1,000
　10月5日　小口現金係から上記の報告があり、ただちに小切手を振り出して同額を補給した。

勘定科目：小口現金、当座預金、通信費、旅費交通費、水道光熱費、雑費

	借　　　方		貸　　　方	
10/1				
10/5				

小口現金出納帳

受入	○年	摘　要	支払	内　訳			
				通信費	旅費交通費	水道光熱費	雑　費

☑ 解答＆解説

1 **現金①**　参照➡P56〜58

	借　方		貸　方	
①	通　信　費	1,000	現　　　金	1,000
②	現　　　金	3,000	売　　　上	3,000
③	仕　　　入	2,000	現　　　金	2,000
④	現　　　金	6,000	売　　　上	6,000
⑤	給　　　料	5,000	現　　　金	5,000

①郵便切手とはがきは通信費になります。現金で支払っているので、**現金勘定の貸方**に記入します。

②「**同店振り出しの小切手**」の同店とは、世田谷商店です。世田谷商店が振り出した小切手を受け取った場合は、現金として処理します。残額も現金で

> **ワンポイントアドバイス**
> 現金については、通貨以外にも**現金として扱うもの**があることに注意しましょう

受け取っているので、**借方は現金**となります。なお、売上については次の章でくわしく学習します。

③現金を支払っているので、**現金勘定の貸方**に記入します。なお、仕入についても次の章でくわしく学習します。

④送金小切手を受け取った場合、**現金**として処理します。

⑤給料を現金で支払っているので、**現金勘定の貸方**に記入します。

2 現金② 参照 ➡ P59〜61

	借　　方		貸　　方	
2/28	現 金 過 不 足	3,600	現　　　　　金	3,600
3/15	支 払 家 賃	3,000	現 金 過 不 足	3,000
3/31	雑　　　　　損	600	現 金 過 不 足	600

2月28日 現金の実際有高が帳簿残高より¥3,600不足しているので、上記の仕訳を行います。

3月15日 不足額のうち¥3,000は家賃の支払いの記帳もれなので、支払家賃（費用）として処理をします。**支払家賃勘定の借方、現金過不足勘定の貸方**に記入します。

　31日 現金過不足額の残高（¥3,600－¥3,000＝¥600）は、決算日になっても、その原因が不明なので、**雑損勘定に振り替える**仕訳を行います。

3 現金③ 参照 ➡ P59〜61

	借　　方		貸　　方	
①	現　　　　　金	2,000	現 金 過 不 足	2,000
②	現 金 過 不 足	2,000	受 取 手 数 料	2,000

①現金が過剰なので、上記の仕訳を行います。

②過剰の原因が手数料受取りの記帳もれなので、**現金過不足勘定の借方、受取手数料勘定の貸方**に記入します。

4 預金① 参照 ➡ P61・62

	借　方		貸　方	
①	普 通 預 金	10,000	現　　　金	10,000
②	定 期 預 金	20,000	現　　　金	20,000
③	現　　　金	5,000	普 通 預 金	5,000

①普通預金口座に現金を預け入れたので、普通預金の増加、現金の減少となります。

②定期預金口座に現金を預け入れたので、定期預金の増加、現金の減少となります。

③普通預金口座から現金を引き出したので、現金の増加、普通預金の減少となります。

---

5 預金② 参照 ➡ P63・64

	借　方		貸　方	
①	当 座 預 金	10,000	現　　　金	10,000
②	仕　　　入	4,000	当 座 預 金	4,000
③	当 座 預 金	6,000	売　　　上	6,000

①当座預金口座に現金を預け入れたので、当座預金の増加、現金の減少となります。

②小切手を振り出して支払ったので、当座預金の減少となります。

③他人振り出し小切手を受け取り、ただちに当座預金に預け入れた場合には、**当座預金勘定**を増加させます。

---

6 預金③ 参照 ➡ P66

	借　方		貸　方	
①	普通預金品川銀行	30,000	現　　　金	30,000
②	水 道 光 熱 費	5,000	普通預金品川銀行	5,000

①預金口座ごとに勘定を設定しているので、**普通預金品川銀行勘定の借方**に記入します。

②水道光熱費が引き落とされたので、**水道光熱費勘定の借方**に記入するとともに、**普通預金品川銀行勘定の貸方**に記入します。

7 小口現金　　参照 ➡ P67〜71

	借　　方		貸　　方	
10/1	小　口　現　金	10,000	当　座　預　金	10,000
10/5	通　信　費	1,800	小　口　現　金	9,000
	旅　費　交　通　費	3,600		
	水　道　光　熱　費	2,600		
	雑　　　　　費	1,000		
	小　口　現　金	9,000	当　座　預　金	9,000

10月5日の仕訳は、次のように仕訳することもできます。

	借　　方		貸　　方	
10/5	通　信　費	1,800	当　座　預　金	9,000
	旅　費　交　通　費	3,600		
	水　道　光　熱　費	2,600		
	雑　　　　　費	1,000		

小口現金出納帳

受　入	○年		摘　　要	支　払	内　　訳			
					通信費	旅費交通費	水道光熱費	雑　費
10,000	10	1	小切手受け入れ					
		〃	郵便切手代	1,800	1,800			
		2	バス回数券	2,000		2,000		
		3	お茶代	1,000				1,000
		4	タクシー代	1,600		1,600		
		5	電気料	2,600			2,600	
			合　計	9,000	1,800	3,600	2,600	1,000
9,000		5	本日補給					
		〃	次週繰越	10,000				
19,000				19,000				
10,000	〃	8	前週繰越					

P70・71の【例題3-8】と同じ要領で記入していきます。

第 **4** 章

商品売買

この章では商品売買取引について学習します。商店では、商品を仕入れて販売することが営業活動の基本となります。重要なテーマなので、しっかり理解しましょう。

① 三分法

② クレジット売掛金

③ 商品の返品

④ 仕入諸掛り・売上諸掛り

⑤ 仕入帳・売上帳

⑥ 商品有高帳

⑦ 売掛金元帳・買掛金元帳

次は商品売買の学習。大事ですね

そう、商品売買は営業活動の基本だからね

商品売買とは？

この章の
テーマ
商品売買
ですね

こぐま文具店のようなお店
では 商品を仕入れて販売する
商品売買が営業活動の基本
となります

商売
繁盛！

仕入れ

売上げ

仕入先

原価

売価

得意先

商品 つまりお店の売り物
を買ってくることを
仕入れといいます

商品を販売することを
売上げといいます

そして 販売したときの金額を
売価といい 仕入れたときの
金額を原価といいます

商品を仕入れたときは
その原価を仕入勘定の借方に記入
商品を売り上げたときは
その売価を売上勘定の貸方に記入
します

ここまで
大丈夫ですか？

仕入れ ➡ 仕　　入×××／現金など×××
売上げ ➡ 現金など×××／売　　上×××

ところで
仕入れや売上げで
あとで代金を支払う
ことがありますよね

まぁ
なんとか…

自信なし

代金は月末の
支払いで
お願いします

はいよ
これ注文の商品

月末
ですね

くま印ノート

毎度どうも
これ注文の
商品です

じゃあ 代金は
来月末の支払い
ということで

このように商品の売買代金を
後日に受け取ったり支払ったり
することを約束して売買する
ことがあります

これを掛け取引
といいます

毎日のように同じ商店から
商品を仕入れている場合
商品を仕入れるたびに現金
で代金を支払うのは 買う
ほうも売るほうも手間が
かかる

だから一定期間の仕入代金
はあとでまとめて支払うこと
にしてお互い手間を省くと
いうわけだね

もちろんです

こぐま
文具店

こぐま文具店さん
仕入代金の支払いは
月末忘れないでね！

商品を掛けで仕入れた場合
の後日代金を支払う義務は
買掛金勘定で処理します

商品を掛けで売上げた場合の
後日代金を受け取る権利は
売掛金勘定で処理します

後日代金を支払う義務 ➡ 買掛金
後日代金を受け取る権利 ➡ 売掛金

アレ 今日って
何日だっけ？

1日ですよ

1日やばっ！
月末の仕入
代金…

仕入代金は
わたしが処理して
おきましたよ

では 学習を
はじめ
ましょう

助かったぁ

83

① 三分法

三分法とは？

　商品売買の処理の方法は複数ありますが、一般的に行われているのは三分法という処理の方法です。三分法とは、商品売買の取引を繰越商品勘定（資産）、仕入勘定（費用）、売上勘定（収益）の３つの勘定を用いて記帳する方法です。

- ●繰越商品勘定※…前期から繰り越された商品の原価（購入金額）が記入される
- ●仕入勘定…商品を仕入れたとき（購入）は、その原価（購入金額）を仕入勘定の**借方**に記入する
- ●売上勘定…商品を売り上げたとき（販売）は、その売価（販売価額）を売上勘定の**貸方**に記入する

※繰越商品勘定については第11章で詳しく学習します。

　商品の仕入時・販売時の仕訳は次のようになります。

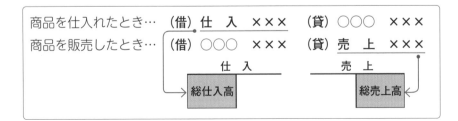

> **例題** 4-1　次の取引について仕訳しなさい。
>
> ❶　豊島商店からA商品¥2,000（10個@¥200）を仕入れ、代金は現金で支払った。
>
> ❷　世田谷商店へA商品¥2,400（8個@¥300）を販売し、代金は現金で受け取った。

・解 答・

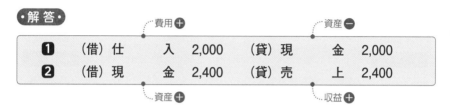

❶	（借）仕	入	2,000	（貸）現	金	2,000	
❷	（借）現	金	2,400	（貸）売	上	2,400	

・解 説・　❶は、仕入原価（購入金額）で**仕入勘定の借方**に記入し、代金は現金で支払っているので、**現金勘定の貸方**に記入します。

　❷は、売価（販売価額）で**売上勘定の貸方**に記入し、代金は現金で受け取っているので、**現金勘定の借方**に記入します。

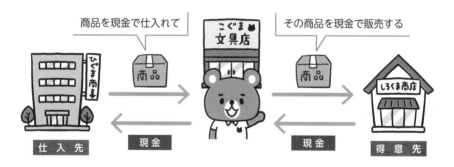

なお、商品を売り上げた相手先のことを得意先といいます。

● 掛取引による商品売買

　今、現金での商品売買についてみてきましたが、商品の売買代金を後日に受け取ったり、支払ったりすることを約束して商品を売買することがあ

豆テスト **Q** ⑲：〈仕訳問題〉A商品¥1,000（10個@¥100）を仕入れ、代金を現金で支払った。

ります。これを掛取引といいます。

　商品を掛けで仕入れて、後日代金を支払うときは、代金の支払義務が生じます。この場合、買掛金勘定（負債）の**貸方**に記入します。また、商品を掛けで販売したときは、後日代金を受け取る権利が生じます。この場合は売掛金勘定（資産）の**借方**に記入します。

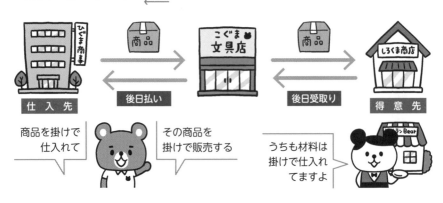

仕　入　先　　　　後日払い　　　　　後日受取り　　　　得　意　先

商品を掛けで
仕入れて

その商品を
掛けで販売する

うちも材料は
掛けで仕入れ
てますよ

例題 4-2　次の取引について仕訳しなさい。

❶　豊島商店からB商品¥1,500（10個@¥150）を仕入れ、代金は
　　掛けとした。

❷　世田谷商店へB商品¥1,600（8個@¥200）を販売し、代金は
　　掛けとした。

・解 答・

❶	（借）仕	入	1,500	（貸）買	掛	金	1,500
❷	（借）売	掛 金	1,600	（貸）売		上	1,600

費用➕　　　　　負債➕
資産➕　　　　　収益➕

・解 説・　❶は、商品を掛けで仕入れたので、**買掛金勘定の貸方**に記入します。❷は、商品を掛けで販売したので、**売掛金勘定の借方**に記入します。

② クレジット売掛金

● クレジット売掛金とは？

商品を売り上げ、代金の支払いがクレジット・カードによる場合、あとで代金を受け取ることができる権利が生じます。このクレジット・カードによる、あとで代金を受け取ることができる権利を**クレジット売掛金**(資産)といいます。

● クレジット売掛金の処理

商品を売り上げ、代金の支払いはクレジット・カードによる場合、**クレジット売掛金**(資産)勘定の**借方**に記入します。また、代金の支払いがクレジット・カードによる場合、会社は信販会社に手数料を支払います。この手数料は**支払手数料**(費用)勘定の**借方**に記入します。

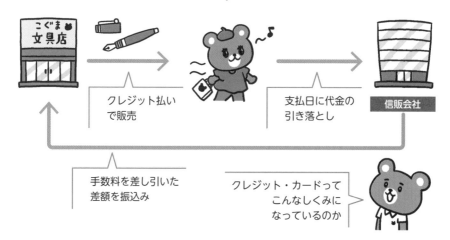

クレジット払いで販売

支払日に代金の引き落とし

信販会社

手数料を差し引いた差額を振込み

クレジット・カードってこんなしくみになっているのか

また、後日、信販会社から商品の代金が入金されたときは、**クレジット売掛金**(資産)を減少させるため、**クレジット売掛金**(資産)勘定の**貸方**に記入します。

 Q ㉑：〈仕訳問題〉A商品¥1,200(8個@¥150)を販売し、代金は現金で受け取った。

4-3 次の取引について仕訳しなさい。

❶ 商品¥50,000をクレジット払いの条件で販売した。なお、信販会社への手数料（販売代金の2％）は販売時に計上した。

❷ 2％の手数料を差し引かれた残額¥49,000が、信販会社から当社の普通預金口座に振り込まれた。

・解 答・

		費用 ⊕					収益 ⊕	
❶	（借）支払手数料	1,000		（貸）売		上	50,000
	クレジット売掛金	49,000					
		資産 ⊕						
❷	（借）普 通 預 金	49,000		（貸）クレジット売掛金			49,000
		資産 ⊕					資産 ⊖	

・解 説・　❶は手数料を販売時に計上しているので、**支払手数料勘定の借方**に記入します。手数料は販売代金の2％なので、50,000円×2％＝1,000円となります。また、販売代金50,000円から1,000円を差し引いた49,000円を**クレジット売掛金勘定の借方**に記入します。

　❷は残高が振り込まれたので、**クレジット売掛金勘定の貸方**に記入します。

3 商品の返品

● 返品とは？

　商品の品違いや商品に傷があった場合に、仕入先に商品を返したり、販売先から商品が返ってくることがあります。これを返品といいますが、仕入先に商品を返すことを**仕入戻し**、販売先から商品が返ってくることを**売上戻り**といいます。

豆テスト **A** Q❷の答え：（借）現 　 金　1,200　（貸）売 　 上　1,200

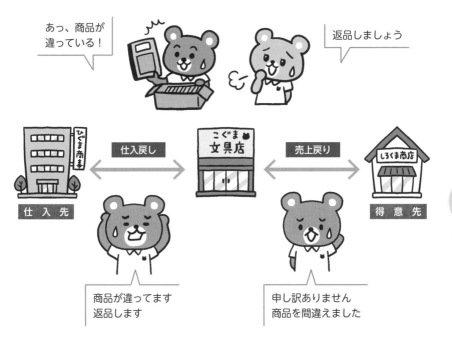

あっ、商品が違っている！

返品しましょう

仕入戻し

売上戻り

仕入先

得意先

商品が違ってます
返品します

申し訳ありません
商品を間違えました

● 返品の処理

　仕入戻しが行われると、商品を戻すことになるので、帳簿上も仕入の取引がなかったものとして、取り消す処理を行います。仕入勘定のマイナスとして、**仕入勘定の貸方**に記入し、代金は通常、買掛金勘定と相殺します。つまり、**貸借逆の仕訳**を行います。

　売上戻りも同様です。売上勘定のマイナスとして、**売上勘定の借方**に記入し、代金は通常、売掛金勘定と相殺します。

　仕訳は次のようになります。

商品を仕入れたとき… （借）仕　入　×××　　（貸）買掛金　×××

仕入戻し（返品）のとき… （借）買掛金　×××　　（貸）仕　入　×××

豆テスト Q ㉑ :〈仕訳問題〉B商品¥2,000（10個@¥200）を仕入れ、代金は掛けとした。

商品を販売したとき…　（借）売掛金　×××　　（貸）売　上　×××

売上戻り（返品）のとき…　（借）売　上　×××　　（貸）売掛金　×××

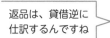
返品は、貸借逆に仕訳するんですね

返品は逆仕訳と押さえておきましょう

　仕入勘定と売上勘定は次のような記入がされます。仕入勘定の残高が純仕入高、売上勘定の残高が純売上高となります。

（例題）
4-4　次の取引について仕訳しなさい。

❶　豊島商店から掛けで仕入れた商品のうち、¥200を品違いのため返品した。

❷　世田谷商店へ掛けで販売した商品のうち、¥400が品違いのため返品されてきた。

・解答・

			負債 ⊖				費用 ⊖	
❶	（借）買　掛　金	200		（貸）仕　　　入	200			
❷	（借）売　　　上	400		（貸）売　掛　金	400			
		収益 ⊖			資産 ⊖			

・解説・　❶は仕入れた商品を返品したので、**仕入勘定の貸方**に記入します。❷は販売した商品が返品されたので、**売上勘定の借方**に記入します。

仕入諸掛り・売上諸掛り

諸掛りとは

諸掛りとは、商品の移動に伴うさまざまな費用のことをいいます。商品を引き取る際にかかった費用を**仕入諸掛り**といい、商品を発送するときにかかった費用を**売上諸掛り**といいます。

商品を仕入れたり、
販売するのには、
いろいろ費用がかかるね

諸掛りはどう処理
するのかな？

仕入諸掛り

商品を引き取る際に、引取運賃（運送料）や運送保険料などの仕入諸掛りを支払った場合は、原則として**仕入勘定に含めて処理します**。

こぐま文具店が負担

引取運賃

仕入勘定に含める

こぐま
文具店

仕訳は次のようになります。

（借）仕　入　×××　　　（貸）○○○（現金など）×××

仕入諸掛り　含める

 Q ㉒：〈仕訳問題〉B商品¥2,400（8個@¥300）を販売し、代金は掛けとした。

もし、仕入諸掛りが先方（仕入先）負担である場合は、立替金勘定（資産）<ruby>立替金<rt>たてかえきん</rt></ruby>で処理します。
詳細は第6章へ➡

（借）立替金　×××　　　　（貸）○○○（現金など）×××

● 売上諸掛り

商品を販売したときにかかった荷造費や発送運賃などについては、当方が支払う場合は、**発送費**勘定（費用）の**借方**に記入します。

当方が支払う場合…（借）**発送費**　×××　（貸）○○○（現金など）×××

こぐま文具店が支払う

運送料等

発送費として処理

例題 4-5　次の取引について仕訳しなさい。

❶ 豊島商店よりＡ商品¥8,000を仕入れ、代金は掛けとした。なお、引取運賃¥500を現金で支払った。

❷ 世田谷商店へＡ商品¥10,000を販売し、代金は送料¥1,000を加えた合計額を掛けとした。なお、送料¥1,000は現金で支払った。

・解 答・

費用⊕　　　　　　　　負債⊕

❶　（借）仕　　　　入　　8,500　　（貸）買　掛　金　　8,000
　　　　　　　　　　　　　　　　　　　　　現　　　金　　　500

資産⊖

❷　（借）売　掛　金　11,000　　（貸）売　　　上　11,000
　　　　　　発　送　費　1,000　　　　　　現　　　金　1,000

資産➕　　　収益➕
費用➕　　　資産➖

•解 説•　❶の商品を仕入れる際の引取運賃は、仕入勘定に含めるので、仕入勘定の金額は¥8,000＋¥500＝¥8,500となります。❷の送料は発送費勘定で処理をします。なお、3級では売上諸掛りを売上勘定に含めて処理します。

column コラム

分記法

　商品売買の処理のしかたに分記法という方法があります。分記法とは、商品の売買について、**商品勘定**（資産）・**商品売買益勘定**（収益）に分けて記入する方法です（ただし、一般に採用されている方法ではありません）。

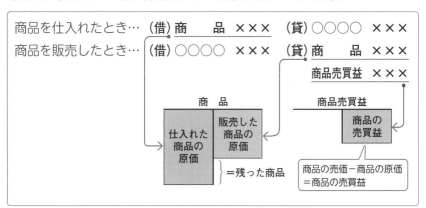

商品を仕入れたとき…　（借）商　　品　×××　　（貸）○○○○　×××
商品を販売したとき…　（借）○○○○　×××　　（貸）商　　品　×××
　　　　　　　　　　　　　　　　　　　　　　　　商品売買益　×××

　　　　　　　　　　　　商　品
仕入れた商品の原価／販売した商品の原価
　　　　　　　　　　　　　＝残った商品

　　　　　商品売買益
　　　　　　商品の売買益

商品の売価－商品の原価＝商品の売買益

　商品を仕入れたときは、商品の原価で商品勘定の**借方**に記入します。商品を販売したときは、その商品の原価を商品勘定の**貸方**に記入するとともに、その商品の売価と原価との差額を商品売買益勘定の**貸方**に記入します。
　なお、日商簿記検定は三分法で出題されます。

右側の縦書き：第**4**章 ⋁⋁ 商品売買

豆テスト **Q** ㉓：〈仕訳問題〉商品¥30,000をクレジット払いの条件で販売した。なお、信販会社への手数料（販売代金の2%）は販売時に計上した。

⑤ 仕入帳・売上帳

● 仕　入　帳

　仕入帳とは、仕入取引の明細を発生順
に記録するための補助簿のことです。記
入の方法は次のとおりです。

仕入取引を
記録します

仕　入　帳

○年		摘　　　要		内　訳	金　額
❶5	8	豊島商店 ❷	掛け		
		ボールペン　　10本　@¥200		❸2,000	
		フェルトペン　10本　@¥300		3,000	5,000
❹	12	豊島商店	掛け返品		
		ボールペン　　2本　@¥200			400
	20	千代田商店	掛け		
		バインダー　　10冊　@¥400		4,000	
		引取運賃現金払い		800	4,800
	31		総　仕　入　高		9,800
	〃	❺	仕　入　戻　し　高		400
			純　仕　入　高		9,400

❶…日付欄に取引の日付を記入

❷…摘要欄に取引先、商品名、支払方法、数量、単価 (@) などを記入

❸…内訳欄は、商品の種類別の内訳、仕入諸掛りの金額を記入し、合計を
　　金額欄に記入する

❹…返品は朱記 (赤字) する ⟵······ 日商簿記検定
では黒字記入

❺…金額欄に合計線を引いて総仕入高を記入し、返品の金額をマイナスし
　　て純仕入高を示すように記入し、締め切る

豆テスト **A**	Q㉓の答え：	(借) 支払手数料　　　　600　　　(貸) 売　　　上　　　30,000
		クレジット売掛金　29,400

売 上 帳

売上帳とは、売上取引の明細を発生順に記録するための補助簿のことです。記入の方法は仕入帳と同様です。

売上取引を記録します

売　　上　　帳

○年		摘　　　要		内　訳	金　額
5	10	世田谷商店　　　　　掛け			
		ボールペン　　5本　@¥300		1,500	
		フェルトペン　10本　@¥400		4,000	5,500
	15	世田谷商店　　　　掛け返品			
		ボールペン　　1本　@¥300			300
	22	杉並商店　　　　　　掛け			
		バインダー　　10冊　@¥600			6,000
	31	総　売　上　高			11,500
	〃	売　上　戻　り　高			300
		純　売　上　高			11,200

仕入帳や売上帳にきちんと記入しておかないとですね

そうですね

⑥ 商品有高帳

商品有高帳とは？

　商品有高帳<ruby>しょうひんありだかちょう</ruby>とは、商品の種類ごとに、商品の受入れ、払い出しのつど、その明細を記録し、**商品の残高を明らかにする補助簿**です。

この商品の在庫は？

商品の在庫管理は、商品有高帳で行います

商 品 有 高 帳
A商品

○年	摘　要	受　入			払　出			残　高		
		数量	単価	金額	数量	単価	金額	数量	単価	金額

日付を記入　仕入・売上など　受入数量・単価・金額を記入　払出数量・単価・金額を記入　残高を記入

　商品有高帳には、受入高、払出高、残高について、数量、単価（原価）、金額を記入します。商品を受け入れたとき（仕入）には受入欄に記入します。商品を販売したときには払出欄に**原価（購入金額）で記入します**。この**販売した商品の原価**を売上原価<ruby>うりあげげんか</ruby>といいます。
第9章でも学習します➡

　売上原価は、次のように計算することもできます。

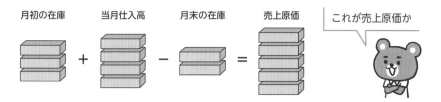

売上原価 ＝ 期首商品棚卸高（期首の在庫） ＋ 当期商品仕入高 － 期末商品棚卸高（期末の在庫）

月初の在庫　　当月仕入高　　月末の在庫　　売上原価

これが売上原価か

　売上高から売上原価を差し引いた利益を売上総利益といいます。つまり、次の計算式で表されます。

たとえば売上高が100円で、売上原価が80円の場合、売上総利益は20円ということですね

売上総利益 ＝ 売上高 － 売上原価

　ところで、商品有高帳は仕入原価（購入金額）を記入するのですが、同じ商品であっても仕入れた時期によって購入金額が異なることがあります。そこで、払い出しの際、払い出された商品の単価をいくらにするのかを決めなければなりません。それにはいくつかの方法があるのですが、ここでは<ruby>先入先出法<rt>さきいれさきだしほう</rt></ruby>と<ruby>移動平均法<rt>いどうへいきんほう</rt></ruby>を学習します。

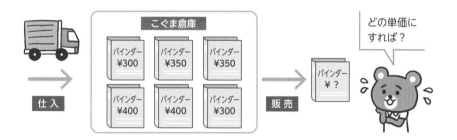

こぐま倉庫

仕入　　　販売

バインダー ¥300　バインダー ¥350　バインダー ¥350
バインダー ¥400　バインダー ¥400　バインダー ¥300

バインダー ¥？

どの単価にすれば？

●**先入先出法**……先に仕入れた商品から先に払い出された（販売された）ものとみなして払出単価を決定する方法
●**移動平均法**……単価の異なる商品を仕入れるごとに、次の計算式で**平均単価**を計算し、それを次の払出単価とする方法

豆テスト **Q** ㉕：〈仕訳問題〉掛けで仕入れた商品のうち、¥500を品違いのため返品した。

$$\boxed{\text{平均単価}} = \frac{\text{残高金額 + 受入（仕入）金額}}{\text{残高数量 + 受入（仕入）数量}}$$

先に仕入れたものから
先に払い出すとみなす

後
後
後

先

平均単価を計算する

平均

ワンポイント Q&A 「棚卸」って？

「棚卸高」など、これからも「棚卸」という言葉が出てきますが、「棚卸」とは商品などの在庫数量等をチェックする確認作業のことをいいます。

● 商品有高帳の記入　 重要

次の例題を使って商品有高帳の記入方法を学習しましょう。

例題 4-6　次の資料にもとづいて、❶先入先出法と❷移動平均法による商品有高帳の記入を行いなさい。また、各方法による売上高、売上原価、売上総利益を求めなさい。

9月 1日	前月繰越	バインダー	20冊	@¥250
9月 8日	仕　入	バインダー	30冊	@¥240
9月12日	売　上	バインダー	25冊	@¥300（売価）
9月20日	仕　入	バインダー	25冊	@¥260
9月26日	売　上	バインダー	30冊	@¥290（売価）

豆テスト A　Q㉕の答え：（借）買掛金　500　（貸）仕　入　500

❶先入先出法

・解 答・

商 品 有 高 帳
バインダー

○年		摘 要	受 入			払 出			残 高		
			数量	単価	金額	数量	単価	金額	数量	単価	金額
9	1	前月繰越	20	250	5,000				20	250	5,000
	8	仕 入	30	240	7,200				20	250	5,000
									30	240	7,200
	12	売 上				20	250	5,000			
						5	240	1,200	25	240	6,000
	20	仕 入	25	260	6,500				25	240	6,000
									25	260	6,500
	26	売 上				25	240	6,000			
						5	260	1,300	20	260	5,200
	30	次月繰越				20	260	5,200			
			75		18,700	75		18,700			
10	1	前月繰越	20	260	5,200				20	260	5,200

> 単価の異なる
> ものは2行に区分

第4章 >> 商品売買

売上総利益の計算

売 上 高	16,200
売 上 原 価	13,500
売 上 総 利 益	2,700

ここを CHECK！

単価の異なるものは2行に分けて区分
しておきます。そして、先に仕入れた
ものから先に払い出すとみなします。

商品有高帳は
原価で記入
するんですね

売価は記入され
ないので
注意しましょう

  Q㉖：〈仕訳問題〉掛けで販売した商品のうち、¥600が品違いのため返品されてきた。

・解説・　9月8日の仕入は単価の異なるものを受け入れたので、2行に区別して記入します。

　9月12日の売上数量は25冊です。先入先出法では**先に仕入れたものから**順に払い出すとみなすので、まず前月繰越分の@¥250のものを20冊払い出し、続いて8日に仕入れた@¥240のものを5冊払い出すものとして処理をします。

　9月20日の仕入、9月26日の売上も同様に記入していきます。26日は先に@¥240のものを25冊払い出し、続いて@¥260のものを5冊払い出すものとします。

　そして、次月に繰り越す数量、単価、金額を払出欄に朱記（赤字）します。受入欄の数量、金額の合計と払出欄の数量、金額の合計が一致することを確かめて締め切ります。

　売上高は、9月12日（25冊×¥300＝¥7,500）と9月26日（30冊×¥290＝¥8,700）の合計で

　¥7,500＋¥8,700＝¥16,200と計算されます。

　売上原価は、払出欄の12日（¥5,000＋¥1,200）と26日（¥6,000＋¥1,300）の合計で、¥13,500となりますが、次のようにも計算できます。

月初商品棚卸高	5,000
当月商品仕入高	13,700
計	18,700
月末商品棚卸高	5,200
売　上　原　価	13,500

売上原価は第9章でも学習します➡

期首（月初）の在庫に当期の仕入高をプラスし、期末（月末）の在庫を差し引いて、売上原価を計算することもできます

　そして、売上総利益は、¥16,200－¥13,500＝¥2,700と計算されます。

 **A** Q㉖の答え：　（借）売　　　　上　　600　　（貸）売　掛　金　　600

❷ 移動平均法

・解 答・

商 品 有 高 帳
バインダー

○年		摘　要	受　入			払　出			残　高		
			数量	単価	金額	数量	単価	金額	数量	単価	金額
9	1	前月繰越	20	250	5,000				20	250	5,000
	8	仕　入	30	240	7,200				50	⑭244	12,200
	12	売　上				25	244	6,100	25	244	6,100
	20	仕　入	25	260	6,500				50	⑫252	12,600
	26	売　上				30	252	7,560	20	252	5,040
	30	次月繰越				20	252	5,040			
			75		18,700	75		18,700			
10	1	前月繰越	20	252	5,040				20	252	5,040

第 **4** 章 〉〉 商品売買

売上総利益の計算

売 上 高	16,200
売 上 原 価	13,660
売上総利益	2,540

ここを CHECK !

単価の異なるものを受け入れるつど、
平均単価を計算します。

・解 説・ 移動平均法は、単価の異なる商品を受け入れるつど、その**平均単価**を計算します。そして、それを次の払出単価とします。

9月8日の仕入は、単価の異なるものを受け入れたので、平均単価を次のように計算します。

$$\frac{残高金額 ¥5,000 ＋ 仕入金額 ¥7,200}{残高数量 20冊 ＋ 仕入数量 30冊} = ¥244$$

豆テスト Q㉗：〈仕訳問題〉A商品¥10,000を仕入れ、代金は掛けとした。なお、引取運賃（当方負担）¥1,000を現金で支払った。

101

すると9月12日の売上の払出欄の単価も¥244となります。20日の仕入も単価の異なるものを受け入れたので、平均単価を計算します。

$$\frac{残高金額 ¥6,100 ＋ 仕入金額 ¥6,500}{残高数量 25冊 ＋ 仕入数量 25冊} = ¥252$$

9月26日の払出単価も¥252となります。

売上高は¥16,200、売上原価は12日¥6,100＋26日¥7,560＝¥13,660、売上総利益は、¥16,200−¥13,660＝¥2,540と計算されます。

7 売掛金元帳・買掛金元帳

● 売掛金元帳・買掛金元帳とは？

売掛金元帳（得意先元帳ともいう）とは、得意先別の売掛金の明細を把握するために設けられる補助簿です。また、**買掛金元帳**（仕入先元帳ともいう）とは、仕入先別の買掛金の明細を把握するために設けられる補助簿です。

売掛金、買掛金が増えたり減ったりする取引が発生した場合、総勘定元帳の売掛金勘定、買掛金勘定に記録するとともに、売掛金元帳、買掛金元帳にも記録します。

売掛金勘定と売掛金元帳の関係を図にすると次のようになります。

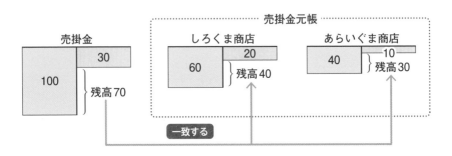

豆テスト **A** Q㉗の答え： （借）仕 入 11,000 （貸）買 掛 金 10,000
現 金 1,000

売掛金元帳の記入例は次のとおりです。

売 掛 金 元 帳

しろくま商店

○年		摘　　要	借　方	貸　方	借/貸	残　高
6	1	前 月 繰 越	1,200		借	1,200
	12	掛 け 売 上	1,800		〃	3,000
	14	返　　　品		200	〃	2,800
	20	売掛金回収		1,200	〃	1,600
	25	掛 け 売 上	1,500		〃	3,100
	30	次 月 繰 越		3,100		
			4,500	4,500		
7	1	前 月 繰 越	3,100		借	3,100

買掛金元帳も同様に記入します。

● 売掛金明細表・買掛金明細表

　売掛金元帳・買掛金元帳をもとに、これらを簡略化した売掛金明細表と買掛金明細表を作成することがあります。

売掛金明細表

6月30日

しろくま商店	￥3,100
○○○○商店	0
合計	￥3,100

······ 売掛金勘定の残高と一致

豆テスト **Q** ㉘ 〈仕訳問題〉A商品￥11,000を販売し、代金は送料￥1,000を加えた合計額を掛けとした。なお、送料￥1,000は現金で支払った。

103

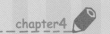
この しくみ を理解しよう！

P84参照

● **三分法**＝商品売買の取引を繰越商品勘定（資産）、仕入勘定（費用）、売上勘定（収益）の３つの勘定を用いて記帳する方法

この ルール を理解しよう！

P84〜93参照

● **商品を仕入れたとき**→その原価を仕入勘定の借方に記入
● **商品を売上げたとき**→その売価を売上勘定の貸方に記入
● **掛けで商品を仕入れたとき**→買掛金勘定で処理
● **掛けで商品を売上げたとき**→売掛金勘定で処理
● **クレジット・カードによる、あとで代金を受け取ることができる権利**
　　→クレジット売掛金勘定で処理
● **返品の処理**→通常、仕入時または売上時と貸借逆の仕訳をし、仕入勘定と買掛金勘定または売上勘定と売掛金勘定をそれぞれ減額
● **仕入諸掛り**→仕入勘定に含める。ただし、先方負担である場合は立替金勘定で処理
● **売上諸掛り**→当方が支払う場合は、発送費勘定で処理

この 帳簿 を理解しよう！

P94〜98・103参照

[仕入帳・売上帳]→商品売買取引の明細を記録するための補助簿
重要! [商品有高帳]→商品の受入れ、払い出しのつど、その明細を記録し、**商品の残高を明らかにする**補助簿。商品の払出単価を決定する方法…先入先出法、移動平均法など
[売掛金元帳]→得意先別の売掛金の明細を把握するために設けられる補助簿
[買掛金元帳]→仕入先別の買掛金の明細を把握するために設けられる補助簿

豆テスト **A** Q28 の答え： （借）売 掛 金　12,000　（貸）売　　　上　12,000
　　　　　　　　　　　　発 送 費　 1,000　　　　現　　　金　 1,000

---

1 三分法、商品の返品、仕入諸掛り・売上諸掛り　解答&解説 ➡P111

次の取引について仕訳しなさい。なお、勘定科目は◯◯◯◯◯の中から最も適当と思われるものを選ぶこと。

① 港商店より商品¥8,000を仕入れ、代金は掛けとした。

② 港商店より仕入れた商品のなかに品違いがあり、商品¥1,500を返品した。

③ 武蔵野商店に商品¥22,000を売り渡し、代金は掛けとした。

④ 武蔵野商店に売り渡した商品のなかに品違いがあり、商品¥3,000が返品された。

⑤ 商品¥100,000をクレジット払いの条件で販売した。なお、信販会社への手数料（販売代金の3%）は販売時に計上した。

⑥ ⑤の3%の手数料を差し引かれた残額¥97,000が、信販会社から当社の普通預金口座に振り込まれた。

⑦ 豊島商店より商品¥15,000を仕入れ、代金は掛けとした。なお、商品の引取費用（当方負担）¥1,800を現金で支払った。

⑧ 板橋商店に商品¥23,000を売り渡し、代金は送料¥2,000を加えた合計額を掛けとした。なお、送料¥2,000は現金で支払った。

> 勘定科目：現金、普通預金、売掛金、クレジット売掛金、買掛金、売上、仕入、支払手数料、発送費

	借　　方		貸　　方	
①				
②				
③				
④				
⑤				
⑥				
⑦				

⑧			

2 三分法、仕入諸掛り・売上諸掛り

解答&解説 ➡P112

次の取引について仕訳しなさい。なお、勘定科目は[　　　]の中から最も適当と思われるものを選ぶこと。

①板橋商店は、仕入先江東商店より商品を仕入れ、品物とともに次の請求書（兼納品書）を受け取った。代金は後日支払うものとする。

請　求　書

板橋商店株式会社　御中

江東商店株式会社

品　　物	数　量	単　価	金　　額
A商品	20	2,500	¥50,000
送料	－	－	¥600
		合　計	¥50,600

○年7月31日までに合計額を下記口座にお振込みください。
●●銀行△△支店　普通　0000000　コウトウショウテン（カ

②中野商店は商品を売り上げ、品物とともに次の納品書兼請求書の原本を発送し、その控えを保管している。なお、代金の全額を後日受け取ることにした。

納品書兼請求書（控）

杉並商店株式会社　御中

中野商店株式会社

品　　物	数　量	単　価	金　　額
A商品セット	30	1,000	¥30,000
B商品セット	10	2,000	¥20,000
C商品セット	10	1,500	¥15,000
		合　計	¥65,000

○年9月30日までに合計額を下記口座にお振込みください。
●●銀行△△支店　普通　0000000　ナカノショウテン（カ

勘定科目：現金、普通預金、売掛金、買掛金、売上、仕入、発送費

	借　　方	貸　　方
①		
②		

3　仕入帳・売上帳　　解答&解説 ➡ P112

次の取引を仕入帳に記入し、締め切りなさい。

11月10日　港商店から、下記の商品を掛けで仕入れた。

A商品　20個　@¥800　　B商品　30個　@¥1,000

12日　港商店から仕入れた商品のなかに品違いがあり、商品¥1,000（B商品1個@¥1,000）を返品した。

22日　豊島商店から、商品¥36,000（C商品30個@¥1,200）を掛けで仕入れた。なお、引取運賃¥1,200を現金で支払った。

仕　　入　　帳

○年	摘　　　要	内　訳	金　額

次の取引を、①先入先出法、②移動平均法によって商品有高帳に記入し、締め切りなさい。また、各方法による売上高、売上原価、売上総利益を求めなさい。

6月 1日	A商品	前月繰越	20個	@¥800	
5日	A商品	仕　入	20個	@¥760	
16日	A商品	売　上	30個	@¥900	(売価)
20日	A商品	仕　入	40個	@¥790	
28日	A商品	売　上	35個	@¥920	(売価)

①先入先出法

商　品　有　高　帳
A商品

○年	摘　要	受　入			払　出			残　高		
		数量	単価	金額	数量	単価	金額	数量	単価	金額

売上総利益の計算

売　上　高　..................

売 上 原 価　_____

売上総利益　_____

②移動平均法

商 品 有 高 帳

A商品

○年	摘　要	受　　入			払　　出			残　　高		
		数量	単価	金額	数量	単価	金額	数量	単価	金額

売上総利益の計算

売　上　高　..................

売 上 原 価　_____

売上総利益　_____

5 売掛金元帳・買掛金元帳

次の取引にもとづいて、買掛金元帳（千代田商店）を作成し、月末に締め切りなさい。

10月1日　買掛金の前月繰越高は¥26,000（千代田商店¥16,000、豊島商店¥10,000）であった。

　　5日　千代田商店から商品¥8,000、豊島商店から商品¥4,000を掛けで仕入れた。

　12日　千代田商店から商品¥6,000を掛けで仕入れた。

　14日　12日に千代田商店から仕入れた商品のうち、¥1,000を品違いのため返品した。

　20日　買掛金支払いのため、千代田商店へ¥12,000、豊島商店へ¥8,000の小切手を振り出した。

買　掛　金　元　帳
千代田商店

○年	摘　要	借　方	貸　方	借/貸	残　高

☑️ 解答&解説

1 三分法、商品の返品、仕入諸掛り・売上諸掛り

	借 方		貸 方	
①	仕　　　　入	8,000	買　　掛　　金	8,000
②	買　　掛　　金	1,500	仕　　　　入	1,500
③	売　　掛　　金	22,000	売　　　　上	22,000
④	売　　　　上	3,000	売　　掛　　金	3,000
⑤	支 払 手 数 料	3,000	売　　　　上	100,000
	クレジット売掛金	97,000		
⑥	普　通　預　金	97,000	クレジット売掛金	97,000
⑦	仕　　　　入	16,800	買　　掛　　金	15,000
			現　　　　金	1,800
⑧	売　　掛　　金	25,000	売　　　　上	25,000
	発　　送　　費	2,000	現　　　　金	2,000

②仕入れた商品を返品したので、仕入勘定のマイナスとして、**仕入勘定の貸方**に記入します。①と**貸借逆の仕訳**となります。

④売り上げた商品の返品ですから、売上勘定のマイナスとして、**売上勘定の借方**に記入します。③と**貸借逆の仕訳**となります。

⑤信販会社への手数料（¥100,000×3％＝¥3,000）は**支払手数料**勘定で処理し、残額は**クレジット売掛金**勘定で処理します。

⑦問題に指示がない場合、商品の引取費用＝仕入諸掛りは**仕入勘定に含めます**。

⑧売上諸掛りは、発送費勘定で処理をします。

第**4**章　商品売買

2 三分法、仕入諸掛り・売上諸掛り 参照➡P84〜86・91〜93

	借　　　方		貸　　　方	
①	仕　　　　　入	50,600	買　　掛　　金	50,600
②	売　　掛　　金	65,000	売　　　　　上	65,000

①仕入諸掛りは仕入勘定に含めて処理します。

ワンポイントアドバイス
請求書などの証ひょうについては第9章でくわしく学習します

3 仕入帳・売上帳 参照➡P94・95

仕　入　帳

○年		摘　　　要		内　訳	金　額
11	10	港商店	掛け		
		A商品　20個　@¥800		16,000	
		B商品　30個　@¥1,000		30,000	46,000
	12	港商店	掛け返品		
		B商品　1個　@¥1,000			1,000
	22	豊島商店	掛け		
		C商品　30個　@¥1,200		36,000	
		引取運賃現金払い		1,200	37,200
	30		総　仕　入　高		83,200
	〃		仕　入　戻　し　高		1,000
			純　仕　入　高		82,200

　総仕入高は、仕入戻し高をマイナスする前の金額です。総仕入高から仕入戻し高をマイナスしたものが純仕入高になります。

4　商品有高帳　参照➡P96〜102

①先入先出法

商 品 有 高 帳
A商品

○年		摘　要	受　入			払　出			残　高		
			数量	単価	金額	数量	単価	金額	数量	単価	金額
6	1	前月繰越	20	800	16,000				20	800	16,000
	5	仕　入	20	760	15,200				20	800	16,000
									20	760	15,200
	16	売　上				20	800	16,000			
						10	760	7,600	10	760	7,600
	20	仕　入	40	790	31,600				10	760	7,600
									40	790	31,600
	28	売　上				10	760	7,600			
						25	790	19,750	15	790	11,850
	30	次月繰越				15	790	11,850			
			80		62,800	80		62,800			
7	1	前月繰越	15	790	11,850				15	790	11,850

売上総利益の計算

売　上　高	59,200
売　上　原　価	50,950
売上総利益	8,250

売上高は次のように計算します。
16日 ¥27,000（30個×¥900）＋28日 ¥32,200（35個×¥920）＝¥59,200
売上原価は次のように計算します。
16日 ¥23,600（¥16,000＋¥7,600）＋28日 ¥27,350（¥7,600＋¥19,750）
＝¥50,950
よって、売上総利益は次のようになります。
¥59,200－¥50,950＝¥8,250

②移動平均法

商 品 有 高 帳
A商品

○年		摘　要	受　入			払　出			残　高		
			数量	単価	金額	数量	単価	金額	数量	単価	金額
6	1	前月繰越	20	800	16,000				20	800	16,000
	5	仕　　入	20	760	15,200				40	780	31,200
	16	売　　上				30	780	23,400	10	780	7,800
	20	仕　　入	40	790	31,600				50	788	39,400
	28	売　　上				35	788	27,580	15	788	11,820
	30	次月繰越				15	788	11,820			
			80		62,800	80		62,800			
7	1	前月繰越	15	788	11,820				15	788	11,820

売上総利益の計算

売　上　高	59,200
売 上 原 価	50,980
売上総利益	8,220

5日の商品受入後の平均単価は次のように計算します。

$$\frac{¥16,000＋¥15,200}{20個＋20個}＝¥780$$

20日の商品受入後の平均単価は次のように計算します。

$$\frac{¥7,800＋¥31,600}{10個＋40個}＝¥788$$

売上高は次のように計算します。

16日 ¥27,000（30個×¥900）＋28日 ¥32,200（35個×¥920）＝¥59,200

売上原価は次のように計算します。

16日 ¥23,400＋28日 ¥27,580＝¥50,980

よって、売上総利益は次のようになります。

¥59,200－¥50,980＝¥8,220

5　売掛金元帳・買掛金元帳　参照➡P102・103

買 掛 金 元 帳
千代田商店

> 買掛金元帳なので「貸」と記入

○年		摘　要	借　方	貸　方	借/貸	残　高
10	1	前月繰越		16,000	貸	16,000
	5	掛け仕入		8,000	〃	24,000
	12	掛け仕入		6,000	〃	30,000
	14	返　品	1,000		〃	29,000
	20	買掛金の支払い	12,000		〃	17,000
	31	次月繰越	17,000			
			30,000	30,000		
11	1	前月繰越		17,000	貸	17,000

　103ページの売掛金元帳の記入例と同じように記入していきますが、**千代田商店の買掛金元帳**を作成する問題ですから、豊島商店の取引を記入しないように注意しましょう。

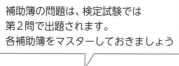

補助簿の問題は、検定試験では第2問で出題されます。各補助簿をマスターしておきましょう

帳簿記入もしっかり学習しておかなければいけませんね

第4章　商品売買

簿記の勉強って、
どうすればよくできる
ようになるんだろう？

第4章まで学習してきましたが、簿記の学習を行ううえで大事なことがあります。それは手を動かしてみることです。テキストを読むだけではなく、自分の手で仕訳を書いてみましょう。そのほうが知識が定着します。そして、実際に電卓をたたいて計算してみましょう。そうすることで、問題を解く力が身についてきます。これが簿記の学習のポイントといえます。

日本に簿記が
伝わったのはいつ
ごろでしょう？

日本で最初に西洋式簿記を紹介
した本は、福沢諭吉が簿記教科
書を翻訳した『帳合之法』である
といわれています

へーっ！
あの、福沢諭吉が…

第 **5** 章

手形・
電子記録債権（債務）

商品の代金の支払いには、現金や小切手のほかに手形が使われる場合があります。また、電子記録債権（債務）という手段が使われることもあります。この章では、手形と電子記録債権（債務）について学習していきましょう。

1 約束手形

2 受取手形記入帳・支払手形記入帳

3 電子記録債権（債務）

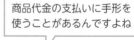

手形についても
学習しなければならないね

商品代金の支払いに手形を
使うことがあるんですよね

代金の支払方法には現金や小切手のほかに**手形**を用いる方法があります

現金や小切手はすでに勉強しましたね

代金の支払方法 = 決済手段という

てがた？

手の型！？

違います！

では手形について説明していきましょう

手形とは ある金額を一定の期日に支払う約束をする証券のことです

証券というのは？

証券とは権利や義務を表す紙片のことです

手形に金額などを記入して相手に渡すことを手形の振り出しといいます

こんな感じの紙片ですね

| NO.01 | 約束手形　　AB12345 | 東京1301 |
| 収入印紙 ㊞ | ひぐま商事　殿 | 0000-000 |

金額　¥100,000※

支払期日　○年○月○日
支払地　東京都千代田区
支払場所　○○銀行　○○支店

上記金額をあなたまたはあなたの指図人へこの約束手形と引換えにお支払いいたします

○年○月○日
振出地　東京都千代田区神田神保町1-52
振出人　こぐま文具店　　㊞
　　　　くまの助

振り出し？

ふりだし

ふりだしに戻る

あがり

腹筋10回

一曲歌う♪

変な顔をする

三マスすすむ

一回休み

それも違います！

約束手形について
説明していきますが

約束手形は手形の振出人（ふりだしにん）が手形代金の
受取人に対して一定期日に手形代金
を支払うことを約束した証券のこと
をいいます

仕入代金を
手形で支払う

手形に記載した金額を一定期日に
支払うことを約束（たとえば2カ月後
の10月20日に20,000円を支払う）

売上代金を
手形で受け取る

今回は
手形で支払います

約束手形

振り出す

毎度
手形でいいよ

振出人

受取人

約束手形を振り出すと
手形の代金を支払わな
ければならない義務を
負います　この義務は
支払手形（しはらいてがた）勘定で
処理します

支払手形で処理か

振出人

約束手形を受け取った
場合は手形の代金を受
け取る権利を持つこと
になります　この権利は
受取手形（うけとりてがた）勘定で
処理します

受取手形だね

受取人

手形のほかにも手形に代わるも
のとして**電子記録債権**とい
う新しい決済手段が
あります

決済手段もいろいろ
あるんですね

振り出しにもどるか

いつまで
やっている
んですか！

では　学習を
はじめましょう

119

❶ 約束手形

● 手形とは？

商品売買などの取引が行われると、代金の決済方法（支払い方法）として、現金や小切手のほかに**手形**が使われる場合があります。手形とは、ある金額を一定の期日に支払う約束をする証書（証券）です。手形には**約束手形**と**為替手形**がありますが、日商簿記3級では約束手形を学習していきます。

今度は、手形で決済するか

うちは手形取引はやってませんよ

● 約束手形とは？

約束手形とは、手形の振出人（支払人）が手形代金の名宛人（受取人）に対して、一定期日に手形代金を支払うことを**約束**した証券のことをいいます。

ここを CHECK !

約束手形と為替手形は手形の種類です。勘定科目ではありませんので注意しましょう。

約束手形ってこういう証券なんだ

● 約束手形の処理

振出人（支払人）は約束手形を振り出したとき、手形代金を支払わなければならない義務（手形債務という）を負います。約束手形の名宛人（受取人）は手形代金を受け取る権利（手形債権という）を持ちます。

約束手形の振出しに関する記帳は次のようになります。

- 振出人（支払人）は約束手形を振り出したときに手形債務を負う
  →**支払手形**勘定（負債）の**貸方**に記入
- 名宛人（受取人）は約束手形を受け取ったときに手形債権が発生
  →**受取手形**勘定（資産）の**借方**に記入

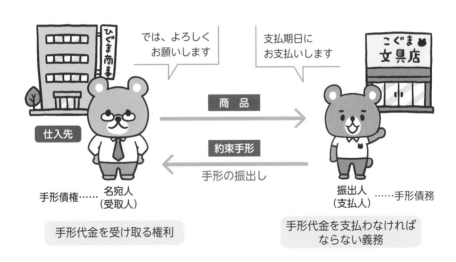

では、次の例題を使って具体的に学習していきましょう。

例題
5-1 **次の取引について仕訳しなさい。**

❶ こぐま文具店は、仕入先のひぐま商事から商品¥1,000を仕入れ、代金はひぐま商事を名宛人とする約束手形¥1,000を振り出して支払った。

❷ ひぐま商事は、得意先こぐま文具店に商品¥1,000を販売し、代金はこぐま文具店振出し、ひぐま商事を名宛人とする約束手形¥1,000で受け取った。

こぐま文具店の仕訳

・解 答・

費用➕　　　　　　　　　　負債➕

❶ （借）仕　　　入　1,000　（貸）支 払 手 形　1,000

・解 説・ 約束手形を振り出したときは、手形債務が発生するので、**負債の増加**として**支払手形勘定の貸方**に記入します。

約束手形は
勘定科目では
ないんですよね

支払手形を
約束手形としないよう
に注意しましょう

ひぐま商事の仕訳

・解 答・

❷	(借) 受 取 手 形 1,000	(貸) 売 上 1,000		

資産⊕ ・・・・・受取手形

収益⊕ ・・・・・売上

・解 説・ 約束手形を受け取ったときは、手形債権が発生するので、**資産の増加**として**受取手形勘定の借方**に記入します。

続いて、約束手形を決済（支払い）したときについて、学習していきましょう。手形の代金は、支払人の当座預金口座から引き落とされますが、約束手形の決済に関する記帳は次のようになります。

- ●支払人は手形代金を支払い、**手形債務が消滅する**
  - →**支払手形勘定の借方**に記入
- ●受取人は手形代金を受け取り、**手形債権が消滅する**
  - →**受取手形勘定の貸方**に記入

例題 5-2 次の取引について仕訳しなさい。

❶ こぐま文具店は、ひぐま商事宛に振り出した約束手形¥1,000 が支払期日になり、当座預金から代金¥1,000 が支払われた旨、取引銀行から通知を受けた。

手形代金を支払った処理をします

豆テスト Q ㉚：〈仕訳問題〉仕入先神奈川商店から商品¥10,000 を仕入れ、代金は神奈川商店を名宛人とする約束手形¥10,000 を振り出して支払った。

❷ ひぐま商事は、かねて受け取っていたこぐま文具店振出しの手形¥1,000が支払期日になり、当座預金に代金¥1,000が入金された旨、取引銀行から通知を受けた。

手形代金を受け取った処理をします

こぐま文具店の仕訳

・解答・

負債⊖　　　　　　　　資産⊖

❶ （借）支払手形　1,000　（貸）当座預金　1,000

・解説・ 約束手形の代金を支払ったときは、手形債務が消滅するので、**負債の減少**として**支払手形勘定の借方**に記入します。

ひぐま商事の仕訳

・解答・

資産⊕　　　　　　　　資産⊖

❷ （借）当座預金　1,000　（貸）受取手形　1,000

・解説・ 約束手形の代金を受け取ったときは、手形債権が消滅するので、**資産の減少**として**受取手形勘定の貸方**に記入します。

なお、手形の使用方法には、買掛金の支払いとして約束手形を振り出す場合、売掛金の回収として約束手形を受け取る場合もあります。

豆テスト **A** Q㉚の答え： （借）仕　入　10,000　（貸）支払手形　10,000

② 受取手形記入帳・支払手形記入帳

● 受取手形記入帳

受取手形記入帳は、受取手形の明細を記録する補助簿です。記入例は次のとおりです。

受取手形記入帳・支払手形記入帳に記録します

手形の債権・債務が管理しやすくなります

受取手形記入帳

○年		手形種類	手形番号	摘要	支払人	振出人または裏書人	振出日		満期日		支払場所	手形金額	てん末		
							月	日	月	日			月	日	摘要
9	5	約束手形	12	売上	杉並商店	杉並商店	9	5	10	31	品川銀行	3,000	10	31	当座入金
	18	約束手形	24	売掛金	江東商店	江東商店	9	18	11	30	品川銀行	8,000			

手形の受取りに関する内容を記入

その手形が最終的にどのように処理されたのかを記入

上記の仕訳を示すと次のようになります。

9月 5日　（借）受 取 手 形　3,000　（貸）売　　　　上　3,000
9月18日　（借）受 取 手 形　8,000　（貸）売 　掛 　金　8,000
10月31日　（借）当 座 預 金　3,000　（貸）受 取 手 形　3,000

受取手形記入帳のてん末欄には、「入金」などの内容が記入されます

豆テスト Q㉛：〈仕訳問題〉得意先千葉商店に商品を¥10,000で販売し、代金は千葉商店振出し、当店を名宛人とする約束手形¥10,000で受け取った。

125

支払手形記入帳

支払手形記入帳は、支払手形の明細を記録する補助簿です。記入例は次のとおりです。

支払手形記入帳

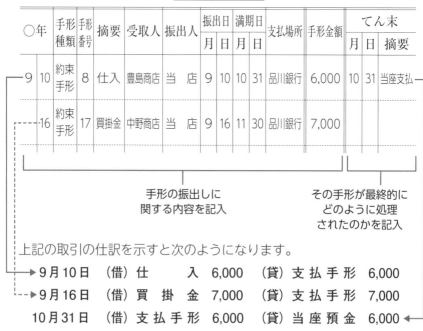

○年		手形種類	手形番号	摘要	受取人	振出人	振出日		満期日		支払場所	手形金額	てん末		
							月	日	月	日			月	日	摘要
9	10	約束手形	8	仕入	豊島商店	当 店	9	10	10	31	品川銀行	6,000	10	31	当座支払
	16	約束手形	17	買掛金	中野商店	当 店	9	16	11	30	品川銀行	7,000			

手形の振出しに
関する内容を記入

その手形が最終的に
どのように処理
されたのかを記入

上記の取引の仕訳を示すと次のようになります。

→ 9月10日　（借）仕　　　　入　6,000　（貸）支 払 手 形　6,000
┄→ 9月16日　（借）買　掛　金　7,000　（貸）支 払 手 形　7,000
　　10月31日　（借）支 払 手 形　6,000　（貸）当 座 預 金　6,000 ←

③ 電子記録債権（債務）

電子記録債権とは

電子記録債権とは、新しいしくみの債権のことで、売掛金等の債権を電子債権記録機関に電子記録することによって発生するものです。債権を電子化することで安全・迅速に取引できるようになり、また債権を分割した

り、譲渡したりすることができます。

電子債権記録機関

電子記録債権
というものが
あるんですね

債権を電子化することで、
安心・安全・迅速に取引す
ることができるようになり
ます。手形に代わる決済手
段といえるものです

ワンポイント Q&A あらためて「債権・債務」って？

債権とは、お金や物などを請求する（もらえる）権利の総称です。簿記では資産となり、具体的にはこれまで学習してきた売掛金や受取手形のほか、さまざまなものがあります。

これに対して、債務はお金の支払いや物の提供などを行う義務の総称です。簿記では負債となり、買掛金や支払手形のほか、さまざまなものがあります。

●電子記録債権のしくみ（債務者請求方式）

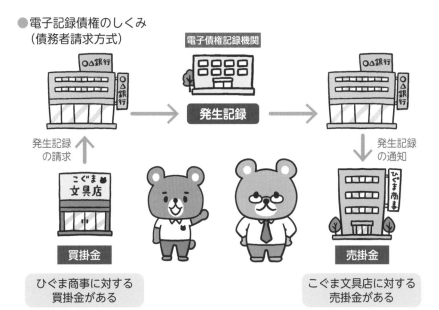

電子債権記録機関

発生記録

発生記録
の請求

発生記録
の通知

こぐま
文具店
買掛金

売掛金
ひぐま商事

ひぐま商事に対する
買掛金がある

こぐま文具店に対する
売掛金がある

※電子記録債権の発生方式には２つある。
❶ 債務者請求方式…債務者側が発生記録の請求を行う方式
❷ 債権者請求方式…債権者側が発生記録の請求を行い、債務者から承諾を得る方式

豆テスト Q ㉜：〈仕訳問題〉本日、かねて仕入先神奈川商店宛に振り出した約束手形¥10,000が支払期日になり、当座預金から支払われた旨の通知を受けた。

● 電子記録債権（債務）の処理

電子記録債権が発生したときの処理についてみていきましょう。

電子記録債権が発生すると、債権者（債権を持つ人）は債権金額を受け取る権利を持ちます。一方、債務者（債務を持つ人）は債権金額を支払わなければならない義務を負います。

電子記録債権が発生したときの記帳は次のようになります。

- 債権者は**電子記録債権**で処理する
  → **電子記録債権**勘定（資産）の**借方**に記入
- 債務者は**電子記録債務**で処理する
  → **電子記録債務**勘定（負債）の**貸方**に記入

では、次の例題を使って具体的に学習していきましょう。

例題
5-3 次の取引について、こぐま文具店・ひぐま商事それぞれの仕訳をしなさい。

こぐま文具店はひぐま商事に対する買掛金¥1,000の支払いに電子記録債務を用いることにし、取引銀行を通じて債務の発生記録の請求を行った。また、ひぐま商事（こぐま文具店に対する売掛金がある）は取引銀行よりその通知を受けた。

豆テスト **A** Q㉜の答え：　（借）支 払 手 形　　10,000　　（貸）当 座 預 金　　10,000

128

こぐま文具店の仕訳

・解答・

負債➖　　　　　　　　　　　　　　　負債➕

（借）買　掛　金　1,000　　（貸）電子記録債務　1,000

・解説・　買掛金の支払いに電子記録債務を用いて債務の発生記録の請求を行ったので、**買掛金勘定の借方**に記入するとともに、**電子記録債務勘定の貸方**に記入します。

買掛金を減少させ、電子記録債務を増加させる処理になります

ひぐま商事の仕訳

・解答・

資産➕　　　　　　　　　　　　　　　資産➖

（借）電子記録債権　1,000　　（貸）売　掛　金　1,000

・解説・　売掛金について電子記録債権の発生記録の通知を受けたので、**売掛金勘定の貸方**に記入するとともに、**電子記録債権勘定の借方**に記入します。

売掛金を減少させ、電子記録債権を増加させる処理になります

　続いて、電子記録債権（債務）が消滅したときの処理についてみていきましょう。

　債務者の口座から債権者の口座に払い込みが行われると、電子記録債権および電子記録債務は消滅します。

　電子記録債権（債務）が消滅したときの記帳は次のようになります。

豆テスト　**Q** ㉝：〈仕訳問題〉かねて取立てを依頼していた得意先千葉商店振出しの約束手形¥10,000が支払期日になり、当座預金に入金された旨の通知を受けた。

- 債権者は**電子記録債権が消滅**する
  → **電子記録債権**勘定 (資産) の**貸方**に記入
- 債務者は**電子記録債務が消滅**する
  → **電子記録債務**勘定 (負債) の**借方**に記入

例題
5-4 次の取引について、こぐま文具店・ひぐま商事それぞれの仕訳をしなさい。

こぐま文具店は【例題5-3】の電子記録債務について、取引銀行の当座預金口座からひぐま商事の取引銀行の当座預金口座に払い込みを行った。

こぐま文具店の仕訳

・**解 答**・   負債➖   資産➖

（借）電子記録債務　1,000　（貸）当 座 預 金　1,000

・**解 説**・　電子記録債務について払い込みを行ったので、**電子記録債務勘定の借方**に記入します。

電子記録債務を減少させる処理を行います

ひぐま商事の仕訳

・**解 答**・   資産➕   資産➖

（借）当 座 預 金　1,000　（貸）電子記録債権　1,000

・**解 説**・　電子記録債権について払い込みを受けたので、**電子記録債権勘定の貸方**に記入します。

電子記録債権を減少させる処理を行います

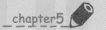
この 用語 を覚えよう！

P120・121参照

● 手形の種類

約束手形 為替手形 ＝簿記上、受取手形勘定・支払手形勘定で処理

この しくみ を理解しよう！

P121〜124・P128〜130参照

● 約束手形を振り出したとき
→振出人は手形債務を負い（支払手形勘定）、名宛人（受取人）は手形債権が発生する（受取手形勘定）

● 約束手形を決済したとき
→振出人（支払人）の手形債務が消滅し、名宛人（受取人）の手形債権が消滅する

● 電子記録債権が発生したとき
→債権者は債権金額を受け取る権利を持ち（電子記録債権勘定）、債務者は債権金額を支払わなければならない義務を負う（電子記録債務勘定）

● 電子記録債権が消滅したとき
→払い込みが行われると、債権者の電子記録債権は消滅し、債務者の電子記録債務も消滅する

この 帳簿 を理解しよう！

P125・126参照

受取手形記入帳 →受取手形の明細を記録する補助簿

支払手形記入帳 →支払手形の明細を記録する補助簿

第
5
章

手形・電子記録債権（債務）

よく理解できました

しっかり
確認しましょう

1 約束手形① 解答&解説 ➡P134・135

次の取引について、杉並商店・世田谷商店それぞれの仕訳をしなさい。なお、勘定科目は[   ]の中から最も適当と思われるものを選ぶこと。

① 杉並商店は世田谷商店より商品¥30,000を仕入れ、代金のうち¥10,000は世田谷商店を名宛人とする約束手形を振り出して支払い、残額は掛けとした。

② 上記①の約束手形が満期となり、当座預金で決済された。

勘定科目：当座預金、受取手形、売掛金、支払手形、買掛金、売上、仕入

[杉並商店]

	借　　方		貸　　方	
①				
②				

[世田谷商店]

	借　　方		貸　　方	
①				
②				

2 約束手形② 解答&解説 ➡P135

次の取引について仕訳しなさい。なお、勘定科目は[   ]の中から最も適当と思われるものを選ぶこと。

① 品川商店は、仕入先豊島商店に対する買掛金¥20,000を支払うため、同商店宛の約束手形を振り出した。

② 振り出した①の手形について、支払期日が到来し、手形代金が当座預金口座から引き落とされた。

③ 武蔵野商店は、得意先練馬商店に対する売掛金¥20,000の回収として、同商店から約束手形を受け取った。

④受け取った③の手形について、支払期日が到来し、手形代金が当座預金口座に入金された。

勘定科目：当座預金、受取手形、売掛金、支払手形、買掛金、売上、仕入

	借　　方		貸　　方	
①				
②				
③				
④				

3 受取手形記入帳・支払手形記入帳　　解答&解説 ➡ P136

次の受取手形記入帳に記入されている取引を仕訳しなさい。なお、勘定科目は[　　　　]の中から最も適当と思われるものを選ぶこと。

受取手形記入帳

○年		手形種類	手形番号	摘要	支払人	振出人または裏書人	振出日		満期日		支払場所	手形金額	てん末		
							月	日	月	日			月	日	摘要
7	9	約束手形	22	売掛金	板橋商店	板橋商店	7	9	9	30	品川銀行	50,000	9	30	当座入金
	28	約束手形	19	売上	渋谷商店	渋谷商店	7	28	10	31	品川銀行	30,000			

勘定科目：当座預金、受取手形、売掛金、支払手形、買掛金、売上、仕入

	借　　方		貸　　方	
7/9				
7/28				
9/30				

次の取引について、杉並商店・中野商店それぞれの仕訳をしなさい。なお、勘定科目は◻◻◻◻の中から最も適当と思われるものを選ぶこと。

① 杉並商店は中野商店に対する買掛金¥30,000の支払いに電子記録債務を用いることにし、取引銀行を通じて債務の発生記録の請求を行った。また、中野商店（杉並商店に対する売掛金がある）は取引銀行よりその通知を受けた。

② 杉並商店は、上記①の電子記録債務について、取引銀行の当座預金口座から中野商店の取引銀行の当座預金口座に払い込みを行った。

勘定科目：当座預金、売掛金、電子記録債権、買掛金、電子記録債務

[杉並商店]

	借　方		貸　方	
①				
②				

[中野商店]

	借　方		貸　方	
①				
②				

☑ 解答＆解説

1 約束手形① 　参照 ➡P122〜124

[杉並商店]

	借　方		貸　方	
①	仕　　入	30,000	支払手形	10,000
			買掛金	20,000
②	支払手形	10,000	当座預金	10,000

[世田谷商店]

	借　　方		貸　　方	
①	受 取 手 形	10,000	売　　　　上	30,000
	売 　 掛 　 金	20,000		
②	当 座 預 金	10,000	受 取 手 形	10,000

[杉並商店]
　①仕入れにともない約束手形を振り出したので、**支払手形勘定の貸方**に記入します。残額は**買掛金勘定の貸方**に記入します。
　②手形が決済されたので、**支払手形勘定の借方、当座預金勘定の貸方**に記入します。

[世田谷商店]
　①世田谷商店側では、商品¥30,000を売り上げた仕訳になります。約束手形を受け取ったので、**受取手形勘定の借方**に記入します。残額は**売掛金勘定の借方**に記入します。
　②手形が決済されたので、**当座預金勘定の借方、受取手形勘定の貸方**に記入します。

2 約束手形② 　　参照➡P122〜124

	借　　方		貸　　方	
①	買 　 掛 　 金	20,000	支 払 手 形	20,000
②	支 払 手 形	20,000	当 座 預 金	20,000
③	受 取 手 形	20,000	売 　 掛 　 金	20,000
④	当 座 預 金	20,000	受 取 手 形	20,000

　①買掛金の減少なので**買掛金勘定の借方**、支払手形の増加なので**支払手形勘定の貸方**に記入します。
　②支払手形が決済されたので**支払手形勘定の借方**に記入します。手形代金は当座預金口座から引き落とされたので**当座預金勘定の貸方**に記入します。
　③売掛金の減少なので**売掛金勘定の貸方**、受取手形の増加なので**受取手形勘定の借方**に記入します。
　④受取手形が決済されたので**受取手形勘定の貸方**、手形代金は当座預金口座に入金されたので**当座預金勘定の借方**に記入します。

参照 ➡ P125・126

3 受取手形記入帳・支払手形記入帳

	借 方		貸 方	
7/9	受 取 手 形	50,000	売 掛 金	50,000
7/28	受 取 手 形	30,000	売 上	30,000
9/30	当 座 預 金	50,000	受 取 手 形	50,000

7月 9日 摘要欄が売掛金となっているので**売掛金勘定の貸方**に記入します。
    28日 摘要欄が売上になっているので**売上勘定の貸方**に記入します。
9月30日 てん末の摘要欄に「当座入金」とあるので、**手形の決済の仕訳**になります。**受取手形勘定の貸方**に記入するとともに、**当座預金勘定の借方**に記入します。

4 電子記録債権（債務）　参照 ➡ P128〜130

[杉並商店]

	借 方		貸 方	
①	買 掛 金	30,000	電 子 記 録 債 務	30,000
②	電 子 記 録 債 務	30,000	当 座 預 金	30,000

[中野商店]

	借 方		貸 方	
①	電 子 記 録 債 権	30,000	売 掛 金	30,000
②	当 座 預 金	30,000	電 子 記 録 債 権	30,000

[杉並商店]
  ①買掛金の支払いに電子記録債務を用いたので、**買掛金を減少**させるとともに、**電子記録債務勘定の貸方**に記入します。
  ②電子記録債務について払い込みを行ったので、**当座預金を減少**させるとともに、**電子記録債務勘定の借方**に記入します。
[中野商店]
  ①売掛金について電子記録債権の発生記録の通知を受けたので、**売掛金を減少**させるとともに、**電子記録債権勘定の借方**に記入します。
  ②電子記録債権について払い込みを受けたので、**当座預金を増加**させるとともに、**電子記録債権勘定の貸方**に記入します。

第 **6** 章

その他債権・債務

これまでに掛けや手形などの債権・債務について学習してきました。この章では、それら以外のさまざまな債権(資産)・債務(負債)について学習していきましょう。

① 貸付金・借入金

② 手形貸付金・手形借入金

③ 未収入金・未払金

④ 前払金・前受金

⑤ 立替金・預り金

⑥ 仮払金・仮受金

⑦ 商品券

お金を貸したり、借りたり、立て替えたり、預かったり…

そんな場合はどう処理するのか、学習する必要がありますね

マンガでチェック！ その他債権・債務とは？

これまで掛けや手形の債権・債務について学習してきましたが その他にも債権・債務はいくつもあります

どんなものがあるんですか？

たとえばお金の貸し借りですね

債権・債務

お店や会社は取引先にお金を貸したり 反対に取引先や銀行等からお金を借りたりすることがあります

お金を貸し付けたとき
　➡貸付金勘定で処理
お金を借り入れたとき
　➡借入金勘定で処理

どうぞ

お金を貸す

ありがとう

月末返します

助かります

お金を借りる

返済は来月でいいよ

また代金後払いの約束で商品以外のもの たとえば土地や建物などを売買することがあります

売却物件

売地

売掛金と買掛金でしょ

それなら簡単!!

いいえ違います

えっ？違うの？

売掛金・買掛金は商品を販売したり仕入れたりした場合です この場合は未収入金勘定または未払金勘定で処理します

注意しなければなりませんね

そうなんだ

商品以外の売買であとで代金を受け取るとき➡未収入金勘定で処理 あとで代金を支払うとき➡未払金勘定で処理

商品の売買で商品の注文のときに 内金 手付金などを支払ったり 受け取ったりすることがあります

内金　手付金

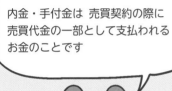

内金・手付金は 売買契約の際に売買代金の一部として支払われるお金のことです

商品の注文の際に内金等を支払ったとき
➡前払金勘定で処理
内金等を受け取ったとき
➡前受金勘定で処理

これ仕入れの内金です

内金を払う

品物は月末に

前払金

たしかに受け取りました

内金を受け取る

品物は月末にお願いします

前受金

そのほか お金を一時的に立て替えたとき 預かったときは立替金勘定・預り金勘定で処理 内容が確定できない出金や入金などは一時的に仮払金勘定・仮受金勘定で処理します

そんなにあるの〜

債権・債務もいろいろありますね

いろいろありすぎて大変だぁ〜

まじめに勉強してください！

やる気を失う

では 学習をはじめましょう

① 貸付金・借入金

貸付金・借入金とは？

取引先などから資金を貸してほしいと依頼を受け、お金を貸し付ける場合があります。

借用証書を預かってお金を貸し付けたときに生じる債権 (貸したお金を返してもらえる権利) を**貸付金**（かしつけきん）といいます。

反対に資金が足りず、借用証書を渡してお金を借り入れたときに生じる債務 (借りたお金を返済すべき義務) を**借入金**（かりいれきん）といいます。

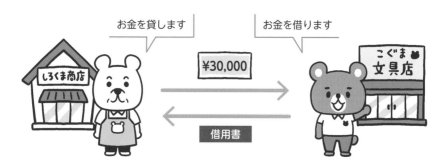

貸付金の処理

お金を貸し付けたときは、**貸付金**勘定（資産）の**借方**に記入します。また、貸付金を回収した (返してもらった) ときは、**貸付金**勘定（資産）の**貸方**に記入します。

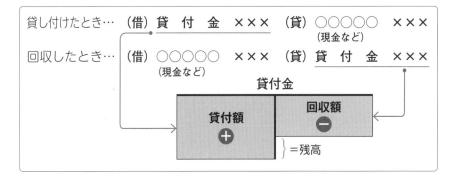

　なお、会社の従業員に対する貸付金を**従業員貸付金**勘定（資産）、役員に対する貸付金を**役員貸付金**勘定（資産）として処理することもあります。

● 借入金の処理

　お金を借り入れたときは、**借入金**勘定（負債）の**貸方**に記入します。また、借入金を返済したときは、**借入金**勘定（負債）の**借方**に記入します。

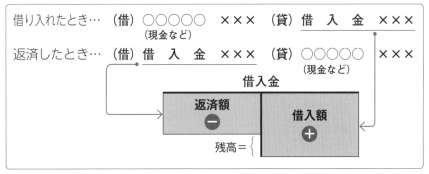

　なお、会社の役員からお金を借り入れた場合には、**役員借入金**勘定（負債）で処理することもあります。

● 利息の処理

　通常、お金の貸し借りには利息が発生しますが、貸付金の利息を受け取ったときは、**受取利息**勘定（収益）の**貸方**に記入します。また、借入金の利息を支払ったときは、**支払利息**勘定（費用）の**借方**に記入します。

 Q 34：〈仕訳問題〉神奈川商店に対して現金¥10,000を貸し付けた。

ワンポイント Q&A 「利息」はどのように計算する？

利息の計算（月割計算）は次のように行います。

$$利息額＝貸付（借入）額 × 年利率 × \frac{貸付（借入）月数}{12カ月}$$

たとえば、¥10,000を年利率6％で6カ月間貸し付けた場合、利息は次のように計算します。

$$¥10,000 × 6\% × \frac{6カ月}{12カ月} ＝ ¥300$$

貸付金と借入金について、次の例題で学習していきましょう。

例題 6-1　次の取引について、しろくま商店、こぐま文具店それぞれの仕訳をしなさい。

❶　しろくま商店は、こぐま文具店に対し、借用証書により¥30,000を現金で貸し付けた。

❷　しろくま商店は、上記❶の貸付金をその利息¥1,000とともに現金で受け取った。

しろくま商店の仕訳

・解答・

❶	（借）貸 付 金	30,000	（貸）現	金	30,000
❷	（借）現 金	31,000	（貸）貸 付 金	30,000
			受 取 利 息	1,000

・解説・　❶は、しろくま商店は現金を貸し付けたので、**貸付金勘定の借方**に記入します。❷は、貸付金を回収したので、**貸付金勘定の貸方**に記入します。受け取った利息は、**受取利息勘定の貸方**に記入します。

豆テスト **A** Q㉞の答え：（借）貸 付 金　10,000　（貸）現　金　10,000

こぐま文具店の仕訳

・解答・

❶	(借)	現	金	30,000	(貸)	借 入 金	30,000
❷	(借)	借 入 金	30,000	(貸)	現	金	31,000
		支 払 利 息	1,000				

資産⊕　負債⊖　　　負債⊕
資産⊖
費用⊕

・解説・　❶は、こぐま文具店は現金を借り入れたので、**借入金勘定の
貸方**に記入します。❷は、借入金を返済したので、**借入金勘定の借方**に記
入します。支払った利息は、**支払利息勘定の借方**に記入します。

② 手形貸付金・手形借入金

お金の貸付けや借り入れは、通常、借用証書により行われますが、借用
証書に代えて手形を用いる場合があります。この場合、**手形貸付金**勘定（資
産）・**手形借入金**勘定（負債）で処理をします。

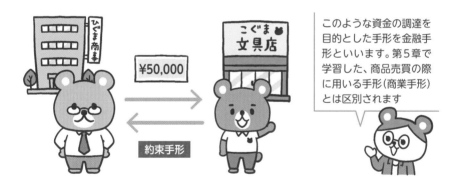

このような資金の調達を
目的とした手形を金融手
形といいます。第5章で
学習した、商品売買の際
に用いる手形（商業手形）
とは区別されます

お金を貸し付け、手形を受け取ったときは、**手形貸付金**勘定（資産）の
借方に記入します。また、お金を借り入れ、手形を振り出したときは、**手
形借入金**勘定（負債）の**貸方**に記入します。

豆
テスト **Q** ㉟：〈仕訳問題〉神奈川商店から貸付金¥10,000の返済を受け、利息¥500とともに、現
金で受け取った。

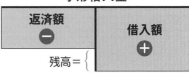

それでは、手形貸付金と手形借入金について、次の例題で学習していきましょう。

 次の取引について、こぐま文具店、ひぐま商事それぞれの仕訳をしなさい。

こぐま文具店は、ひぐま商事より現金¥50,000を借り入れ、同額の約束手形を振り出して渡した。

こぐま文具店の仕訳

•解 説• こぐま文具店は、約束手形を振り出しての借り入れなので、**手形借入金勘定の貸方**に記入します。

ひぐま商事の仕訳

•解 説• ひぐま商事は、約束手形を受け取っての貸付けなので、**手形貸付金勘定の借方**に記入します。

豆
テスト A Q㉟の答え： （借）現　　　金　10,500　（貸）貸 付 金　10,000
　　　　　　　　　　　　　　　　　　　　　　　　　受 取 利 息　　　500

144

③ 未収入金・未払金

次は商品売買以外の取引で、代金を後日回収したり、後日支払う場合について学習します。

商品売買以外の取引で、代金を後日受け取る、または後日支払う約束をしたときの債権・債務は、**未収入金**勘定（資産）と**未払金**勘定（負債）で処理をします。

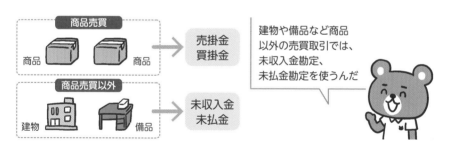

未収入金

重要

商品売買以外の取引、たとえば商品以外の物品を売却し、その代金を後日受け取ることにしたときは、**未収入金**勘定（資産）の**借方**に記入します。後日、未収の代金を受け取ったときは、**未収入金**勘定の**貸方**に記入します。

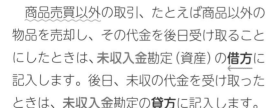

> **ここを CHECK！**
>
> この場合（商品売買以外の取引）、売掛金勘定は使いません。未収入金勘定で処理します。注意しましょう。

豆テスト **Q㊱**：〈仕訳問題〉A銀行から現金￥10,000を借り入れた。

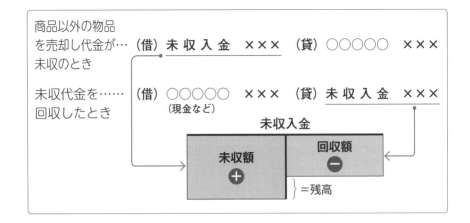

● 未 払 金

商品以外の物品を購入し、代金を後日支払うことにしたときは、**未払金**勘定（負債）の**貸方**に記入します。未払代金を支払ったときは、**未払金**勘定の**借方**に記入します。

CHECK!

この場合も、買掛金としないように注意しましょう。

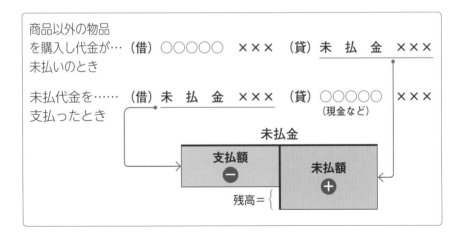

では、次の例題で具体的に学習していきましょう。

テスト **A** Q㊱の答え： （借）現 金 10,000 （貸）借 入 金 10,000

146

例題
6-3 次の取引について仕訳しなさい。

❶ 使用していない土地を売却し、代金¥200,000 は月末に受け取ることにした。

❷ 月末となり上記売却代金が普通預金口座に振り込まれた。

❸ パソコン（備品）を購入し、代金¥100,000 は月末支払うことにした。

❹ 月末となり上記未払代金を現金で支払った。

・解答・

❶ （借）未 収 入 金　200,000　（貸）土　　　地　200,000
❷ （借）普 通 預 金　200,000　（貸）未 収 入 金　200,000
❸ （借）備　　　品　100,000　（貸）未 払 金　100,000
❹ （借）未 払 金　100,000　（貸）現　　　金　100,000

資産➕ … 資産➖
資産➕ … 資産➕
資産➖ … 負債➕
負債➖ … 資産➖

・解説・ ❶は**未収入金勘定の借方**、❷は**未収入金勘定の貸方**に記入します。❸は**未払金勘定の貸方**、❹は**未払金勘定の借方**に記入します。

4 前払金・前受金

P149 Q&A参照➡

商品売買で内金、手付金などを支払ったり、受け取ったりしたときは、**前払金勘定**（資産）・**前受金**勘定（負債）で処理をします。

その商品を注文します　ご注文ありがとうございます　前払金と前受金ですね

¥1000　¥1000

仕入先　これが内金です。先にお支払いします　先に内金をいただきました　得意先

豆テスト Q ㊲：〈仕訳問題〉A銀行へ借入金¥10,000を返済し、利息¥500とともに、現金で支払った。

147

● 前 払 金

　商品の引渡しを受ける前に、商品代金の一部として内金などを支払ったときには、**前払金勘定（資産）**の**借方**に記入します。後日商品などを受け取ったときには、前払金勘定の**貸方**に記入します。

● 前 受 金

　商品を引き渡す前に、商品代金の一部として内金などを受け取ったときは、**前受金勘定（負債）**の**貸方**に記入します。後日商品などを引き渡したときは、**前受金勘定**の**借方**に記入します。

前払金は商品を受け取る権利をもつことになるので資産の勘定。
前受金は商品を引き渡す義務を負うことになるので負債の勘定です

　では、次の例題で前払金と前受金について具体的に学習していきましょう。

> **例題 6-4** 次の取引について、こぐま文具店、ひぐま商事それぞれの仕訳をしなさい。
>
> ❶ こぐま文具店は、ひぐま商事に商品¥30,000を注文し、その内金として¥5,000を現金で支払った。
>
> ❷ こぐま文具店は、ひぐま商事から上記の商品を受け取り、内金を差し引いた残額を掛けとした。

Q㊲の答え：　（借）借　入　金　　10,000　　（貸）現　　　金　　10,500
　　　　　　　　　　支 払 利 息　　　 500

こぐま文具店の仕訳

・解答・

	資産⊕			資産⊖	資産⊖
❶ （借）前　払　金	5,000	（貸）現　　　金	5,000		
❷ （借）仕　　　入	30,000	（貸）前　払　金	5,000		
			買　掛　金	25,000	

費用⊕　　　負債⊕　　　残額は掛け

・解説・　❶は、こぐま文具店は内金を支払ったので、**前払金勘定の借方**に記入します。❷は、こぐま文具店は商品を受け取ったので、**前払金勘定の貸方**に記入するとともに、残額分は**買掛金勘定の貸方**に記入します。

ひぐま商事の仕訳

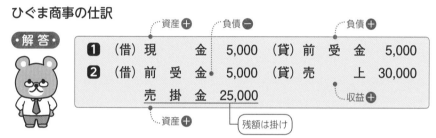

・解答・

	資産⊕		負債⊖		負債⊕
❶ （借）現　　　金	5,000	（貸）前　受　金	5,000		
❷ （借）前　受　金	5,000	（貸）売　　　上	30,000		
売　掛　金	25,000				

資産⊕　　　残額は掛け　　　収益⊕

・解説・　❶は、ひぐま商事は内金を受け取ったので、**前受金勘定の貸方**に記入します。❷は、ひぐま商事は商品を渡したので、**前受金勘定の借方**に記入するとともに、残額分は**売掛金勘定の借方**に記入します。

ワンポイント Q&A　「内金、手付金」って？

商品の売買契約を確実にするために、商品の受け渡し前に内金や手付金が受け渡しされることがあります。内金、手付金は、ともに売買契約の際に売買代金の一部として支払われる金銭ですが、その性格には違いがあります（内金は一般に契約の解除は行わないことを前提、手付金は買主または売主の双方が一方的に契約の解除をできるものとして支払われる性格がある）。

豆テスト　Q ㊳：〈仕訳問題〉備品を¥5,000で売却し、代金は月末に受け取ることにした。

第6章 >>> その他債権・債務

⑤ 立替金・預り金

　従業員や取引先などが支払うべきお金を一時的に立て替えたとき、また金銭を一時的に預かったときは、**立替金**勘定（資産）・**預り金**勘定（負債）で処理をします。

● 立 替 金　　重要

　取引先の負担する運賃を立て替え払いしたり、従業員の生命保険料を立て替えるなど金銭を一時的に立て替え払いしたときは、**立替金**勘定（資産）の**借方**に記入します。後日、返済を受けた（回収）ときは、**立替金**勘定の**貸方**に記入します。

　次の従業員の給料の例題で学習していきましょう。

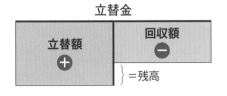

例題

6-5　次の取引について仕訳しなさい。

❶　従業員が負担すべき生命保険料¥10,000を現金で立て替え払いした。

❷　従業員の給料¥180,000を支給する際に、上記❶の立て替えていた¥10,000を差し引き、残額¥170,000を現金で支給した。

・解答・

			資産➕			資産➖	資産➖
❶	（借）立　替　金	10,000		（貸）現　　　　金		10,000	
❷	（借）給　　　　料	180,000		（貸）立　替　金		10,000	
		費用➕			現　　　　金		170,000
						資産➖	

・解説・　❶は、立替払いなので**立替金勘定の借方**に記入します。

従業員に対する立替金は、「従業員立替金」勘定で処理をすることもあります

❷は次のように考えましょう。

いったん給料¥180,000を支給したと仮定すると、

（借）給　　　料　180,000　　（貸）現　　　金　180,000

その後、立替金¥10,000を現金で回収したとすると、

（借）現　　　金　10,000　　（貸）立　替　金　10,000

この2つの仕訳をあわせると、

（借）給　　　料　180,000　　（貸）立　替　金　10,000
　　　　　　　　　　　　　　　　　　現　　　金　170,000

となります。

現金は、
¥180,000－¥10,000
＝¥170,000で、
貸方¥170,000となる

第6章　その他債権・債務

豆テスト **Q** ㊴：〈仕訳問題〉備品を購入し、代金¥10,000は月末に支払うことにした。

151

預 り 金

従業員に給料を支給する際に、従業員が納付すべき所得税（源泉所得税）や社会保険料などを給料から差し引いて支給します。税金等を一時的に預かったときは、**預り金**勘定（負債）の**貸方**に記入します。後日、これを税務署などに支払ったときには、**預り金**勘定の**借方**に記入します。

給料をそのままもらえるわけではないんだ

給与明細	
給料	○○○円
所得税	○○○円
差引支給額	○○○円

なお、所得税を預かった場合は**所得税預り金**勘定（負債）、社会保険料を預かった場合は**社会保険料預り金**勘定（負債）で処理することもあります。

預り金

支払額 ➖	預り額 ➕

残高＝{

預かった税金等は、後日、税務署などに納める義務を負うことになるので、負債となります

こぐま文具店

お疲れさまでした。これ、今月の給料

ありがとうございます

税務署　　←　税金を納付　　　　　給料　→

例題 6-6　次の取引について仕訳しなさい。

❶　従業員に給料¥180,000を支給するに際し、源泉所得税¥6,000を差し引いた残額を現金で支払った。

❷　上記❶の従業員から預かった源泉所得税¥6,000を現金で税務署に納付した。

・解答・

❶	（借）給 料	180,000		（貸）所得税預り金	6,000		
				現 金	174,000		
❷	（借）所得税預り金	6,000		（貸）現 金	6,000		

・解説・　❶は、給料の支払いの際に、所得税を預かったので**所得税預り金勘定の貸方**に記入します。残額の¥174,000を現金で支払ったので、**現金勘定の貸方**に記入します。❷は、預かっていた所得税を納付したので、**所得税預り金勘定の借方**に記入します。

ワンポイント Q&A　「源泉所得税」って？

給料などの支払者が所得税を預かって、納税者（税金を納める人）に代わって税金を納める方式を源泉徴収（げんせんちょうしゅう）といいます。つまり、会社が従業員の給料から所得税分を預かって、従業員の代わりに税金を納めることになります。

法定福利費

社会保険料は、会社と従業員でそれぞれの負担割合に応じて支払うことになっています。このうち、会社が負担する社会保険料は**法定福利費**（ほうていふくりひ）勘定（費用）で処理します。

社会保険料は会社と従業員それぞれ負担するのか

社会保険料
会社負担分　　従業員負担分
法定福利費　　こぐま文具店　　社会保険料預り金

豆テスト **Q** ⑭：〈仕訳問題〉千葉商店に商品を注文し、内金として小切手¥10,000を振り出して支払った。

会社が会社負担分の社会保険料を納付したときは、**法定福利費勘定（費用）**の**借方**に記入します。

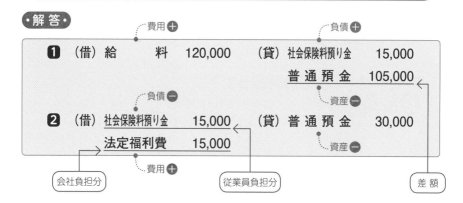

例題 6-7　次の取引について仕訳しなさい。

❶　給料¥120,000を支給するに際し、従業員負担の社会保険料¥15,000を差し引き、残額を普通預金口座から振り込んだ。

❷　社会保険料について、上記❶の従業員負担額に会社負担額¥15,000を加えて、普通預金口座から振り込んだ。

・解答・

		費用➕				負債➕	
❶	（借）給　　料	120,000		（貸）社会保険料預り金	15,000		
				普 通 預 金	105,000		

負債➖　　　　　　　　　　　　　　　資産➖

❷	（借）社会保険料預り金	15,000		（貸）普 通 預 金	30,000
	法定福利費	15,000			

費用➕　　　　　資産➖

会社負担分　　　　従業員負担分　　　　差額

・解説・　❶は、【例題6-6】と同様に、給料から社会保険料を預かったので、**社会保険料預り金勘定の貸方**に記入します。残額の¥105,000を普通預金口座から支払ったので、**普通預金勘定の貸方**に記入します。

❷は、従業員から預かった社会保険料と、会社が負担する社会保険料とを合わせて支払っているので、**社会保険料預り金勘定の借方**に記入するとともに、会社負担分については、**法定福利費勘定の借方**に記入します。

社会保険料預り金を
減少させ、会社負担は
法定福利費で処理します

❻ 仮払金・仮受金

現金の支払いまたは受取りがあっても、その時点では勘定科目がわからなかったり、その金額が確定できない場合があります。このような場合は、一時的に**仮払金**勘定（資産）・**仮受金**勘定（負債）で処理をします。

わからないときは、とりあえず仮払金、仮受金で処理するんですね

● 仮　払　金

従業員の出張などで、経費を概算（およその金額）で渡したりすることがあります。この場合、現金の支出があっても勘定科目や金額は確定できないので、一時的に

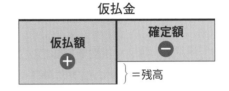

仮払金勘定（資産）の**借方**に記入しておきます。後日、勘定科目や金額が確定した場合は、仮払金勘定を減らし（**仮払金**勘定の**貸方**に記入）、該当する勘定科目の借方に記入します（正しい勘定科目に振り替える）。

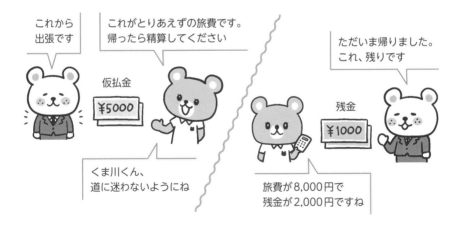

これから出張です

これがとりあえずの旅費です。帰ったら精算してください

くま川くん、道に迷わないようにね

ただいま帰りました。これ、残りです

旅費が8,000円で残金が2,000円ですね

仮払金　¥5000

残金　¥1000

豆テスト **Q ㊶**：〈仕訳問題〉給料¥100,000の支払いに際し、源泉所得税¥10,000を差し引いた¥90,000を現金で支給した。

例題

6-8 次の取引について仕訳しなさい。

❶ 従業員の出張にあたり、旅費の概算額¥30,000を現金で渡した。

❷ 従業員が出張から帰り、旅費の精算をしたところ実際額が¥25,000だったので、残金¥5,000を現金で受け取った。

・解 答・

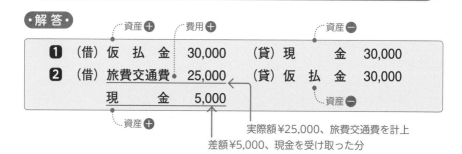

資産➕　費用➕　　　　　　　　　　　資産➖

❶ （借）仮　払　金　30,000　（貸）現　　　金　30,000
❷ （借）旅費交通費　25,000　（貸）仮　払　金　30,000
　　　　現　　　金　5,000

資産➕　　　　　　　資産➖

実際額¥25,000、旅費交通費を計上
差額¥5,000、現金を受け取った分

・解 説・ ❶は、旅費を概算払いしたので、**仮払金勘定の借方**に記入します。❷は、仮払金の精算なので、**仮払金勘定の貸方**に記入するとともに、**旅費交通費勘定（費用）の借方**に記入します。残金については**現金勘定の借方**に記入します。

旅費は、「旅費交通費」勘定で処理します

仮 受 金

内容がわからない現金を受け取り、その勘定科目や金額が確定しないときは、一時的に**仮受金勘定（負債）の貸方**に記入します。後日、勘定科目や金額が確定した場合は、**仮受金勘定**を減らし（**仮受金**勘定の**借方**に記入）、該当する勘定科目の**貸方**に記入します（正しい勘定科目に振り替える）。

仮受金

確定額 ➖	仮受額 ➕

残高＝{

くま川くんからのこの入金が不明

確認しなきゃ

売掛金の回収ですか

報告

振り替えなきゃ

例題
6-9 次の取引について仕訳しなさい。

❶ 出張中の従業員から、普通預金口座に¥10,000の振込みがあったが、その内容は不明である。

❷ 従業員が出張から帰り、普通預金口座の振込みは得意先からの売掛金の回収であるとの報告を受けた。

・解答・

	資産➕		負債➕	
❶	(借)普 通 預 金	10,000	(貸)仮 受 金	10,000
❷	(借)仮 受 金	10,000	(貸)売 掛 金	10,000

負債➖　　　　仮受金を減らす　　　資産➖　　　　売掛金を回収した分

・解説・ ❶は、内容不明の振込みがあったので、**仮受金勘定の貸方**に記入します。❷は売掛金の回収であることが判明したので、**仮受金勘定の借方**に記入するとともに、**売掛金勘定の貸方**に記入します。

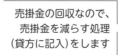
売掛金の回収なので、
売掛金を減らす処理
(貸方に記入)をします

第6章 その他債権・債務

テスト **Q** ㊷：〈仕訳問題〉社員の出張にあたり、旅費の概算額¥10,000を現金で前渡しした。

157

7 商品券

次は商品券について学習していきます。

　デパートなどでは贈答用として商品券・ギフトカードが販売されています。また、商店街や自治体などが商品券を発行していることもあります。そして商品券をもらったら、その商品券と交換で商品を買うことができます。

受取商品券とは

　商品を売上げ、その代金として商店街などが発行した商品券を受け取った場合、後日、その商品券を買い取ってもらって換金することができます。この買い取ってもらえる権利は**受取商品券**勘定（資産）で処理します。

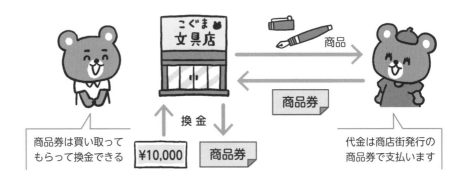

● 受取商品券の処理

　商品を売上げ、商品代金として商品券を受け取った場合、**受取商品券**勘定（資産）の**借方**に記入します。

　また、所有している商品券を換金した場合は、**受取商品券**勘定（資産）の**貸方**に記入します。

受取商品券

増加 ➕	減少 ➖
	⎫ ⎬ ＝残高

例題 6-10 　次の取引について仕訳しなさい。

❶ 商品¥15,000を売上げ、代金として商店街発行の商品券¥10,000と現金¥5,000を受け取った。

❷ 上記**❶**の売上代金として受け取った商店街発行の商品券¥10,000を引き渡して換金請求を行い、ただちに同額が普通預金口座に振り込まれた。

・解答・

	資産➕			収益➕	
❶ （借）受取商品券	10,000	（貸）売　　上	15,000
現　　金	5,000		
	資産➕				
❷ （借）普通預金	10,000	（貸）受取商品券	10,000
	資産➕			資産➖	

・解説・ **❶**は商品を売上げているので、**売上勘定の貸方**に記入します。代金は商品券と現金を受け取っているので、**受取商品券勘定と現金勘定の借方**に記入します。

　❷は商品券を換金したので、**受取商品券勘定の貸方**に記入します。また、同額が普通預金口座に振り込まれたので、**普通預金勘定の借方**に記入します。

第**6**章 その他債権・債務

159

この章の まとめ

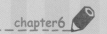

この ルール を理解しよう！

P140〜159参照

●金銭の貸借によって生じた債権・債務

→貸付金勘定・借入金勘定で処理

●手形を用いた金銭の貸借によって生じた債権・債務

→手形貸付金勘定・手形借入金勘定で処理

●商品売買以外の取引で、後日代金を受け取ったり、支払ったりしたとき

→未収入金勘定・未払金勘定で処理

●商品売買で内金、手付金などを支払ったり、受け取ったりしたとき

→前払金勘定・前受金勘定で処理

●従業員や取引先のために一時的に金銭を立て替えたとき

→立替金勘定で処理

●一時的に金銭を預かったとき→預り金勘定で処理

●現金等の支払いまたは受け取りがあっても、その時点では勘定科目がわからなかったり、その金額が確定できないとき

→一時的に仮払金勘定・仮受金勘定で処理

●商品を売上げ、商品代金として商品券を受け取ったとき

→受取商品券勘定で処理

この しくみ を理解しよう！

P153・154参照

●会社が負担する社会保険料→法定福利費勘定で処理

よく理解できました

しっかり
確認しましょう

☑ 理解度チェック問題

1 貸付金・借入金　解答&解説 ➡ P166

次の取引を杉並商店、世田谷商店の立場でそれぞれ仕訳しなさい。なお、勘定科目は□□□□の中から最も適当と思われるものを選ぶこと。

①杉並商店は世田谷商店へ現金¥100,000を貸付けた。

②世田谷商店は杉並商店に対し、上記①の借入金を利息¥5,000とともに現金で返済した。

勘定科目：現金、当座預金、貸付金、借入金、受取利息、支払利息

[杉並商店]

	借　　方		貸　　方	
①				
②				

[世田谷商店]

	借　　方		貸　　方	
①				
②				

2 手形貸付金・手形借入金　解答&解説 ➡ P166・167

次の取引を練馬商店、板橋商店の立場でそれぞれ仕訳しなさい。なお、勘定科目は□□□□の中から最も適当と思われるものを選ぶこと。

練馬商店は、約束手形を振り出して板橋商店から¥100,000を借り入れ、利息¥2,000を差し引かれた残額¥98,000は現金で受け取り、ただちに当座預金とした。

勘定科目：現金、当座預金、手形貸付金、手形借入金、受取利息、支払利息

［練馬商店］

借　　方		貸　　方	

［板橋商店］

借　　方		貸　　方	

3 未収入金・未払金　　解答&解説 ➡P167

次の取引について仕訳しなさい。なお、勘定科目は[ ]の中から最も適当と思われるものを選ぶこと。

①使用していない土地を千代田商店に¥180,000で売却し、代金は月末に受け取ることにした。

②月末となり、上記①の未収代金を千代田商店振出しの小切手で回収し、ただちに当座預金とした。

③備品¥120,000を購入し、代金のうち¥20,000は小切手を振り出して支払い、残額は月末に支払うことにした。

④月末となり、上記③の未払代金¥100,000を小切手を振り出して支払った。

勘定科目：現金、当座預金、未収入金、備品、土地、未払金

	借　　方		貸　　方	
①				
②				
③				
④				

4 前払金・前受金   解答&解説 ➡ P168

次の取引を杉並商店、世田谷商店の立場でそれぞれ仕訳しなさい。なお、勘定科目は[_____]の中から最も適当と思われるものを選ぶこと。

①杉並商店は世田谷商店より商品¥60,000の注文を受け、内金として同店振出しの小切手¥10,000を受け取った。

②杉並商店は世田谷商店へ上記注文の商品を引き渡し、前受金を差し引いた残額は掛けとした。

勘定科目：現金、当座預金、売掛金、前払金、買掛金、前受金、売上、仕入

[杉並商店]

	借　　方		貸　　方	
①				
②				

[世田谷商店]

	借　　方		貸　　方	
①				
②				

5 立替金・預り金   解答&解説 ➡ P168・169

次の一連の取引を仕訳しなさい。なお、勘定科目は[_____]の中から最も適当と思われるものを選ぶこと。

①従業員が負担すべき生命保険料¥5,000を現金で立て替え払いした。

②当月分の給料¥200,000を支給する際に、上記①の立て替えていた¥5,000と源泉所得税¥15,000を差し引き、手取額¥180,000を現金で支給した。

③従業員から預かった源泉所得税¥15,000を税務署に現金で納付した。

勘定科目：現金、普通預金、立替金、所得税預り金、給料

	借　方		貸　方	
①				
②				
③				

6 法定福利費　　解答＆解説 ➡P169

次の取引について仕訳しなさい。なお、勘定科目は◻◻◻の中から最も適当と思われるものを選ぶこと。

①給料 ¥200,000 を支給するに際し、従業員負担の社会保険料 ¥20,000 を差し引き、残額を現金で支給した。

②社会保険料について、上記①の従業員負担額に会社負担額 ¥20,000 を加えて、現金で納付した。

勘定科目：現金、社会保険料預り金、給料、法定福利費

	借　方		貸　方	
①				
②				

7 仮払金・仮受金　　解答＆解説 ➡P170

次の一連の取引を仕訳しなさい。なお、勘定科目は◻◻◻の中から最も適当と思われるものを選ぶこと。

①従業員の出張にあたり、旅費の概算額 ¥50,000 を現金で渡した。

②出張中の従業員から、当座預金口座に ¥80,000 の振込みがあったが、その内容は不明である。

③上記②の振込額の内訳は、売掛金 ¥50,000 の回収と商品注文の内金 ¥30,000 であることが判明した。

④従業員が出張から帰り、旅費を精算したところ、前渡しした額が少な
く、不足分¥10,000を現金で渡した。

勘定科目：現金、当座預金、売掛金、前受金、仮払金、仮受金、旅費交通費

	借　方		貸　方	
①				
②				
③				
④				

8 商品券　　解答&解説 ➡P170

次の取引について仕訳しなさい。なお、勘定科目は　　　　の中から最も適当と思われるものを選ぶこと。

①商品¥12,000を売り上げ、代金として自治体発行の商品券¥10,000と
現金¥2,000を受け取った。

②上記①の売上代金として受け取った自治体発行の商品券¥10,000を
引き渡して換金請求を行い、同額を現金で受け取った。

勘定科目：現金、売掛金、受取商品券、売上

	借　方		貸　方	
①				
②				

☑ 解答＆解説

1 貸付金・借入金　参照➡P140〜143

[杉並商店]

	借　方		貸　方	
①	貸　付　金	100,000	現　　　金	100,000
②	現　　　金	105,000	貸　付　金	100,000
			受　取　利　息	5,000

[世田谷商店]

	借　方		貸　方	
①	現　　　金	100,000	借　入　金	100,000
②	借　入　金	100,000	現　　　金	105,000
	支　払　利　息	5,000		

[杉並商店]
　①現金を貸し付けたので、**貸付金勘定の借方**に記入します。

　②利息とともに返済を受けたので、**貸付金勘定の貸方**に記入するとともに、**受取利息勘定の貸方**に記入します。

[世田谷商店]
　①現金を借り入れたので、**借入金勘定の貸方**に記入します。

　②利息とともに借入金を返済したので、**借入金勘定の借方**に記入するとともに、**支払利息勘定の借方**に記入します。

2 手形貸付金・手形借入金　参照➡P143・144

[練馬商店]

借　方		貸　方	
当　座　預　金	98,000	手　形　借　入　金	100,000
支　払　利　息	2,000		

[板橋商店]

借　方		貸　方	
手 形 貸 付 金	100,000	現　　　　金	98,000
		受 取 利 息	2,000

[練馬商店]

　　手形を振り出して借り入れているので、**手形借入金勘定の貸方**に記入します。利息¥2,000を差し引かれた残額¥98,000は「ただちに当座預金とした」ので、**当座預金勘定の借方**に記入し、利息は**支払利息勘定の借方**に記入します。

> **ワンポイントアドバイス**
> 「ただちに当座預金とした」については第3章で学習しました

└ 当座預金の増加　　　　　　└ 費用

[板橋商店]

　　板橋商店側では、現金を貸し付け、手形を受け取っているので、**手形貸付金勘定の借方**に記入します。利息¥2,000を差し引いた現金¥98,000を貸し付けたので、**現金勘定の貸方**、**受取利息勘定の貸方**に記入します。

└ 現金の減少　　　　　　└ 収益

3 未収入金・未払金　参照 ➡P145〜147

	借　方		貸　方	
①	未 収 入 金	180,000	土　　　　地	180,000
②	当 座 預 金	180,000	未 収 入 金	180,000
③	備　　　　品	120,000	当 座 預 金	20,000
			未 払 金	100,000
④	未 払 金	100,000	当 座 預 金	100,000

①土地（商品以外のもの）を売却し、代金を後日受け取ることにしたので、**未収入金勘定の借方**に記入します。

②未収代金を回収したので、**未収入金勘定の貸方**に記入します。

③備品（商品以外のもの）を購入し、代金を後日支払うことにしたので、**未払金勘定の貸方**に記入します。また、¥20,000は小切手を振り出して支払ったので、**当座預金勘定の貸方**に記入します。

④小切手を振り出して未払代金を支払ったので、**未払金勘定の借方**に記入するとともに**当座預金勘定の貸方**に記入します。

> **ワンポイントアドバイス**
> 売掛金・買掛金としないよう注意しましょう。商品以外の売買で後日回収、後日支払いは未収入金・未払金勘定を用います

※なお、備品などの有形固定資産については第7章でくわしく学習します。

参照➡P147～149

4 前払金・前受金

[杉並商店]

	借　　方		貸　　方	
①	現　　　　金	10,000	前　受　金	10,000
②	前　受　金	10,000	売　　　　上	60,000
	売　掛　金	50,000		

[世田谷商店]

	借　　方		貸　　方	
①	前　払　金	10,000	当　座　預　金	10,000
②	仕　　　　入	60,000	前　払　金	10,000
			買　掛　金	50,000

[杉並商店]

① 内金を小切手で受け取ったので、**前受金勘定の貸方**に記入します。

② 商品を引き渡したので、**前受金勘定の借方**に記入し、残額は掛けなので、**売掛金勘定の借方**に記入します。

> **ワンポイントアドバイス**
> 第3章で学習した小切手の受け取り、小切手の振出しに注意しましょう

[世田谷商店]

① 世田谷商店側では、小切手を振り出して内金を支払ったので、**前払金勘定の借方**に記入します。

② 世田谷商店側では、商品を受け取ったので、**前払金勘定の貸方**に記入します。未払分は**買掛金勘定の貸方**に記入します。

5 立替金・預り金 参照➡P150～153

	借　　方		貸　　方	
①	立　替　金	5,000	現　　　　金	5,000
②	給　　　　料	200,000	立　替　金	5,000
			所得税預り金	15,000
			現　　　　金	180,000
③	所得税預り金	15,000	現　　　　金	15,000

①立て替え払いをしたので、**立替金勘定の借方**に記入します。

②給料の支給に際し、立替金と源泉所得税を差し引き、手取額¥180,000を現金で支給しているので、**立替金勘定の貸方、所得税預り金勘定の貸方、現金勘定の貸方**に記入します。

③源泉所得税を納付したので、**所得税預り金勘定の借方**に記入します。

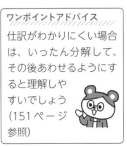

ワンポイントアドバイス

仕訳がわかりにくい場合は、いったん分解して、その後あわせるようにすると理解しやすいでしょう（151ページ参照）

（借）給	料	200,000	（貸）現	金	200,000
（借）現	金	5,000	（貸）立 替 金		5,000
（借）現	金	15,000	（貸）所得税預り金		15,000

現金は、
¥200,000－¥5,000－¥15,000
＝¥180,000で、
貸方¥180,000となる

（借）給	料	200,000	（貸）立 替 金		5,000
			所得税預り金		15,000
			現	金	180,000

第6章 その他債権・債務

---

6 法定福利費 参照 ➡ P153・154

	借　　　方		貸　　　方	
①	給　　　　　料	200,000	社会保険料預り金	20,000
			現　　　　　金	180,000
②	社会保険料預り金	20,000	現　　　　　金	40,000
	法 定 福 利 費	20,000		

①給料から社会保険料を預かったので、**社会保険料預り金勘定の貸方**に記入します。残額の¥180,000は現金で支給したので、**現金勘定の貸方**に記入します。

②従業員から預かった社会保険料と、会社が負担する社会保険料とを合わせて支払っているので、**社会保険料預り金勘定の借方**に記入するとともに、会社負担分については、**法定福利費勘定の借方**に記入します。

ワンポイントアドバイス

従業員負担分の社会保険料は社会保険料預り金で、会社負担分の社会保険料は法定福利費で処理します

7 仮払金・仮受金　参照 ➡ P155～157

	借　　方		貸　　方	
①	仮　払　金	50,000	現　　　　金	50,000
②	当　座　預　金	80,000	仮　受　金	80,000
③	仮　受　金	80,000	売　掛　金	50,000
			前　受　金	30,000
④	旅　費　交　通　費	60,000	仮　払　金	50,000
			現　　　　金	10,000

①旅費の概算額を渡したので、**仮払金勘定の借方**に記入します。

②内容不明なので、一時的に**仮受金勘定の貸方**に記入します。

③仮受金の内容が判明したので、正しい勘定科目に振り替えます。**売掛金勘定の貸方**に記入するとともに、商品注文の内金は、**前受金勘定で処理（前受金勘定の貸方に記入）**します。

④旅費の精算をし、**旅費交通費勘定の借方**に記入しますが、¥10,000 が不足していたので、仮払金¥50,000 と不足分をあわせた¥60,000 となります。また、**仮払金勘定の貸方**に記入するとともに、不足分は現金で支払っていますので、**現金勘定の貸方**に記入します。

8 商品券　参照 ➡ P158・159

	借　　方		貸　　方	
①	受　取　商　品　券	10,000	売　　　　上	12,000
	現　　　　金	2,000		
②	現　　　　金	10,000	受　取　商　品　券	10,000

①商品を売り上げているので、**売上勘定の貸方**に記入します。代金は商品券と現金を受け取っているので、**受取商品券勘定**と**現金勘定の借方**に記入します。

②商品券を換金したので、**受取商品券勘定の貸方**に記入します。また、同額を現金で受け取ったので、**現金勘定の借方**に記入します。

第 **7** 章

有形固定資産

この章では、建物や備品などの有形固定資産について
学習していきます。

1 有形固定資産

2 減価償却

3 有形固定資産の売却

4 固定資産台帳

5 差入保証金

建物などを購入した場合は
どう処理するのかしら？

建物は古くなっていくけれど、
どう処理すればいいのかなあ？

5年 10年 15年と時が経てば建物の価値は下がってい
きます そしてさらに長期間使っていれば建物としての
価値はなくなっていくでしょう

時 の 経 過

 → → →

価値がどんどん下がっていく

このように建物や自動車など 有形固定資産のなかには
少しずつ価値が下がっていくものがあります
これらの有形固定資産については その価値の下がる分を
毎年少しずつ費用にしていくことになっています
この手続きを減価償却といいます

価値が下がる分を費用
として計上するわけで
すね

そうです その費用を
減価償却費
といいます

雨漏りもそうですけど 看板も
修繕しておいたほうがいいですよ

キケン

ぐら ぐら

看板？

危ない！ こぐま

ガ

修繕しておけば
よかった…

トホホ

有形固定資産の
修繕についても
学習しますよ

では 学習を
はじめましょう

1 有形固定資産

有形固定資産とは？

　有形固定資産とは、経営活動を行うために、長期にわたって使用される、具体的な形のある資産のことです。たとえば、建物、土地、備品（机やイス、ＯＡ機器等）、車両運搬具（トラックや乗用車等）などをいいます。

※具体的な形がない無形固定資産もありますが、3級では有形固定資産について学習していきます。

これらが
有形固定資産か

有形固定資産を購入したとき

　有形固定資産を取得したときは、取得原価でそれぞれの勘定の借方に記入しますが、取得原価とは次の金額となります。

取得原価 ＝ 購入代価（購入金額） ＋ 付随費用

　付随費用とは、土地を購入したときの仲介手数料や登記料、備品を購入したときの運送料・据付費などです。

つまり、有形固定資産の取得原価は、購入代価に手数料などの付随費用を加えた金額となります

次の例題で学習していきましょう。

例題 7-1 次の取引について仕訳しなさい。

建物¥1,000,000を購入し、代金は小切手を振り出して支払った。
なお、仲介手数料¥50,000と登記料¥30,000は現金で支払った。

・解 答・

（借）建　　　物　1,080,000　（貸）当　座　預　金　1,000,000
　　　　　　　　　　　　　　　　　　現　　　金　　80,000

・解 説・　建物の取得原価は次のように計算します。

¥1,000,000　＋　（¥50,000　＋　¥30,000）　＝　¥1,080,000
〈購入代価〉　　〈仲介手数料〉　　〈登記料〉　　　〈取得原価〉

有形固定資産の改良と修繕

改良とは、有形固定資産に対する支出のうち、その有形固定資産の価値
を高めたり、耐用年数が延長したりするような支出（**資本的支出**）のこと
です。

修繕とは、有形固定資産に対する支出のうち、定期的に行う修繕のよう
に有形固定資産の価値を維持するための支出（**収益的支出**）のことです。

この倉庫、雨漏りする
ようになりましたね

屋根を
修繕しなきゃ

こぐま倉庫

もちろん看板も

豆テスト Q ㊸：〈仕訳問題〉土地を購入し、代金¥1,000,000のほかに仲介手数料¥50,000と登記料¥10,000を合わせて、小切手を振り出して支払った。

ワンポイント Q&A 改良と修繕って？

改良は、有形固定資産の価値を高めたりする支出で、たとえば建物に避難階段を取り付けるといった物理的に付加した場合などです。修繕は、有形固定資産の価値を維持するための支出で、たとえば建物の雨漏りや壁のひび割れを直したりする場合などです。

改良（資本的支出）は、有形固定資産の取得原価に加算します。修繕（収益的支出）は**修繕費**勘定（費用）で処理します。

例題 7-2 次の取引を仕訳しなさい。

建物の改良と修繕を行い、その代金¥100,000を小切手を振り出して支払った。なお、このうち¥60,000は改良とみなされた。

・解答・

（借）	建　　物（資産＋）	60,000	（貸）当座預金（資産－）	100,000
	修繕費（費用＋）	40,000		

・解説・ 改良は有形固定資産の取得原価に加算するので、**建物勘定の借方**に記入します。修繕は修繕費勘定で処理するので、**修繕費勘定の借方**に記入します。

2 減価償却

減価償却とは

土地を除く建物や備品、車両運搬具は使用または時の経過により、その価値が減少します。この価値の減少分を、その有形固定資産の使用可能な

豆テスト A　Q㊸の答え：（借）土　　地　1,060,000　（貸）当座預金　1,060,000

期間にわたり各期の費用として配分していきます。この手続きのことを減価償却といい、計上される費用を減価償却費といいます。

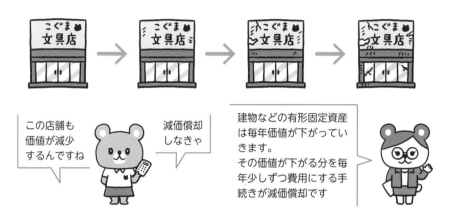

この店舗も価値が減少するんですね

減価償却しなきゃ

建物などの有形固定資産は毎年価値が下がっていきます。
その価値が下がる分を毎年少しずつ費用にする手続きが減価償却です

● 減価償却費の計算 〔重要〕

減価償却費を計算する場合、取得原価、耐用年数、残存価額の3つの要素が必要です。

取得原価……購入代価に付随費用を加えた金額

耐用年数……その有形固定資産が使用できる年数を見積もったもの

残存価額……耐用年数が経過して処分するときに予想される売却金額

減価償却の計算方法はいろいろありますが、このうち**定額法**について学習していきます。

定額法とは、**毎期一定額**の減価償却費を計上する方法です。各期の減価償却費は次の計算式によって計算します。

$$\boxed{\text{1年分の減価償却費}} = \frac{\text{取得原価−残存価額}}{\text{耐用年数}}$$

なお、会計期間の途中で購入し、使用し始めた場合は、1年分の減価償却費を次のように月割計算し、その年分の減価償却費を求めます。

$$\boxed{\text{1年分の減価償却費}} \times \frac{\text{使用月から決算日までの月数}}{\text{12カ月}}$$

 Q 44：〈仕訳問題〉建物の改良と修繕を行い、その代金¥80,000を現金で支払った。なお、このうち¥50,000は改良とみなされた。

この車両、いつから使っているんだっけ？

9月からですよ

次の例題で減価償却費の計算を学習していきましょう。

例題 7-3 次の資料にもとづき、減価償却費を計算しなさい。（決算年1回、決算日3月31日）

❶ 期首に取得した備品

取得原価：¥100,000　耐用年数：5年　残存価額：取得原価の10%

❷ 9月1日に取得した車両運搬具

取得原価：¥200,000　耐用年数：5年　残存価額：取得原価の10%

・解答・

❶	¥18,000
❷	¥21,000

9月に取得した車両運搬具の場合は、9月～3月の7カ月分の減価償却を求めます

・解説・ ❶ 期首に取得した備品の減価償却費は次のように計算します。

$$\frac{¥100,000 - ¥100,000 \times 10\%}{5年} = ¥18,000$$

❷ 9月1日に取得した車両運搬具の減価償却費は次のように計算します。

$$\frac{¥200,000 - ¥200,000 \times 10\%}{5年} \times \frac{7カ月}{12カ月} = ¥21,000$$

豆テスト **A** Q㊹の答え：（借）建　　物　50,000　（貸）現　　金　80,000
　　　　　　　　　　　　　　修 繕 費　30,000

	7カ月	

9月　10月　11月　12月　1月　2月　3月　4月
　　　　　　　　　　　　　　　　　　▲
　　　　　　　　　　　　　　　　　　決算日

　なお、【例題7-3】の❶で残存価額がゼロの場合の1年分の減価償却費は、次のように計算します。

$$\frac{¥100,000 - ¥0}{5年} = ¥20,000$$

● 減価償却の記帳方法

　減価償却の記帳方法には、**直接法**と**間接法**の2つの方法がありますが、間接法について学習していきます。

　間接法とは、当期の減価償却費を**減価償却費**勘定（費用）の**借方**に記入するとともに、**減価償却累計額**勘定（資産のマイナス）の**貸方**に記入する方法です。

> ここを CHECK!
> ‥‥‥‥‥‥‥‥‥‥
> 減価償却累計額は資産のマイナスを表す勘定です。

間接法……（借）減価償却費　×××　　（貸）減価償却累計額　×××

　なお、有形固定資産の名称をつけて、**備品減価償却累計額**勘定や**建物減価償却累計額**勘定で処理することもあります。

　次の例題を使って学習していきましょう。

例題 7-4　次の資料にもとづき、決算における減価償却に関する仕訳を間接法によって示しなさい。

期首に取得した備品
取得原価：¥100,000　耐用年数：5年　残存価額：ゼロ

豆テスト Q ㊺：決算に際し、当期首に取得した次の備品の定額法による減価償却費を計算しなさい。
取得原価　¥5,000　　耐用年数5年　　残存価額は取得原価の10%

・解 答・

費用＋   資産のマイナス

（借）減価償却費　20,000　（貸）備品減価償却累計額　20,000

・解 説・　間接法は、**備品減価償却累計額勘定の貸方**に記入します。減価償却費は¥100,000÷5年＝¥20,000となります。

備　　品	備品減価償却累計額
	当期減価償却費 ¥20,000
取得原価 ¥100,000	

＝帳簿価額¥80,000

間接法では、備品勘定は取得原価
¥100,000のままです。
ただし、備品原価償却累計額が
¥20,000計上されているので、
¥20,000をマイナスした金額が
帳簿価額を意味します

③ 有形固定資産の売却

● 有形固定資産の売却

　不用になった有形固定資産を売却することがあります。この場合、売却した固定資産の帳簿価額と売却価額の差額を**固定資産売却損**勘定（費用）または**固定資産売却益**勘定（収益）で処理します。

このパソコン、使わなく
なったから売却しようかな

売れるんですか？
こわれてますよ

豆テスト **A** Q㊺の答え：　$\dfrac{¥5,000-¥5,000×10\%}{5年}=¥900$

そこで、有形固定資産の帳簿価額ですが、さきほど学習したように、有形固定資産の取得原価から減価償却累計額（既償却額）をマイナスした金額となります。

帳簿価額 ＝ 取得原価 － 減価償却累計額（既償却額）

帳簿価額より低い金額でしか売れなかった

帳簿価額￥200,000

￥150,000で売却

帳簿価額 ＞ 売却価額

⬇

固定資産売却損

帳簿価額より高い金額で売れたぞ

帳簿価額￥200,000

￥250,000で売却

帳簿価額 ＜ 売却価額

⬇

固定資産売却益

有形固定資産が帳簿価額よりも高く売れたときは**固定資産売却益**勘定、安く売ったときは**固定資産売却損**勘定で処理します。

有形固定資産の売却時の処理

次の例題を使って、固定資産を売却したときの処理を学習していきましょう。

例題 7-5 **次の取引について仕訳しなさい。**

期首において、備品（取得原価￥100,000、減価償却累計額￥36,000）を売却し、代金￥50,000を現金で受け取った。なお、減価償却方法は定額法であり、間接法で記帳している。

豆テスト **Q 46**：〈仕訳問題〉決算に際し、備品（取得原価￥10,000、耐用年数5年、残存価額は取得原価の10％）の減価償却を行う（定額法により間接法で記帳）。

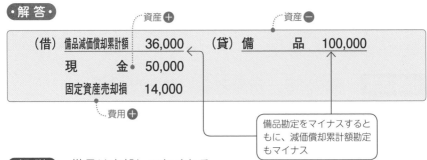

資産⊕ ...... 資産⊖ ......

（借）備品減価償却累計額　36,000　（貸）備　　　品　100,000
　　　現　　　金　50,000
　　　固定資産売却損　14,000

費用⊕ ......

備品勘定をマイナスするとともに、減価償却累計額勘定もマイナス

・解 説・　備品は売却してなくなるので、**備品勘定の貸方**に記入します。金額は取得原価の¥100,000となります。そして、あわせて備品減価償却累計額勘定もマイナスするので、**備品減価償却累計額勘定の借方**に記入します。差額は**固定資産売却損勘定で処理**します。

備品減価償却累計額は備品の価値の減少を記録しておく勘定です。備品を売却すると、記録する必要がなくなりますので、借方に記入します

借方に備品減価償却累計額を記入

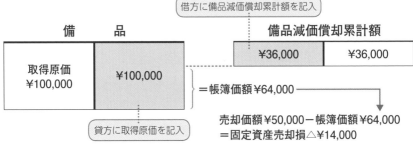

備　　　品		備品減価償却累計額	
取得原価 ¥100,000	¥100,000	¥36,000	¥36,000

＝帳簿価額¥64,000

貸方に取得原価を記入

売却価額¥50,000－帳簿価額¥64,000
＝固定資産売却損△¥14,000

有形固定資産の期中売却の処理

　有形固定資産を期中に売却したときは、期首から売却日までの減価償却費を月割りで計上します。

　次の例題で学習していきましょう。

豆テスト **A** Q**46**の答え：（借）減価償却費　1,800　（貸）備品減価償却累計額　1,800

例題 7-6　次の取引について仕訳しなさい。

1月31日に、備品（取得原価¥100,000、減価償却累計額¥36,000）を¥60,000で売却し、代金は現金で受け取った。この備品は定額法（残存価額は取得原価の10％、耐用年数5年）により減価償却をしており、間接法により記帳している。当期の減価償却費は月割計上する。なお、決算日は3月31日である。

・解答・

（借）現　　金　60,000　（貸）備　　品　100,000
　　　備品減価償却累計額　36,000　　　固定資産売却益　11,000
　　　減価償却費　15,000

・解説・　減価償却費は次のように計算します。

$$1年分の減価償却費…\frac{¥100,000-¥100,000×10\%}{5年}=¥18,000$$

$$当期分の減価償却費…¥18,000×\frac{10カ月}{12カ月}=¥15,000$$

この¥15,000を当期分の減価償却費として計上します。売却価額は¥60,000なので、売却益は¥11,000となります。

ここを CHECK！
貸借差額で売却損益を計算します。

貸借差額…¥60,000 -（¥100,000 - ¥36,000 - ¥15,000）= ¥11,000
（売却価額）（取得原価-減価償却累計額-減価償却費）（売却益）

期首4/1　　　10カ月　　　売却日1/31　決算日3/31　当期分の減価償却費を計上

豆テスト Q⑰：〈仕訳問題〉期首において、備品（取得原価¥100,000、減価償却累計額¥60,000）を売却し、代金¥50,000は月末に受け取ることにした。なお、減価償却方法は定額法であり、間接法で記帳している。

4 固定資産台帳

固定資産台帳は、所有する固定資産の状況を管理するために作成する補助簿で、固定資産の取得原価や減価償却費などを記録します。

固定資産を管理するために固定資産台帳を作成しなければいけませんね

固定資産台帳には、次のような内容が記載されます。

固 定 資 産 台 帳　　　　　　　X4年3月31日現在

取得年月日	用途	期末数量	償却方法	耐用年数	期首(期中取得)取得原価 ❶	期首減価償却累計額 ❷	差引期首(期中取得)帳簿価額 ❸	当期減価償却費 ❹
備品								
X1年 4月1日	備品A	1	定額法	6年	600,000	200,000	400,000	100,000
X3年10月1日	備品B	1	定額法	5年	200,000	0	200,000	20,000
小　　計					800,000	200,000	600,000	120,000

❶…取得原価を記入します。

❷…期首時点の減価償却累計額を記入します。

❸…期首時点の帳簿価額 (❶−❷) を記入します。

❹…当期の減価償却費を記入します。

固定資産台帳は補助簿ですが、これまでにいくつもの補助簿を見てきました。

どのような取引の場合に、どの補助簿に記入するのかは、仕訳の勘定科目に注目するようにします。

補助簿	勘定科目
現金出納帳 (参照➡P58)…………	現金
当座預金出納帳 (参照➡P65)……	当座預金
小口現金出納帳 (参照➡P70)……	小口現金
売上帳 (参照➡P95)………………	売上
仕入帳 (参照➡P94)………………	仕入
商品有高帳 (参照➡P96)…………	売上・仕入
売掛金元帳 (参照➡P102)………	売掛金
買掛金元帳 (参照➡P102)………	買掛金
受取手形記入帳 (参照➡P125)…	受取手形
支払手形記入帳 (参照➡P126)…	支払手形
固定資産台帳 (参照➡P184)……	建物・備品・減価償却費・減価償却累計額

商品を仕入れたときや売り上げたときには、商品の移動があるので、商品有高帳にも記入する点に注意しましょう

なるほど〜

例題 7-7

次の取引は、それぞれどの補助簿に記入されるか答えなさい。解答にあたっては、該当するすべての補助簿の欄に〇印をつけること。

❶ 仕入先から商品¥200,000を仕入れ、代金のうち¥150,000は約束手形を振り出して支払い、残額は現金で支払った。

❷ 得意先に商品¥350,000を売り上げ、代金のうち¥300,000は同店振り出しの約束手形で受け取り、残額は掛けとした。

・解 答・

補助簿＼取引	❶	❷
現 金 出 納 帳	〇	
売 上 帳		〇
仕 入 帳	〇	
商 品 有 高 帳	〇	〇
売 掛 金 元 帳		〇
買 掛 金 元 帳		
受取手形記入帳		〇
支払手形記入帳	〇	
固 定 資 産 台 帳		

・解 説・　仕訳は次のようになります。

❶

(借) 仕 入 200,000	(貸) 支払手形 150,000
	現 金 50,000

※商品を仕入れているので商品有高帳にも記入する。

❷

(借) 受取手形 300,000	(貸) 売 上 350,000
売 掛 金 50,000	

※商品を売り上げているので商品有高帳にも記入する。

5 差入保証金

差入保証金とは

　この章では有形固定資産について学習してきましたが、建物などの不動産を借りる場合について、ここで触れておきましょう。

　建物などの不動産を借りるときには、敷金や保証金を差し入れるのが一般的です。その場合の敷金などは差入保証金勘定（資産）で処理します。

差入保証金の処理

　店舗や事務所を借りるのにあたって、敷金や保証金を差し入れた場合は、差入保証金勘定（資産）の**借方**に記入します。

例題

7-8　次の取引について仕訳しなさい。

　新店舗としてビルの1階部分を借りるにあたって、敷金¥10,000を普通預金口座から振り込んだ。

・解 答・

|（借）差入保証金|10,000|（貸）普 通 預 金|10,000|

・解 説・　敷金を普通預金口座から振り込んだので、**差入保証金勘定の借方、普通預金勘定の貸方**に記入します。

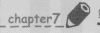
この ルール を理解しよう！

P174〜186参照

- **有形固定資産を購入したとき**→それぞれの勘定の借方に取得原価で記入

  取得原価＝取得原価には付随費用を含める

- **有形固定資産を売却したとき**→帳簿価額と売却価額との差額を固定資産売却

  益勘定・固定資産売却損勘定で処理

- **敷金や保証金を差し入れたとき**→差入保証金勘定で処理

この 用語 を覚えよう！

P176・177参照

減価償却 ＝土地を除く有形固定資産は、使用または時の経過により、その価

値が減少する。この価値の減少分を、費用として計上する手続き

この 計算式 を押さえよう！

P177参照

- **定額法による1年分の減価償却費**

  $$→1年分の減価償却費 = \frac{取得原価－残存価額}{耐用年数}$$

この ルール を理解しよう！

P179・180参照

- **減価償却の記帳方法** ＝ 間接法→減価償却累計額勘定で処理

この 帳簿 を理解しよう！

P184参照

固定資産台帳 →所有する固定資産の状況を管理するために作成する補助簿

1 有形固定資産　解答＆解説 ➡ P190

次の取引について仕訳しなさい。なお、勘定科目は□□□の中から最も適当と思われるものを選ぶこと。

①備品を購入し、代金¥300,000とともに据付費¥20,000を小切手を振り出して支払った。

②土地を購入し、代金¥2,000,000と仲介手数料¥120,000、登記料¥30,000をあわせて現金で支払った。

③建物の改良と修繕を行い、その代金¥120,000を現金で支払った。なお、このうち¥80,000は改良とみなされた

勘定科目：現金、当座預金、建物、備品、土地、修繕費

	借　　方		貸　　方	
①				
②				
③				

2 減価償却・有形固定資産の売却　解答＆解説 ➡ P191・192

次の取引について仕訳しなさい。なお、勘定科目は□□□の中から最も適当と思われるものを選ぶこと。

①決算に際し、建物（取得原価：¥5,000,000、減価償却方法：定額法、残存価額：取得原価の10％、耐用年数：20年）について減価償却を行う。なお、減価償却費の記帳方法は間接法による。

②X4年4月1日に、備品（購入日：X1年4月1日、取得原価：¥300,000、減価償却方法：定額法、耐用年数：5年、残存価額：取得原価の10％、記帳方法：間接法、決算日：3月31日）を¥100,000で売却し、代金は月末に受け取ることにした。

③11月30日に、備品（取得原価：¥90,000、減価償却累計額：¥18,000）を¥50,000で売却し、代金は現金で受け取った。この備品は定額法（残存価額はゼロ、耐用年数：5年）により減価償却をしており、間接

法により記帳している。当期の減価償却費は月割計上する。なお、決算日は3月31日である。

> 勘定科目：現金、未収入金、建物、建物減価償却累計額、備品、備品減価償却累計額、固定資産売却益、減価償却費、固定資産売却損

	借　　方		貸　　方	
①				
②				
③				

---

3 固定資産台帳　　解答＆解説 ➡ P192

次の固定資産台帳を完成させなさい。

当期はX3年4月1日〜X4年3月31日であり、当期中に有形固定資産の売買は行われていない。なお、減価償却費は、残存価額ゼロ、定額法により計算する。

固 定 資 産 台 帳　　　　X4年3月31日現在

取得年月日	用途	期末数量	耐用年数	期　首取得原価	期　首減価償却累計額	差引期首帳簿価額	当　期減価償却費
備品							
X1年 4月1日	備品A	1	8年	400,000	100,000	(　　　)	(　　　)
X2年10月1日	備品B	1	5年	200,000	20,000	(　　　)	(　　　)
小　　計				600,000	120,000	(　　　)	(　　　)

[4] 差入保証金   解答&解説 ●P192

次の取引について仕訳しなさい。なお、勘定科目は[_____]の中から最も適当と思われるものを選ぶこと。

事務所としてビルの3階部分を1カ月あたり¥50,000で借りる契約を結んだ。契約にあたり、1カ月分の家賃と敷金¥100,000を現金で支払った。

勘定科目：現金、差入保証金、支払家賃、修繕費、雑費

借　　方		貸　　方	

☑ 解答&解説

[1] 有形固定資産   参照 ●P174〜176

	借　　方		貸　　方	
①	備　　　　品	320,000	当 座 預 金	320,000
②	土　　　　地	2,150,000	現　　　　金	2,150,000
③	建　　　　物	80,000	現　　　　金	120,000
	修　繕　費	40,000		

①取得原価は付随費用を加えるので、
　¥300,000＋¥20,000＝¥320,000となります。

②取得原価は、¥2,000,000＋¥120,000＋¥30,000
　＝¥2,150,000となります。

③改良は有形固定資産の取得原価に加算するので、**建物勘定の借方**に記入します。修繕は修繕費勘定で処理するので、**修繕費勘定の借方**に記入します。

> ワンポイントアドバイス
> 有形固定資産の取得原価に付随費用を加えるのを忘れないようにしましょう

2 減価償却・有形固定資産の売却　参照●P176〜183

	借　　方		貸　　方	
①	減 価 償 却 費	225,000	建物減価償却累計額	225,000
②	備品減価償却累計額	162,000	備　　　　品	300,000
	未 収 入 金	100,000		
	固定資産売却損	38,000		
③	現　　　　金	50,000	備　　　　品	90,000
	備品減価償却累計額	18,000		
	減 価 償 却 費	12,000		
	固定資産売却損	10,000		

①減価償却費の計算は次のとおりです。

$$\frac{\overset{\text{取得原価}}{¥5,000,000} - \overset{\text{残存価額}}{¥500,000}}{20年} = ¥225,000$$

減価償却費の記帳方法は間接法によるので、**建物減価償却累計額勘定の貸方**に記入します。

②帳簿価額（取得原価−減価償却累計額）と売却価額とを比較して、売却損益を計算します。減価償却累計額は次のように計算します。

$$1年分の減価償却費 = \frac{¥300,000 - ¥30,000}{5年} = ¥54,000$$

減価償却累計額は3年分（X1年4月1日〜X4年3月31日）なので、
¥54,000×3年＝¥162,000となります。
売却価額は¥100,000なので、固定資産売却損は¥38,000となります。

$$\overset{\text{売却価額}}{¥100,000} - (\overset{\text{取得原価−減価償却累計額}}{¥300,000 - ¥162,000}) = \overset{\text{売却損}}{△¥38,000}$$

③減価償却費は次のように計算します。

$$1年分の減価償却費 = \frac{¥90,000}{5年} = ¥18,000$$

$$当期分の減価償却費 = ¥18,000 \times \frac{8カ月}{12カ月} = ¥12,000$$

この¥12,000を当期分の減価償却費として計上します。そして、売却価額が¥50,000なので、固定資産売却損は¥10,000となります。

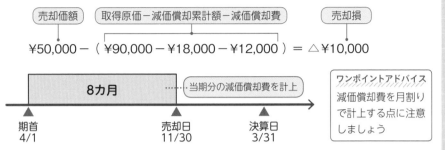

売却価額　取得原価−減価償却累計額−減価償却費　売却損

$$¥50,000 − (¥90,000 − ¥18,000 − ¥12,000) = △¥10,000$$

8カ月　……当期分の減価償却費を計上

期首　4/1　　売却日　11/30　　決算日　3/31

ワンポイントアドバイス
減価償却費を月割りで計上する点に注意しましょう

③ 固定資産台帳　　参照➡P184

固 定 資 産 台 帳　　X4年3月31日現在

取得年月日	用途	期末数量	耐用年数	期　首取得原価	期　首減価償却累計額	差引期首帳簿価額	当　期減価償却費
備品							
X1年 4月1日	備品A	1	8年	400,000	100,000	300,000	50,000
X2年10月1日	備品B	1	5年	200,000	20,000	180,000	40,000
小　　計				600,000	120,000	480,000	90,000

　差引期首帳簿価額は、「期首取得原価−期首減価償却累計額」で求めます。当期減価償却費は、残存価額がゼロなので「期首取得原価÷耐用年数」で求めます。

④ 差入保証金　　参照➡P186

借　　方		貸　　方	
支 払 家 賃	50,000	現　　　　金	150,000
差 入 保 証 金	100,000		

　家賃については支払家賃勘定（費用）で処理するので、**支払家賃勘定の借方**に記入します。敷金については**差入保証金勘定の借方**に記入します。

第 **8** 章

税金・株式の発行等・その他取引

ここでは、会社が納めるさまざまな税金、株式の発行等、その他の取引について学習していきます。

1 法人税等

2 消費税

3 租税公課

4 株式の発行等

5 諸会費

6 訂正仕訳

会社もいろいろな税金を
納めるんだね

株式の発行等についても
学習しなければなりませんね

この章では まず会社が納める税金について学習していきます

税金

会社も税金払うの？

そうですよ

知らなかったんですか

会社が納める税金のうち会社の利益に対して課税される税金として

法人税 住民税 事業税があり これらをまとめて法人税等といいます

ほうじんぜいにじゅうみん…いろいろあるんだなあ

また 会社が納める税金として消費税があります

消費税

消費税なら知ってるよ買い物するときに支払うんでしょ

いらっしゃいませ〜

コレください

消費税はモノやサービスなどの消費にかかる税金で モノを買った人やサービスの提供を受けた人が負担します

こぐま文具店の場合は

商品を仕入れる　まいど

商品を販売する

くまのノート

消費税

消費税

商品を仕入れるときには消費税を支払い商品を販売するときには消費税を受け取っています

その他の会社が納める税金として固定資産税や印紙税 自動車税などの税金があり これらの税金を支払った場合 **租税公課** 勘定で処理します

税金っていっぱいある〜 うわああ

次に株式の発行についてですが そもそも **株式会社** とはどのようなものなのかについてみていきましょう

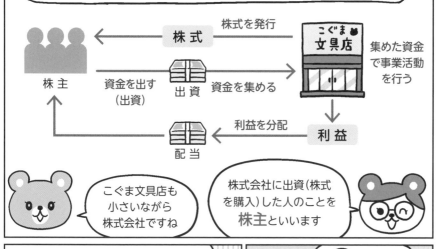

株式会社とは **株式** というものを発行して それを多くの人に購入してもらうことによって資金を集める会社の形態のことですそうして集めた資金で事業活動を行います

株式を発行

株式

株主

資金を出す（出資）

出資　資金を集める

集めた資金で事業活動を行う

利益を分配

利益

配当

こぐま文具店も小さいながら株式会社ですね

株式会社に出資（株式を購入）した人のことを **株主** といいます

株主は株式会社の出資者なので事業活動を行って利益が出たらその利益の分配として **配当** を受け取ることができます

カブって聞いたことあるけど

カブってそういう意味だったんだあ

まさかの「カブ」違い！

では 学習をはじめましょう

1 法人税等

法人税とは

まずは会社が納める税金について学習していきましょう。

会社もいろんな
税金を納めなければ
ならないんだね

そうですよ

　会社が納める税金のうち、会社の利益に対して課税される税金として、
法人税、住民税、事業税があり、これらをまとめて法人税等といいます。
ほうじんぜい
※法人税、住民税及び事業税、または法人税等として処理します。

法人税等の処理

重要

◆ 中間申告、納付したとき ◆

　法人税等は、決算において会社の利益が確定したあとに申告し、納付し
ます。この申告を確定申告といいます。ただし、決算が年1回の会社では、
かくていしんこく
会計期間の途中で半年分の概算額（およその額）を申告し、納付します。
これを中間申告といいます。

　中間申告で納付した金額は、あくまで概算のものなので、納付した金額
を仮払法人税等勘定（資産）で処理します。中間申告で仮払法人税等を納
付した場合、仮払法人税等勘定（資産）の借方に記入します。

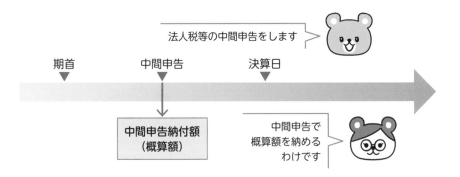

法人税等の中間申告をします

期首　　　　　中間申告　　　　　決算日

中間申告納付額
（概算額）

中間申告で
概算額を納める
わけです

例題

8-1 次の取引を仕訳しなさい。

株式会社こぐま文具店（決算年1回、3月31日）は、中間申告を行い、法人税¥6,000、住民税¥3,000および事業税¥1,000を現金で納付した。

・解 答・   資産 ➕   資産 ➖   ¥6,000＋¥3,000＋¥1,000

（借）仮払法人税等　10,000　（貸）現　　金　10,000 ←

・解 説・　中間申告で法人税等を現金で納付したので、**仮払法人税等勘定の借方、現金勘定の貸方**に記入します。

🔲 法人税等の金額が確定したとき 🔲

決算において、当期の法人税等の金額が確定したときは、確定した金額を**法人税、住民税及び事業税**（費用）で処理します。

中間申告のときに計上した**仮払法人税等**（資産）は減少させ、確定した金額と仮払法人税等の金額との差額は、これから納付しなければならないので、**未払法人税等**（負債）で処理します。

ですから、当期の法人税等の金額が確定したときは、**法人税、住民税及び事業税勘定**（費用）の**借方**に記入するとともに、**仮払法人税等勘定**（資産）と**未払法人税等勘定**（負債）の**貸方**に記入します。

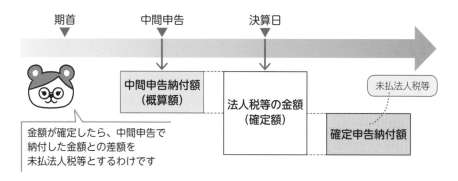

 豆テスト Q 48：会社が納める税金のうち、会社の利益に対して課税される税金は？

次の取引を仕訳しなさい。

株式会社こぐま文具店では、決算の結果、法人税、住民税及び事業税が¥21,000と計算された。なお、この金額から中間納付額¥10,000を差し引いた金額を未払分として計上した。

・解 答・

費用➕ 　　　　　　　　　資産➖

| (借) 法人税,住民税及び事業税 | 21,000 | (貸) 仮払法人税等 | 10,000 |
| | | 未払法人税等 | 11,000 |

負債➕

法人税等の金額と
中間納付額との差額：
21,000円−10,000円

・解 説・　法人税等の金額が確定したので、**法人税、住民税及び事業税勘定の借方**に記入します。あわせて、**仮払法人税等勘定と未払法人税等勘定の貸方**に記入します。

ここを CHECK !

差額はこれから納めなければならないので、未払法人税等 (負債) とします。

■ 未払法人税等を納付したとき ■

未払いの法人税等を納付したときは、未払法人税等勘定 (負債) の**借方**に記入し、減少させる処理を行います。

未払法人税
等を納付し
ました

例題
8-3　次の取引を仕訳しなさい。

株式会社こぐま文具店は、法人税について確定申告を行い、未払分¥11,000を現金で納付した。

・解 答・

負債➖ 　　　　　　　　　資産➖

| (借) 未払法人税等 | 11,000 | (貸) 現 金 | 11,000 |

豆
テスト A　Q48 の答え：法人税、住民税、事業税。法人税、住民税及び事業税、または法人税等として処理する。

198

●解説● 未払いの法人税等を納付したので、**未払法人税等勘定の借方**に
記入します。

2 消費税

消費税とは

消費税は、モノやサービスなどの消費にかかる税金で、モノを買った人
やサービスの提供を受けた人が負担します。

商品を仕入れる
ときには、
消費税を支払って…　〉　商品　商品　〈　商品を販売する
ときには、消費税を
受け取っている

消費税の納付額は、商品の販売などに対する消費税額から商品の仕入れ
などに対する消費税額を差し引いて求めます。

たとえば、こぐま文具店がひぐま商事から商品を仕入れ、しろくま商店
に商品を販売するとき、こぐま文具店はひぐま商事に仕入代金と消費税を
支払い、しろくま商店からは売上代金と消費税を受け取ります。

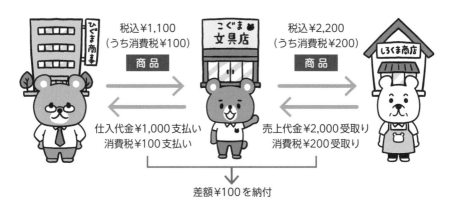

税込¥1,100
（うち消費税¥100）
商品

こぐま
文具店

税込¥2,200
（うち消費税¥200）
商品

しろくま商店

仕入代金¥1,000支払い
消費税¥100支払い

売上代金¥2,000受取り
消費税¥200受取り

差額¥100を納付

豆テスト Q49：〈仕訳問題〉法人税等の中間申告を行い、法人税¥10,000、住民税¥5,000、事業税
¥2,000を現金で納付した。

こぐま文具店は、受け取った消費税¥200と支払った消費税¥100との差額¥100を納付することになります。

なお、消費税率は10％としています（消費税率が8％の場合は、8％に置き換えて処理します）。

消費税ってこんなしくみだったのか～

いままで知らなかったんですか！

● 消費税の処理（税抜方式）

重要

消費税の処理の方法には、<ruby>税込方式<rt>ぜいこみほうしき</rt></ruby>と<ruby>税抜方式<rt>ぜいぬきほうしき</rt></ruby>の2つがありますが、税抜方式について学習していきます。

税抜方式は、支払った消費税や受け取った消費税を、**仕入**や**売上**に含めないで処理する方法です。

■ 商品を仕入れたとき ■

税抜方式では、商品を仕入れたときに支払った消費税は、**仮払消費税勘定（資産）**の**借方**に記入します。

商品を仕入れました

例題 8-4　次の取引を仕訳しなさい。

商品¥2,000（税抜価額）を仕入れ、代金は消費税を含め現金で支払った。なお、消費税率は10％であり、税抜方式で記帳している。

・解答・

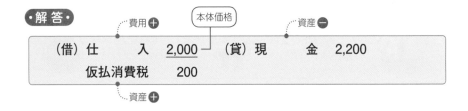

費用⊕　本体価格　資産⊖

（借）仕　　　　入　2,000　（貸）現　　　金　2,200
　　　仮払消費税　　200

資産⊕

・解説・ 税抜方式では、支払った消費税を仕入に含めないので、仕入については税抜価額で処理をします。また、支払った消費税（¥2,000×10%＝¥200）は、**仮払消費税勘定の借方**に記入します。

🔲 商品を売上げたとき 🔲

税抜方式では、商品を売上げたときに受け取った消費税は、**仮受消費税勘定（負債）**の**貸方**に記入します。

商品を売上げました

例題
8-5 次の取引を仕訳しなさい。

商品¥3,000（税抜価額）を販売し、代金は消費税を含め現金で受け取った。なお、消費税率は10%であり、税抜方式で記帳している。

・解答・

（借）現	金	3,300	（貸）売	上	3,000
			仮受消費税		300

資産➕　　　　　収益➕　　本体価格
負債➕

・解説・ 税抜方式では、受け取った消費税を売上に含めないので、売上については税抜価額で処理をします。また、受け取った消費税（¥3,000×10%＝¥300）は、**仮受消費税勘定の貸方**に記入します。

🔲 決算時の処理 🔲

税抜方式では、決算において、**仮払消費税**と**仮受消費税**を相殺（差し引き）します。**仮払消費税**よりも**仮受消費税**が多かったときは、差額を納付します。

豆テスト **Q** ㊿ 〈仕訳問題〉決算の結果、法人税、住民税及び事業税が¥35,000と計算された。この金額から中間納付額¥17,000を差し引いた金額を未払分として計上した。

```
┌─────────────────┐
│ 仮払消費税      │
│ 200            │
│          ┌──────────────┐
│          │ 仮受消費税    │
│ 納付額={  │ 300          │
│          └──────────────┘
└─────────────────┘
```

受け取った消費税と
支払った消費税の差額が
納付額になるわけです

仕訳は、**仮払消費税**勘定の**貸方**に記入して減少させるとともに、**仮受消費税**勘定の**借方**に記入して減少させます。また、納付する消費税額は**未払消費税**勘定（負債）の**貸方**に記入します。

例題 8-6 次の取引を仕訳しなさい。

決算において、消費税の納付額を計算する。なお、当期の取引は【例題8-4】と【例題8-5】のみである。

・解 答・

　　　　　　負債ー　　　　　　　　　　　資産ー

（借）仮受消費税　　300　　（貸）仮払消費税　　200

　　　　　　　　　　　　　　　　未払消費税　　100

　　　　　　　　　　　　　　　　　　　負債＋

・解 説・ 【例題8-4】で支払った消費税＝仮払消費税が¥200で、【例題8-5】で受け取った消費税＝仮受消費税が¥300なので、消費税の納付税額は差額の¥100（¥300 − ¥200）となります。

　仮払消費税勘定の**貸方**に記入するとともに、**仮受消費税**勘定の**借方**に記入します。差額の納付税額は**未払消費税**勘定の**貸方**に記入します。

ここを CHECK！

差額の納付税額はこれから納めなければならないので、未払消費税（負債）とします。

消費税を納付したとき

消費税を納付したときは、**未払消費税**勘定（負債）の**借方**に記入し、減少させる処理を行います。

例題 8-7 次の取引を仕訳しなさい。

未払消費税¥100を現金で納付した。

・解答・

負債—　　　　　　　　　　　　　　資産—

（借）未払消費税　100　（貸）現　　　金　100

・解説・　消費税を納付したので、**未払消費税勘定の借方**に記入します。

③ 租税公課

法人税等や消費税以外にも、会社が納める税金があります。

| まだ税金があるの？ | 税金についてしっかり勉強しましょう！ |

固定資産税や印紙税、自動車税などの税金は費用として処理します。

- ●**固定資産税**……土地や建物など所有する固定資産にかかる税金
- ●**印紙税**……一定の文書には収入印紙を貼らなければならない。その印紙代
- ●**自動車税**……所有する自動車にかかる税金

　費用となる税金を支払った場合、**租税公課**勘定（費用）の**借方**に記入します。

 Q 51：〈仕訳問題〉商品¥3,000（本体価格）を仕入れ、代金は消費税を含め現金で支払った。なお、消費税率は10%であり、税抜方式で記帳している。

例題
8-8 次の取引を仕訳しなさい。

事業用の店舗にかかる固定資産税¥50,000を普通預金口座から納めた。

・解 答・
費用⊕　　　　　　　　　　　　　　　資産⊖

(借) 租 税 公 課　　50,000　　　(貸) 普 通 預 金　　50,000

・解 説・ 固定資産税を納めたので、**租税公課勘定の借方**に記入します。

ワンポイント
Q&A 「固定資産税」って？
固定資産税とは、土地、家屋および償却資産という固定資産に対して、市町村が課税する税金です。

④ 株式の発行等

● 株式会社とは

ここからは株式の発行などについて学習していきますが、まずは**株式会社**とはどのようなものなのかをみていきましょう。

株式会社とは、**株式**というものを発行して多くの資金を調達する会社の形態のことです。

事業規模が小さな個人商店の場合、それほど多くの資金を必要としませんが、事業規模が大きくなると、多くの資金が必要となります。そこで、株式を発行し、それを多くの人に購入してもらうことによって多額の資金を集め、その資金を元手に事業活動を行います。

豆
テスト **A** Q51 の答え：　(借) 仕　　入　　3,000　　(貸) 現　　金　　3,300
　　　　　　　　　　　　仮払消費税　　300

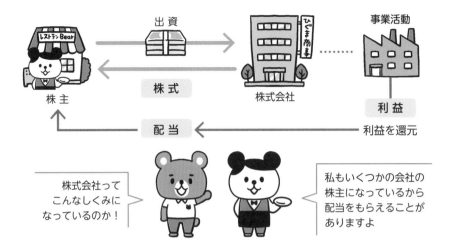

> 株式会社って
> こんなしくみに
> なっているのか！

> 私もいくつかの会社の
> 株主になっているから
> 配当をもらえることが
> ありますよ

　株式会社に出資（株式を購入）した人のことを**株主**といい、株主は、株式会社の所有者としての地位を複数の人たちで分け合っているといえます。

　株主は株式会社の出資者なので、会社が事業活動を行って利益が出たら、その利益の分配として**配当**を受け取ることができます。

● 株式の発行

　株式会社は、会社を設立したときと、増資のときに株式を発行します。増資とは、会社の設立後に新たに株式を発行して資本金を増やすことです。

　株式を発行したときは、株式の払込金額（1株当たりの払込金額×株式数）の全額を**資本金**とします。この場合、**資本金**勘定（資本）の**貸方**に記入します。

※この方法を原則処理という。このほかに容認処理という方法があり、容認処理については2級で学習する。

豆テスト **Q** ㊾：〈仕訳問題〉商品¥4,000（税抜価額）を販売し、代金は消費税を含め現金で受け取った。なお、消費税率は10%であり、税抜方式で記帳している。

次の取引を仕訳しなさい。

❶ 株式会社の設立にあたり、1株あたり¥1,000で100株の株式を発行し、出資者より全株式の払込みを受け、払込金額は当座預金とした。なお、全額を資本金とする。

❷ 株式会社こぐま文具店は増資を行うことになり、1株あたり¥3,000で株式を新たに100株発行し、出資者より全株式の払込みを受け、払込金額は当座預金とした。なお、全額を資本金とする。

・解 答・

資産➕   資本➕

| ❶ | （借）当 座 預 金 | 100,000 | （貸）資　本　金 | 100,000 |
| ❷ | （借）当 座 預 金 | 300,000 | （貸）資　本　金 | 300,000 |

資産➕   資本➕

・解 説・　❶は株式を発行しているので、**資本金勘定の貸方**に記入します。払込金額は、¥1,000×100株＝¥100,000となります。

❷の増資の場合も、❶と同様に**資本金勘定の貸方**に記入します。払込金額は、¥3,000×100株＝¥300,000となります。

● 当期純利益の計上

会社が活動することによって、利益（もうけ）が生まれます。株式会社の当期純利益は、決算において計算しますが、当期純利益を計上するということは、会社が使える資本（元手）が増えたということになります。

そこで、資本の増加として処理しますが、資本金ではなく**繰越利益剰余金**（資本）という勘定に振り替えておきます（詳細は第12章）。

決算において計算された当期純利益をどう処分するかは、株主が集まる**株主総会**というところで決めることになっています。ですから、株主総会まで、剰余金（会社が獲得した利益のうち、まだ使い道の決まっていない金額）として繰越利益剰余金勘定にプールしておくというわけです。

| 豆テスト A | Q 52 の答え： | （借）現　　　金 | 4,400 | （貸）売　　　上 | 4,000 |
| | | | | 仮受消費税 | 400 |

貸借対照表

資　産	負　債
	資本金
	繰越利益剰余金

当期純利益の振替えについては第12章でくわしく学習します

処分が決まるまで、利益はいったん繰越利益剰余金に集計される

● 剰余金の配当と処分

　株式会社は株主の出資を元手に活動するので、株式会社の利益は、基本的に株主のものといえます。ですから、利益(剰余金)は株主に分配します。これを**剰余金の配当**といいます。

　ただし、剰余金のすべてが配当されるのではなく、一部は会社法※の規定や会社の経営のためなどにより、会社内に残しておきます。これを**剰余金の処分**といいます。

※会社法…会社を作ったり、運営したりする際のルールを定めた法律。

処分　残す分　剰余金　配当　分配する分

　なお、剰余金の処分の項目としては、法律で積み立てが強制されている**利益準備金**(資本)などがあります。

Q53：〈仕訳問題〉株式会社の設立にあたり、1株あたり¥1,000で500株を発行し、出資者より全株式の払込みを受け、払込金額は普通預金とした。なお、全額を資本金とする。

剰余金の配当と処分の処理

　株主総会で剰余金の配当等が決定したら、<u>繰越利益剰余金勘定（資本）から、それぞれの勘定科目に振り替えます</u>。

　株主の配当については、株主総会では金額が決定するだけで、実際に支払われるのは後日になるので、**未払配当金勘定（負債）の貸方**に記入します。

例題 8-10　次の取引を仕訳しなさい。

　株主総会で繰越利益剰余金¥40,000の一部を次のとおり処分することが承認された。

　　株　主　配　当　金：¥20,000
　　利益準備金の積立て：　¥2,000

・解答・

	資本 ⊖				負債 ⊕	
（借）	繰越利益剰余金	22,000	（貸）	未払配当金	20,000
				利益準備金	2,000

　　　　　　　　　　　　　　　　　　　　　　　資本 ⊕

・解説・　株主配当金については**未払配当金勘定の貸方**、利益準備金の積立てについては**利益準備金勘定の貸方**に記入します。また、配当金と利益準備金の分、繰越利益剰余金を減少させるので、**繰越利益剰余金勘定の借方**に記入します。

ここを CHECK！

株主にまだ支払っていないから未払配当金（負債）で処理します。

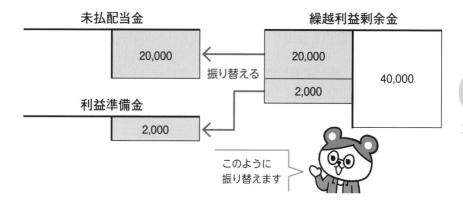

　配当金を支払ったときは、**未払配当金**勘定（負債）の**借方**に記入して減少させるとともに、現金や当座預金勘定で処理をします。

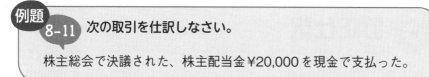

> ### 例題
> **8-11**　次の取引を仕訳しなさい。
>
> 株主総会で決議された、株主配当金¥20,000を現金で支払った。

・**解答**・

	負債─			資産─
（借）未払配当金	20,000	（貸）現　　金	20,000	

・**解説**・　株主配当金を現金で支払っているので、**未払配当金勘定の借方**に記入するとともに、**現金勘定の貸方**に記入します。

5 諸会費

　会社の業務に関連して加入しているさまざまな団体、たとえば業界団体・同業者団体や商店会などに会費（年会費など）を納めることがあります。その会費については、**諸会費**勘定（費用）で処理をします。

　会費を支払った場合には、**諸会費**勘定（費用）の**借方**に記入します。

Q 64：〈仕訳問題〉株式総会で繰越利益剰余金を次のように処分することが承認された。
　　　　株主配当金：¥30,000　　　利益準備金の積立て：¥3,000

例題 8-12 次の取引を仕訳しなさい。

会社が所属する同業者団体に対して、年会費として現金¥10,000を支払った。

・解答・

費用＋

資産ー

（借）諸　会　費　10,000　（貸）現　　　　金　10,000

・解説・　同業者団体に年会費を支払ったので、**諸会費勘定の借方**に記入します。

6 訂正仕訳

取引を誤って仕訳して転記したことがわかったときは、訂正をしなければなりません。その際には、正しい内容に訂正するための仕訳を行うことになります。これを訂正仕訳といいます。

あれっ、この仕訳、間違ってますよ

ほんとだ。修正しなきゃ

訂正仕訳は次のように行います。

| 誤った仕訳と反対の仕訳を行って、誤った仕訳を取り消す |

| 正しい仕訳をする |

豆テスト A　Q54の答え：　（借）繰越利益剰余金　33,000　（貸）未払配当金　30,000
　　　　　　　　　　　　　　　　　　　　　　　　　　　　利益準備金　3,000

210

次の例題で訂正仕訳について学習していきましょう。

例題
8-13 次の資料にもとづき訂正仕訳を行いなさい。

得意先しろくま商店から売掛金¥1,000を現金で回収した際に、誤って次の仕訳を行っていた。

〈誤った仕訳〉（借）現　　　金　1,000　（貸）売　　　上　1,000

・解答・

（借）売	上	1,000	（貸）売 掛 金	1,000

・解説・ ①本来は売掛金勘定としなければならないのに、売上勘定となっています。

（借）現	金	1,000	（貸）売	上	1,000

②そこで、貸借逆の仕訳をして取り消します。

（借）売	上	1,000	（貸）現	金	1,000

③そして正しい仕訳を行います。

（借）現	金	1,000	（貸）売 掛 金	1,000

④ ②の仕訳と③の仕訳を合算します。

> 現金の借方、貸方を相殺するとこうなる

（借）売	上	1,000	（貸）売 掛 金	1,000

（借）売	上	1,000	~~（貸）現　　　金　1,000~~
~~（借）現　　　金　1,000~~	（貸）売 掛 金	1,000

この 用語 を覚えよう！

P196〜200参照

- 会社の利益に対して課税される税金 → **法人税、住民税、事業税**。これらをまとめて**法人税等**という
- モノやサービスなどの消費にかかる税金 → **消費税**

この ルール を理解しよう！

P196〜210参照

- 中間申告で納付した法人税等 → **仮払法人税等**勘定で処理
- 当期の法人税等の金額が確定したとき
  → **法人税、住民税及び事業税**勘定の借方に記入するとともに、**仮払法人税等**勘定と**未払法人税等**勘定の貸方に記入
- 未払いの法人税等を納付したとき → **未払法人税等**勘定の借方に記入
- 商品を仕入れたときに支払った消費税（税抜方式）
  → **仮払消費税**勘定の借方に記入
- 商品を売り上げたときに受け取った消費税（税抜方式）
  → **仮受消費税**勘定の貸方に記入
- 消費税（税抜方式）の決算時の処理
  → **仮払消費税**勘定の貸方に記入するとともに、**仮受消費税**勘定の借方に記入する。また、納付する消費税額は**未払消費税**勘定の貸方に記入する
- 消費税を納付したとき → **未払消費税**勘定の借方に記入
- 費用となる税金を支払ったとき → **租税公課**勘定で処理
- 株式を発行したとき → 株式の払込金額の全額を**資本金**勘定で処理
- 株主総会で剰余金の配当等が決定したとき
  → **繰越利益剰余金**勘定から、それぞれの勘定科目に振り替える。株主の配当については、**未払配当金**勘定で処理
- 業界団体・同業者団体や商店会などの会費 → **諸会費**勘定で処理

☑ 理解度チェック問題

1 法人税等　解答&解説 ➡P216

次の一連の取引を仕訳しなさい。なお、勘定科目は□□□の中から最も適当と思われるものを選ぶこと。

①株式会社世田谷商店（決算年1回、3月31日）は、中間申告を行い、法人税¥8,000、住民税¥4,000および事業税¥2,000を普通預金口座から納付した。

②株式会社世田谷商店では、決算の結果、法人税、住民税及び事業税が¥30,000と計算された。なお、この金額から中間納付額¥14,000を差し引いた金額を未払分として計上した。

③株式会社世田谷商店は、法人税について確定申告を行い、未払分¥16,000を普通預金口座から納付した。

勘定科目：普通預金、仮払法人税等、未払法人税等、法人税等

	借　　　方		貸　　　方	
①				
②				
③				

2 消費税　解答&解説 ➡P216・217

次の一連の取引を仕訳しなさい。なお、勘定科目は□□□の中から最も適当と思われるものを選ぶこと。

①商品¥5,000（本体価格）を仕入れ、代金は消費税を含め現金で支払った。なお、消費税率は10%であり、税抜方式で記帳している。

②商品¥8,000（本体価格）を販売し、代金は消費税を含め現金で受け取った。なお、消費税率は10%であり、税抜方式で記帳している。

③決算において、消費税の納付額を計算する。なお、当期の取引は上記①と②のみである。

④未払消費税¥300を現金で納付した。

勘定科目：現金、仮払消費税、仮受消費税、未払消費税、売上、仕入

	借 方		貸 方	
①				
②				
③				
④				

3 租税公課　　解答＆解説 ➡ P217

次の取引を仕訳しなさい。なお、勘定科目は◯◯◯◯の中から最も適当と思われるものを選ぶこと。

事業用の店舗にかかる固定資産税¥80,000を現金で納付した。

勘定科目：現金、建物、消耗品費、租税公課

借 方		貸 方	

4 株式の発行等①　　解答＆解説 ➡ P217

次の取引を仕訳しなさい。なお、勘定科目は◯◯◯◯の中から最も適当と思われるものを選ぶこと。

千葉商店株式会社の設立にあたり、1株あたり¥2,000で100株の株式を発行し、出資者より全株式の払込みを受け、払込金額は当座預金とした。なお、全額を資本金とする。

勘定科目：当座預金、普通預金、資本金、利益準備金

借 方		貸 方	

5 株式の発行等② 解答&解説 ➡️ P218

次の一連の取引を仕訳しなさい。なお、勘定科目は ☐☐☐☐ の中から最も適当と思われるものを選ぶこと。

①株主総会で繰越利益剰余金¥60,000の一部を次のとおり処分することが承認された。

株 主 配 当 金：¥40,000 利益準備金の積立て：¥4,000

②株主総会で決議された、株主配当金¥40,000を当座預金口座から支払った。

勘定科目：当座預金、未払配当金、利益準備金、繰越利益剰余金

	借　　方		貸　　方	
①				
②				

6 諸会費 解答&解説 ➡️ P218

次の取引を仕訳しなさい。なお、勘定科目は ☐☐☐☐ の中から最も適当と思われるものを選ぶこと。

会社が所属する同業者団体に対して、年会費として¥12,000を普通預金口座から支払った。

勘定科目：普通預金、保険料、租税公課、諸会費

借　　方		貸　　方	

7 訂正仕訳 解答&解説 ➡️ P218

次の仕訳について誤りを発見した。訂正するための仕訳を示しなさい。

①得意先武蔵野商店の売掛金¥20,000を現金で回収した際に、誤って貸方科目を売上としていた。

②豊島商店から商品¥60,000を仕入れ、代金は掛けとしたが、誤って仕

訳の金額を¥6,000として仕訳していた。

	借　　方		貸　　方	
①				
②				

✅ 解答＆解説

1 法人税等　　参照➡P196〜199

	借　　方		貸　　方	
①	仮払法人税等	14,000	普　通　預　金	14,000
②	法　人　税　等	30,000	仮払法人税等	14,000
			未払法人税等	16,000
③	未払法人税等	16,000	普　通　預　金	16,000

①中間申告で法人税等を普通預金口座から納付したので、**仮払法人税等勘定の借方、普通預金勘定の貸方**に記入します。金額は、¥8,000＋¥4,000＋¥2,000＝¥14,000となります。

②法人税等の金額が確定したので、**法人税等勘定の借方**に記入します。あわせて、**仮払法人税等勘定と未払法人税等勘定の貸方**に記入します。

> **ワンポイントアドバイス**
> 差額の¥30,000－¥14,000＝¥16,000が未払法人税等になります

③未払いの法人税等を納付したので、**未払法人税等勘定の借方**に記入します。

2 消費税　　参照➡P199〜203

	借　　方		貸　　方	
①	仕　　　　入	5,000	現　　　　金	5,500
	仮　払　消　費　税	500		
②	現　　　　金	8,800	売　　　　上	8,000
			仮　受　消　費　税	800

216

③	仮受消費税	800	仮払消費税	500
			未払消費税	300
④	未払消費税	300	現　　　金	300

①税抜方式では、支払った消費税を**仕入に含めない**ので、仕入については本体価格で処理をします。また、支払った消費税（¥5,000×10％＝¥500）は、**仮払消費税勘定の借方**に記入します。

②税抜方式では、受け取った消費税を**売上に含めない**ので、売上については本体価格で処理をします。また、受け取った消費税（¥8,000×10％＝¥800）は、**仮受消費税勘定の貸方**に記入します。

ワンポイントアドバイス
税抜方式は、支払った消費税や受け取った消費税を、**仕入**や**売上**に含めないで処理する点に注意しましょう

③ ①で支払った消費税＝仮払消費税が¥500で、②で受け取った消費税＝仮受消費税が¥800なので、消費税の納付額は差額の¥300（¥800－¥500）となります。

仮払消費税勘定の貸方に記入するとともに、**仮受消費税勘定の借方**に記入します。差額の納付税額は**未払消費税勘定の貸方**に記入します。

④消費税を納付したので、**未払消費税勘定の借方**に記入します。

3 租税公課　参照 ➡ P203・204

借　　　方		貸　　　方	
租　税　公　課	80,000	現　　　金	80,000

固定資産税を納めたので、**租税公課勘定の借方**に記入します。

ワンポイントアドバイス
印紙税や自動車税も租税公課勘定で処理します

4 株式の発行等① 　参照 ➡ P205・206

借　　　方		貸　　　方	
当　座　預　金	200,000	資　本　金	200,000

株式を発行しているので、**資本金勘定の貸方**に記入します。払込金額は、¥2,000×100株＝¥200,000となります。

ワンポイントアドバイス
なお、増資時も同様の処理になります

参照 ➡ P207～209

5 株式の発行等②

	借　　方		貸　　方	
①	繰越利益剰余金	44,000	未 払 配 当 金	40,000
			利 益 準 備 金	4,000
②	未 払 配 当 金	40,000	当 座 預 金	40,000

①株主配当金については**未払配当金勘定の貸方**、利益準備金の積立てについては**利益準備金勘定の貸方**に記入します。また、配当金と利益準備金の分、繰越利益剰余金を減少させるので、**繰越利益剰余金勘定の借方**に記入します。

②配当金を支払ったので、**未払配当金勘定の借方**に記入します。

> **ワンポイントアドバイス**
>
> 株主総会で剰余金の配当等が決定したら、繰越利益剰余金勘定から、それぞれの勘定科目に振り替えます

6 諸会費　参照 ➡ P209・210

借　　方		貸　　方	
諸 　会 　費	12,000	普 通 預 金	12,000

同業者団体に年会費を支払ったので、**諸会費勘定の借方**に記入します。

7 訂正仕訳　参照 ➡ P210・211

	借　　方		貸　　方	
①	売　　　　上	20,000	売 　掛 　金	20,000
②	仕　　　　入	54,000	買 　掛 　金	54,000

①次のように訂正していきます。

誤った仕訳……（借）現　　　　金 20,000 （貸）売　　　　上 20,000
逆 仕 訳……（借）売　　　　上 20,000 （貸）現　　　　金 20,000 ┐合算
正しい仕訳……（借）現　　　　金 20,000 （貸）売 　掛 　金 20,000 ┘

②次のように訂正していきます。

誤った仕訳……（借）仕　　　　入 6,000 （貸）買 　掛 　金 6,000
逆 仕 訳……（借）買 　掛 　金 6,000 （貸）仕　　　　入 6,000 ┐合算
正しい仕訳……（借）仕　　　　入 60,000 （貸）買 　掛 　金 60,000 ┘

第 **9** 章

伝票・証ひょう

これまで日常の取引について学習してきましたが、この章では、実務で広く使われる伝票による会計と、請求書や領収書などの証ひょうについて学習していきます。

1 伝票
2 伝票の集計
3 証ひょう

伝票の記入のしかたも
学習しておかなければ…

そうですね。伝票による会計や証ひょう
についても学習する必要がありますね

この章のテーマは伝票と証ひょうです

こぐま文具店でも伝票を使ってますよ

出番が少ないのでたまには登場させて

小口現金係

取引が発生したら仕訳帳に仕訳を記入しますが仕訳帳の代わりに伝票を用いる場合があります

伝票

仕訳帳はノートのようなものですがノートの代わりに1枚ずつ紙に記入する方法が用いられることがあります このときに記入する紙片が伝票です

仕訳帳

伝票

こういうことだね

1枚ずつ使う

入 金 伝 票 ○年 4月 1日	
科 目	金 額
売 上	2,000

3種類の伝票を使う方法を**3伝票制**といい入金取引には**入金伝票** 出金取引には**出金伝票**それ以外の取引には**振替伝票**を用います

入 金 伝 票 ○年 4月 1日	
科 目	金 額
売 上	2,000

出 金 伝 票 ○年 4月 2日	
科 目	金 額
仕 入	1,000

(借)現金 2,000 (貸)売上 2,000 **←入金取引**

出金取引➡ (借)仕入 1,000 (貸)現金 1,000

振 替 伝 票 ○年 4月 3日			
借方科目	金 額	貸方科目	金 額
売掛金	3,000	売 上	3,000

(借)売掛金 3,000 (貸)売 上 3,000

↑それ以外の取引

続いて**証ひょう**についてです

証ひょうというのは？

証ひょうとは 納品書や領収書　請求書 契約書など　取引の事実を証明する根拠になる書類のことです

請 求 書

株式会社こぐま文具店 御中

ひぐま商事株式会社

品　物	数　量	単　価	金　額
A商品（20個入りケース）	10	2,000	¥20,000
B商品（20個入りケース）	5	3,000	¥15,000
		合　計	¥35,000

○年8月31日までに合計額を下記口座にお振込みください。
森の銀行△△支店　普通　0000000　ヒグマショウジ（カ

まいど
請求書よろしく

はいたしかに
受け取りました

このような証ひょうから仕訳を起こす問題についても学習していきます

商品の仕入先の
ひぐま商事から
の請求書
受け取ったこぐま
文具店の仕訳は？

仕訳？
商品を
仕入れ…？

答えはこうですね

正解です！

では請求書を
処理しますか

アレ？ない！
請求書がない！

では 学習
をはじめ
ましょう

（借）仕入 35,000　（貸）買掛金 35,000

① 伝票

● 伝票とは？

伝票とは、取引を一定の形式に従って記録する紙片のことです。一定の形式に印刷した紙片＝伝票に、取引の内容を記入して帳簿として用います。そして、取引を伝票に記入することを**起票**といいます。

売り上げて、お金が入ってくるからこの伝票に…

● 3伝票制

伝票にはいくつかの種類がありますが、3種類の伝票を使う方法を**3伝票制**といいます。日商簿記3級では3伝票制について学習していきます。

3伝票制では、入金取引には**入金伝票**、出金取引には**出金伝票**、それ以外の取引には**振替伝票**を用います。

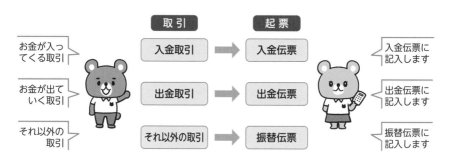

入金伝票の記入

入金取引とは現金の入金に関する取引のことです。現金の入金ということは、仕訳の借方の勘定科目はすべて現金となります。ですから、入金伝票の科目欄には、貸方の勘定科目のみ記入することになります。

では、次の例題で入金伝票の記入のしかたを学習していきましょう。

例題 9-1 **次の取引を入金伝票に記入しなさい。**

7月1日　しろくま商店にボールペン10ダースを¥3,000で売り上げ、代金は現金で受け取った。

・解答・

貸方の
勘定科目を → 記入

入　金　伝　票 ○年　7　月　1　日	
科　　目	金　　額
売　　上	3,000

・解説・　この取引を仕訳の形で示すと次のようになります。

資産 ⊕　　　　　　　　　収益 ⊕

7月1日　（借）現　　金　3,000　　　（貸）売　　上　3,000

これだけ
売り上げ
ました

入金伝票

ここを CHECK！

入金伝票では、借方の勘定科目は現金になることが前提になっています。ですから現金という勘定科目を示す必要がありません。

● 出金伝票の記入

　出金取引とは現金の出金に関する取引のことです。現金の出金ということは、仕訳の貸方の勘定科目はすべて現金となります。ですから、出金伝票の科目欄には、<u>借方の勘定科目のみ記入</u>することになります。

　続いて、次の例題で出金伝票の記入のしかたを学習していきましょう。

例題 9-2　次の取引を出金伝票に記入しなさい。

　7月10日　ひぐま商事からフェルトペン5ダースを¥2,000で仕入れ、代金は現金で支払った。

・解答・

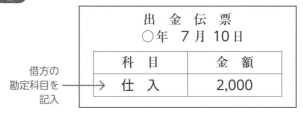

	出　金　伝　票　 ○年　7月10日	
	科　　目	金　　額
借方の 勘定科目を 記入　→	仕　入	2,000

・解説・　この取引を仕訳の形で示すと次のようになります。

		費用➕			資産➖	
7月10日	（借）仕	入	2,000	（貸）現	金	2,000

これだけ
仕入れま
した

出金伝票

|ここを| **CHECK !**

出金伝票では、貸方の勘定科目は現金になることが前提になっています。ですから現金という勘定科目を示す必要がありません。

● 振替伝票の記入

　振替伝票には、入金取引、出金取引以外の取引を記入します。振替伝票は、入金伝票や出金伝票とは違って、片方の勘定科目が決まっていません。ですから、仕訳と同じように借方と貸方の勘定科目と金額を記入する必要があります。

　では、次の例題で振替伝票の記入のしかたを学習していきましょう。

例題
9-3　**次の取引を振替伝票に記入しなさい。**

　7月15日　しろくま商店にフェルトペン3ダースを¥4,000で売り上げ、代金は掛けとした。

・解答・

	振　替　伝　票		
	○年　7月15日		
借方科目	金　額	貸方科目	金　額
売掛金	4,000	売　上	4,000

借方の
勘定科目を
記入

貸方の
勘定科目を
記入

・解説・　この取引を仕訳の形で示すと次のようになります。

　　　　　　　　　　　　　資産➕　　　　　　　　　　収益➕

| 7月15日 | （借）売　掛　金　4,000 | （貸）売　　　上　4,000 |

掛けで
売り上げ
ました

振替伝票

ここを CHECK!

振替伝票は、借方科目、貸方科目ともに記入する必要があります。

豆テスト Q⑤⑥：伝票式会計のなかで、入金伝票、出金伝票、振替伝票の3種類の伝票を使う方法は？

一部現金取引の記入

商品を仕入れ、代金の一部を現金で支払い、残額は掛けとするなど、取引のなかには現金取引とそれ以外の取引にまたがる取引（一部現金取引）があります。

代金の一部
は現金で。
あとは掛けで
お願いします

かしこまりました

このような一部現金取引の伝票の記入方法には、次の2つの方法があります。たとえば、商品¥3,000を仕入れ、代金のうち¥1,000を現金で支払い、残額を掛けとするケースで考えていきます。

費用 ➕

資産 ➖

（借）仕　　　入　3,000　（貸）現　　　金　1,000
　　　　　　　　　　　　　　　買　掛　金　2,000

負債 ➕

①取引を分割して記入する方法

取引を現金取引とそれ以外の取引に分けて起票します。上のケースでは、現金仕入と掛け仕入とに分けて伝票に記入します。

| 分割して
起票 | ➡ | （借）仕　　　入　1,000　（貸）現　　　金　1,000 | ➡ | 出金伝票 |
| ➡ | （借）仕　　　入　2,000　（貸）買　掛　金　2,000 | ➡ | 振替伝票 |

出　金　伝　票	
○年　○月　○日	
科　目	金　額
仕　　入	1,000

振　替　伝　票			
○年　○月　○日			
借方科目	金　額	貸方科目	金　額
仕　　入	2,000	買掛金	2,000

 A Q56 の答え：3伝票制　3伝票制では、入金取引には入金伝票、出金取引には出金伝票、それ以外の取引には振替伝票を用いる。

②取引を仮定して記入する方法

　前ページのケースの取引をいったん全額掛けで仕入れたと仮定して、そして掛け代金の一部を現金で支払ったものとして伝票に記入する方法です。

| 全額掛け仕入と仮定 | ➡ | （借）仕　　　入　3,000　（貸）買　掛　金　3,000 | ➡ | 振替伝票 |

| 次に掛け代金の一部を現金で支払う | ➡ | （借）買　掛　金　1,000　（貸）現　　　金　1,000 | ➡ | 出金伝票 |

振　替　伝　票
○年　○月　○日

借方科目	金　額	貸方科目	金　額
仕　入	3,000	買掛金	3,000

出　金　伝　票
○年　○月　○日

科　目	金　額
買掛金	1,000

② 伝票の集計

● 仕訳日計表

　伝票に記入したら、伝票から総勘定元帳に転記していきます。伝票を総勘定元帳へ個別に直接転記する方法もありますが、取引量が多くなると手間がかかり、転記のミスも生じやすくなります。そこで、**仕訳日計表**を使って集計する方法が一般的に用いられます。仕訳日計表は1日ごとに各勘定科目の取引合計金額を集計する表です。そして仕訳日計表から総勘定元帳に転記をしていきます。

| 伝　票 | ⟶ | 仕訳日計表 | ⟶ | 総勘定元帳 |

　なお、1週間分の伝票を集計した表を仕訳週計表といいます。

豆テスト　**Q❺❼**：次の取引を記入する伝票は？（3伝票制）
商品¥1,000を売り上げ、代金は現金で受け取った。

仕訳日計表を利用することによって、集計ミスや転記ミスを防ぐことができます

仕訳日計表の作成

伝票を仕訳日計表に集計し、各勘定科目の貸借の合計金額の一致を確認したあとに、総勘定元帳へ転記していきます。

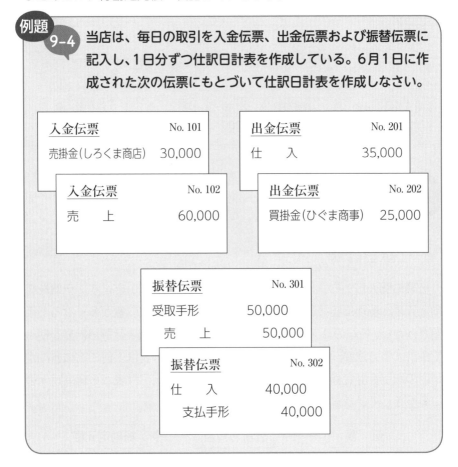

例題9-4 当店は、毎日の取引を入金伝票、出金伝票および振替伝票に記入し、1日分ずつ仕訳日計表を作成している。6月1日に作成された次の伝票にもとづいて仕訳日計表を作成しなさい。

入金伝票		No. 101
売掛金(しろくま商店)		30,000

出金伝票		No. 201
仕　　入		35,000

入金伝票		No. 102
売　　上		60,000

出金伝票		No. 202
買掛金(ひぐま商事)		25,000

振替伝票		No. 301
受取手形	50,000	
売　　上		50,000

振替伝票		No. 302
仕　　入	40,000	
支払手形		40,000

・解 答・

仕 訳 日 計 表

○年6月1日　　　　　　　12

借　方	元丁	勘定科目	元丁	貸　方
90,000		現　　金		60,000
50,000		受 取 手 形		
		売 掛 金		30,000
		支 払 手 形		40,000
25,000		買 掛 金		
		売　　上		110,000
75,000		仕　　入		
240,000				240,000

借方 90,000：30,000＋60,000
貸方 60,000：35,000＋25,000
借方 75,000：35,000＋40,000
貸方 110,000：60,000＋50,000

・解 説・　各伝票の仕訳を示すと次のようになります。

〈入金伝票の仕訳〉

No.101	（借）現	金	30,000	（貸）売掛金・しろくま商店	30,000
No.102	（借）現	金	60,000	（貸）売	上	60,000

〈出金伝票の仕訳〉

No.201	（借）仕	入	35,000	（貸）現	金	35,000
No.202	（借）買掛金・ひぐま商事	25,000	（貸）現	金	25,000

〈振替伝票の仕訳〉

No.301	（借）受 取 手 形	50,000	（貸）売	上	50,000
No.302	（借）仕	入	40,000	（貸）支 払 手 形	40,000

　各伝票の記入内容から仕訳をすべて書き出して、勘定科目ごとに集計して作成できますが、次のように一括して計算して作成をする方法もあります。
①入金伝票の合計金額を現金勘定の借方に記入
②出金伝票の合計金額を現金勘定の貸方に記入
③入金伝票・出金伝票の相手勘定と、振替伝票の各勘定を合計して記入

 Q⁵⁸：次の取引を記入する伝票は？（3伝票制）
商品¥1,000を仕入れ、代金は現金で支払った。

総勘定元帳への転記

　仕訳日計表を作成したら、つづいて各勘定科目の金額を総勘定元帳に転記していきます。【例題9-4】の仕訳日計表から総勘定元帳への転記の場合、たとえば現金勘定への転記は次のようになります。

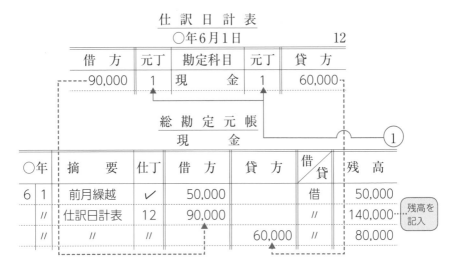

　総勘定元帳の摘要欄には「仕訳日計表」と記入し、仕丁欄には仕訳日計表のページ数（上の例では「12」）を記入します。また、仕訳日計表の元丁欄には総勘定元帳の番号（各勘定の番号、上の例では「1」）を記入します。

　なお、上の総勘定元帳は47ページで学習した残高式の総勘定元帳です。

売掛金元帳・買掛金元帳への転記

　第4章（102ページ）で学習した売掛金元帳や買掛金元帳などの補助元帳が設けられている場合は、伝票から個別に直接転記していきます。

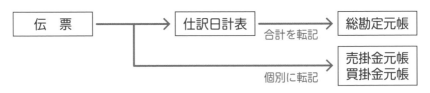

【例題9-4】の伝票から売掛金元帳（しろくま商店）に記入すると次のようになります。

〈入金伝票の仕訳〉

No.101　（借）現　　金　30,000　（貸）売掛金・しろくま商店　30,000

売　掛　金　元　帳
しろくま商店

○年		摘　　要	仕丁	借　方	貸　方	借/貸	残　高
6	1	前月繰越	✓	80,000		借	80,000
	〃	入金伝票	101		30,000	〃	50,000

商店ごとに伝票から直接記入し、売掛金元帳や買掛金元帳の摘要欄には伝票名を、仕丁欄には伝票番号を記入します。

③ 証ひょう

証ひょうとは

証ひょうとは、納品書や領収書、請求書、契約書など、取引の事実を証明する根拠になる書類のことです。

領収書に、
請求書、納品書…
書類がいっぱい〜

ちゃんと整理して、
処理しなければ
いけませんね

Q 59 ：次の取引を記入する伝票は？（3伝票制）
商品¥1,000を仕入れ、代金は掛けとした。

- **納品書**…商品（品物）の納入時に提出する書類。納品の明細が記入されている。
- **領収書**…代金を受領したことを記した書類。
- **請求書**…代金の支払いなどを請求するための書類。

● 証ひょうからの記帳

　ここでは、領収書や請求書などの具体的な証ひょうから仕訳を起こす問題について学習していきます。

例題 9-5　次の証ひょうにもとづいて、必要な仕訳をしなさい。

　商品を仕入れ、品物とともに次の請求書を受け取り、代金は後日支払うことにした。なお、こぐま文具店は消費税は税抜方式で記帳している（消費税の税率は10％）。

請　求　書

株式会社こぐま文具店　御中

ひぐま商事株式会社

品　　物	数　量	単　価	金　額
ボールペン（20個入りケース）	10	2,000	¥20,000
サインペン（20個入りケース）	20	2,500	¥50,000
		消費税	¥7,000
		合　計	¥77,000

○年8月31日までに合計額を下記口座にお振込みください。
森の銀行△△支店　普通　0000000　ヒグマショウジ（カ

・解　答・

	費用⊕			負債⊕	
（借）仕	入	70,000	（貸）買 掛 金	77,000
仮払消費税		7,000		

資産⊕

•解説• 消費税は税抜方式で記帳しているので、支払った消費税を<u>仕入</u>に含めず、本体価格 (¥20,000＋¥50,000＝¥70,000) で計上します。また、支払った消費税は**仮払消費税勘定の借方**に記入します。

ここを CHECK !

消費税の処理を忘れた人は、第8章 (200ページ) に戻って確認しましょう。

例題 9-6 次の証ひょうにもとづいて、必要な仕訳をしなさい。

事務作業などの業務に使用するための物品を購入し、品物とともに次の請求書を受け取り、代金は後日支払うことにした。

請 求 書

株式会社こぐま文具店　御中

森の電器株式会社

品　物	数　量	単　価	金　額
コピー用紙 (500枚入)	10	500	¥5,000
デスクトップパソコン (PC 000)	1	250,000	¥250,000
		合　計	¥255,000

○年10月31日までに合計額を下記口座にお振込みください。
森の銀行△△支店　普通　0000000　モリノデンキ (カ

•解答•

費用➕　　　　　　　　　　負債➕

(借) 消 耗 品 費　　　5,000　　(貸) 未 払 金　255,000
　　　備　　　品　　250,000

資産➕

•解説• コピー用紙は消耗品なので、**消耗品費勘定**で処理します。また、デスクトップパソコンは**備品勘定**で処理します。そして、商品以外のものを購入し、代金は後払いなので、合計金額は**未払金勘定**で処理します。

ここを CHECK !

文房具やコピー用紙などすぐに使ってなくなってしまうものを消耗品といい、消耗品費勘定 (費用) で処理します。

豆テスト Q ⑥：1日分の伝票を集計した表を何という？

次の証ひょうにもとづいて、必要な仕訳をしなさい。

出張から戻った従業員から次の領収書および報告書が提出された。また、かねて概算払いしていた¥15,000との差額を現金で受け取った。なお、1回¥5,000以下の電車賃は領収書の提出を不要としている。

領収書

○○○○　様

宿泊費　シングル1名
領収金額：¥8,000－

この度はご宿泊いただき
誠にありがとうございました。

森のホテル

旅費交通費等支払報告書

移動先等	手段等	領収書	金　額
○○駅	電車	無	¥1,500
森のホテル	宿泊	有	¥8,000
帰社	電車	無	¥1,500
	合　計		¥11,000

・解答・

費用⊕

資産⊖

（借）旅費交通費　11,000　　（貸）仮　払　金　15,000
　　　現　　金　4,000

資産⊕

・解説・　提出された報告書の合計金額¥11,000が旅費交通費となります。概算払いしていた¥15,000円は**仮払金勘定**で処理しているので、¥11,000を**旅費交通費勘定**に振り替えます。差額（¥15,000－¥11,000＝¥4,000）は現金で受け取っているので、**現金勘定の借方**に記入します。

ここを CHECK！

仮払金の処理を忘れた人は、第6章（155ページ）に戻って確認しましょう。

次の証ひょうにもとづいて、必要な仕訳をしなさい。

次の納付書にもとづき、普通預金口座から振り込んだ。

豆
テスト
A　Q60の答え：仕訳日計表　仕訳日計表は1日分の伝票を集計した表。なお、1週間分の伝票を集計した表は仕訳週計表という。

234

領 収 証 書

科目		
法人税		

			納期等	X10401
本　税		¥150,000	の区分	X20331
○○税				
○○税			中間	確定
○○税			申告	申告
合計額		¥150,000		

住所	森の市○○1−1
氏名	株式会社こぐま文具店

出納印
X2.5.30
森の銀行

・解答・

　　　負債⚫ ‥‥‥　　　　　　　　　　　資産⚫ ‥‥‥

（借）未払法人税等	150,000	（貸）普通預金	150,000

・解説・　左上の科目欄に「法人税」とあり、右側の確定申告に○がついているので、¥150,000は法人税の確定申告・納付額であることがわかります。決算において、当期の法人税等の金額が確定したときは、**法人税、住民税及び事業税**を計上し、確定した金額と仮払法人税等の金額との差額は、未払法人税等勘定で処理しています。例題9-8は、計上していた**未払法人税等**を普通預金口座から納付した処理なので、**未払法人税等勘定の借方**に記入します。

> 【ここを CHECK！】
> 法人税等の処理を忘れた人は、第8章（196ページ）に戻って確認しましょう。

例題 9-9 次の証ひょうにもとづいて、各取引日において必要な仕訳をしなさい。

　取引銀行のインターネットバンキングサービスの普通預金口座のWEB通帳（入出金明細）は次のとおりであった。なお、ひぐま商事株式会社としろくま商店株式会社は、それぞれ当社の商品の取引先であり、商品売買はすべて掛けとしている。

Q 61：取引の事実を証明する根拠となる書類を何という？

入出金明細

日付	内　容	出金金額	入金金額	取引残高
9.15	ATM入金		300,000	省
9.18	振込　シロクマショウテン（カ		124,500	
9.20	振込　ヒグマショウジ（カ	250,000		略

※9月18日の入金は、当店負担の振込手数料¥500が差し引かれたものである。

・解答・

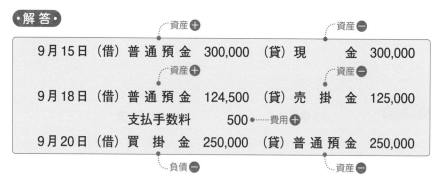

9月15日　（借）普通預金　300,000　（貸）現　　　金　300,000

9月18日　（借）普通預金　124,500　（貸）売　掛　金　125,000

　　　　　　　　支払手数料　　　500・‥‥‥費用➕

9月20日　（借）買　掛　金　250,000　（貸）普通預金　250,000

・解説・　　9月15日は「ATM入金」となっているので、現金を普通預金に預け入れる処理になります。

　9月18日の入金はしろくま商店からの振込みなので、**売掛金**の回収であることがわかります。当店負担の振込手数料¥500が差し引かれているので、売掛金の金額は¥124,500＋¥500＝¥125,000となります。また、振込手数料は**支払手数料勘定**（費用）で処理します。

　9月20日の出金はひぐま商事への振込みなので、**買掛金**の支払いであることがわかります。

ワンポイント Q&A　ICカードの処理は？

ICカードを用いて交通機関を利用する場合は、ICカードに入金（チャージ）したときに旅費交通費勘定（費用）で処理するか、仮払金勘定（資産）で処理します。入金時に旅費交通費勘定で処理した場合は、交通機関に乗ったときには「仕訳なし」となります。仮払金勘定で処理した場合は、交通機関に乗ったときに仮払金勘定から旅費交通費勘定に振り替えます。

豆テスト　A　Q61 の答え：証ひょう　証ひょうには、納品書や領収書、請求書などがある。

この章の まとめ

この ルール を理解しよう！

P222〜227参照

● **3伝票制** 入金取引を記入→入金伝票 出金取引を記入→出金伝票

それ以外の取引を記入→振替伝票

● 一部現金取引の記入 ①取引を分割して記入する方法

②取引を仮定して記入する方法

● 仕訳日計表→1日分の伝票を集計した表

第 **9** 章

伝票・証ひょう

ここでちょっと 復習＆確認

第3章以降で日常の取引について学習してきましたが、ここで、第2章で触れた簿記一巡の手続きについて復習、確認しておきましょう。

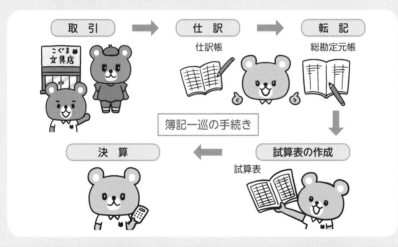

取引を仕訳するところから始まって決算で終わる、この手続きを簿記一巡の手続きといいます。この流れのなかの「試算表の作成」について、次の章で学習していきます。

☑ 理解度チェック問題

1 伝票① 解答＆解説 ➡P242

次の取引を①、②の２つの方法により、各伝票に記入しなさい。なお、空欄に適当な各伝票の名称、勘定科目、金額を記入すること。

　3月 5日　商品¥10,000 を売り上げ、代金のうち、¥2,000 は現金で受け取り、残額は掛けとした。

①

（　　　　）伝　票
○年3月5日
（　　　　）　2,000

振　替　伝　票
○年3月5日
売掛金　8,000　（　　　）　8,000

②

（　　　　）伝　票
○年3月5日
（　　　　）　2,000

振　替　伝　票
○年3月5日
売掛金　10,000　（　　　）10,000

2 伝票② 解答＆解説 ➡P242

次の伝票はある１つの取引について作成（3伝票制）されたものである。これらの伝票から取引を推定して仕訳を行いなさい。

振　替　伝　票
○年○月○日
仕　入　50,000　　買掛金　50,000

出　金　伝　票
○年○月○日
買掛金　10,000

借　　　方		貸　　　方	

3 伝票の集計　解答＆解説 ➡ P243・244

杉並商店は、毎日の取引を入金伝票、出金伝票および振替伝票に記入し、1日分ずつ仕訳日計表を作成し、仕訳日計表から各関係元帳に記入している。杉並商店の9月1日の取引について作成された次の伝票にもとづいて(1)仕訳日計表を作成し、(2)総勘定元帳に転記しなさい。

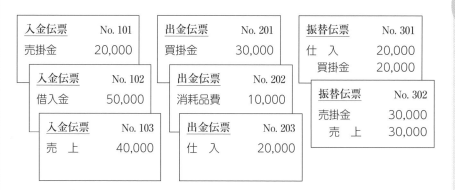

(1)

仕　訳　日　計　表
○年9月1日　　　　　　　20

借　　方	元丁	勘定科目	元丁	貸　　方
		現　　　　金		
		売　掛　金		
		買　掛　金		
		借　入　金		
		売　　　　上		
		仕　　　　入		
		消　耗　品　費		

(2)

総 勘 定 元 帳

現 金　　　　　1

○年	摘　　要	仕丁	借　方	貸　方	借/貸	残　高
9	1	前 月 繰 越	✓	30,000		借	30,000

買 掛 金　　　　　10

○年	摘　　要	仕丁	借　方	貸　方	借/貸	残　高
9	1	前 月 繰 越	✓		60,000	貸	60,000

4　証ひょう　解答＆解説➡P244

次の各証ひょうにもとづいて、必要な仕訳をしなさい。なお、勘定科目は□□□□□の中から最も適当と思われるものを選ぶこと。

①商品を仕入れ、品物とともに次の請求書を受け取り、代金は後日支払うことにした。なお、消費税は税抜方式で記帳している（消費税の税率は10％）。

請 求 書

板橋商店株式会社　御中

中野商店株式会社

品　　物	数　量	単　価	金　額
A商品（10個入りケース）	15	2,000	¥30,000
B商品（10個入りケース）	10	5,000	¥50,000
		消費税	¥8,000
		合　計	¥88,000

○年5月31日までに合計額を下記口座にお振込みください。
森の銀行△△支店　普通　0000000　ナカノ ショウテン（カ

勘定科目：仮払消費税、仮受消費税、未払消費税、買掛金、仕入

②次の納付書にもとづき、普通預金口座から振り込んだ。

<table>
<tr><td colspan="5" align="center">領 収 証 書</td></tr>
<tr><td rowspan="2">科目
法人税</td><td>本　税</td><td>¥200,000</td><td colspan="2">納期等　X10401</td></tr>
<tr><td>○○税</td><td></td><td colspan="2">の区分　X20331</td></tr>
<tr><td></td><td>○○税</td><td></td><td rowspan="2">中間
申告</td><td>確定
申告</td></tr>
<tr><td></td><td>合計額</td><td>¥200,000</td><td></td></tr>
<tr><td>住所</td><td colspan="2">東京都千代田区○○</td><td colspan="2" rowspan="2">出納印
00.00.00
△△銀行</td></tr>
<tr><td>氏名</td><td colspan="2">千代田商店株式会社</td></tr>
</table>

勘定科目：普通預金、仮払法人税等、租税公課

③取引銀行のインターネットバンキングサービスの普通預金口座のWEB通帳（入出金明細）は次のとおりであった。この入出金明細にもとづいて各取引日において必要な仕訳をしなさい。なお、目黒商店株式会社と杉並商店株式会社は、それぞれ当社の商品の取引先であり、商品売買はすべて掛けとしている。

入出金明細

日付	内　容	出金金額	入金金額	取引残高
7.12	ATM入金		320,000	省
7.20	振込　メグロショウテン（カ	180,000		
7.28	振込　スギナミショウテン（カ		199,500	略

※7月28日の入金は、当店負担の振込手数料¥500が差し引かれたものである。

勘定科目：現金、普通預金、売掛金、買掛金、支払手数料

		借　　方	貸　　方
①			
②			
③	7.12		
	7.20		
	7.28		

☑ 解答&解説

1 伝票① 参照 ➡ P226・227

①

（ 入 金 ）伝 票
○年3月5日
（ 売　上 ） 2,000

振 替 伝 票	
○年3月5日	
売掛金　8,000	（ 売　上 ） 8,000

②

（ 入 金 ）伝 票
○年3月5日
（ 売掛金 ） 2,000

振 替 伝 票	
○年3月5日	
売掛金　10,000	（ 売　上 ）10,000

①は、振替伝票に売掛金8,000と記入されているので、**取引を分割して記入する方法**であることがわかります。仕訳を示すと次のようになります。

（借）売　掛　金　8,000　　（貸）売　　　上　8,000　→ 振替伝票
（借）現　　　金　2,000　　（貸）売　　　上　2,000　→ 入金伝票

②は、振替伝票に売掛金10,000と記入されているので、**掛け取引と仮定する方法**であることがわかります。仕訳を示すと次のようになります。

（借）売　掛　金　10,000　　（貸）売　　　上　10,000　→ 振替伝票
（借）現　　　金　2,000　　（貸）売　掛　金　2,000　→ 入金伝票

なお、①も②も現金を受け取っているので、伝票名は入金伝票です。

> **ワンポイントアドバイス**
> 伝票の問題は、いったん仕訳を行ってから、伝票に記入するようにしましょう

2 伝票② 参照 ➡ P226・227

借　　方		貸　　方	
仕　　入	50,000	買　掛　金	40,000
		現　　金	10,000

「商品を¥50,000仕入れ、代金のうち¥10,000を現金で支払い、残額を掛けとした」という取引です。**いったん全額掛けで仕入れたと仮定**し、次に掛け代金の一部を現金で支払ったものとして伝票に記入する方法で起票してあります。

3 伝票の集計　　参照 ➡ P227〜230

(1)

仕 訳 日 計 表
○年9月1日　　　　　　　　　　20

借　方	元丁	勘定科目	元丁	貸　方
110,000	1	現　　　金	1	60,000
30,000		売　掛　金		20,000
30,000	10	買　掛　金	10	20,000
		借　入　金		50,000
		売　　　上		70,000
40,000		仕　　　入		
10,000		消 耗 品 費		
220,000				220,000

(2)

総 勘 定 元 帳
現　　　金　　　　　　　　　　1

○年		摘　　要	仕丁	借　方	貸　方	借/貸	残　高
9	1	前 月 繰 越	✓	30,000		借	30,000
	〃	仕訳日計表	20	110,000		〃	140,000
	〃	〃	〃		60,000	〃	80,000

買　掛　金　　　　　　　　　　10

○年		摘　　要	仕丁	借　方	貸　方	借/貸	残　高
9	1	前 月 繰 越	✓		60,000	貸	60,000
	〃	仕訳日計表	20	30,000		〃	30,000
	〃	〃	〃		20,000	〃	50,000

各伝票の仕訳を示すと次のようになります。

〈入金伝票の仕訳〉

No. 101	（借）現	金	20,000	（貸）売 掛 金	20,000
No. 102	（借）現	金	50,000	（貸）借 入 金	50,000
No. 103	（借）現	金	40,000	（貸）売　　上	40,000

〈出金伝票の仕訳〉

No. 201	（借）買　掛　金	30,000	（貸）現　　　金	30,000
No. 202	（借）消　耗　品　費	10,000	（貸）現　　　金	10,000
No. 203	（借）仕　　　入	20,000	（貸）現　　　金	20,000

〈振替伝票の仕訳〉

No. 301	（借）仕　　　入	20,000	（貸）買　掛　金	20,000
No. 302	（借）売　掛　金	30,000	（貸）売　　　上	30,000

4 証ひょう　参照 ➡ P231〜236

		借　　方		貸　　方	
①		仕　　入	80,000	買　掛　金	88,000
		仮 払 消 費 税	8,000		
②		仮 払 法 人 税 等	200,000	普　通　預　金	200,000
③	7.12	普　通　預　金	320,000	現　　金	320,000
	7.20	買　掛　金	180,000	普　通　預　金	180,000
	7.28	普　通　預　金	199,500	売　掛　金	200,000
		支 払 手 数 料	500		

①消費税は税抜方式で記帳しているので、支払った消費税を仕入に含めず、本体価格（¥30,000＋¥50,000＝¥80,000）で計上します。また、支払った消費税は**仮払消費税勘定の借方**に記入します。

②科目欄に「法人税」とあり、右側の中間申告に○がついているので、¥200,000は法人税の中間申告・納付額であることがわかります。中間申告で法人税等を普通預金口座から納付したので、**仮払法人税等勘定の借方**、**普通預金勘定の貸方**に記入します。

③7月12日　「ATM入金」となっているので、現金を普通預金に預け入れる処理になります。

7月20日　出金は目黒商店への振込みなので、**買掛金の支払い**であることがわかります。

7月28日　入金は杉並商店からの振込みなので、**売掛金の回収**であることがわかります。当店負担の振込手数料¥500が差し引かれているので、売掛金の金額は¥199,500＋¥500＝¥200,000となります。また、振込手数料は**支払手数料**勘定で処理します。

> **ワンポイントアドバイス**
> 各証ひょうの内容を
> しっかり読み取りま
> しょう

第10章

試算表

この章では、試算表について学習していきます。

❶ 試算表

次は試算表の勉強だね

試算表は総勘定元帳に転記する際にミスがなかったかをチェックするための表ですね

試算表ってどのようなもの？

総勘定元帳

↓

ミスがなかったかをチェック

↓

試　算　表

各勘定の金額を集計して作成

借方	勘定科目	貸方
×××	現　　金	
×××	売　掛　金	
	買　掛　金	×××
	⋮	
	売　　上	×××
×××	仕　　入	
×××		×××

貸借の合計金額が合っているかを確認

試算表には合計試算表・残高試算表・合計残高試算表の3種類があります

合計　残高

合計残高

3種類あるわけですね

試算表は各勘定の合計または残高を集計した一覧表だよ

えっどうしてここに？

ススの登場

総勘定元帳への転記が正しく行なわれたかを確かめることができるんだ

そうなんですか

試算表についてもしっかり学習しておきましょう

はいがんばります

突然やる気になる→

簿記の学習も終盤 心を入れかえて しっかり勉強しま～す

これが続くといいんですけど…

では 学習をはじめましょう

いつまで続くか…?

1 試算表

試算表とは？

　試算表とは、総勘定元帳の記入が正しく行われたかを確かめるために作成する計算表のことで、勘定の合計または残高を集計した一覧表です。月末、期末など必要に応じて作成されます。

試算表はミスがないか「試す」表ですね

　試算表には、**合計試算表**、**残高試算表**、**合計残高試算表**の３種類があります。

合計試算表

　合計試算表とは、各勘定の借方・貸方それぞれの合計を集計して作成する試算表です。合計試算表の借方合計金額と貸方合計金額は、必ず一致します。

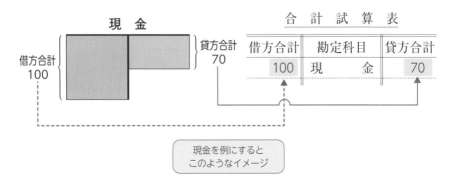

現金を例にするとこのようなイメージ

残高試算表

　残高試算表とは、各勘定の貸借の合計の差額、つまり残高を集計して作

成する試算表です。残高試算表の借方残高金額と貸方残高金額の合計は必ず一致します。

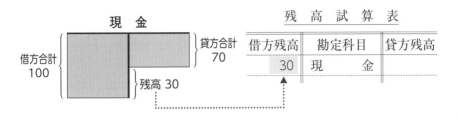

合計残高試算表

合計残高試算表とは、合計試算表と残高試算表を1つにまとめた試算表のことです。

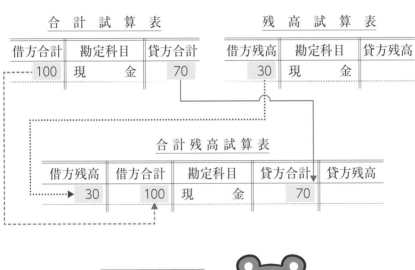

まずは3種類の
試算表があることを
押さえましょう

豆テスト **Q** 62 : 総勘定元帳の記入が正しく行われたかを確かめるために作成する計算表を何という？

試算表の作成

次の例題で試算表の作成について学習していきましょう。

次に示す各勘定にもとづいて、❶合計試算表、❷残高試算表、❸合計残高試算表を作成しなさい。

現　金

6/1	前月繰越	20,000	6/20	仕　　入	20,000
6/12	売　上	50,000	6/22	買掛金	10,000
6/25	売掛金	20,000			

売掛金

6/1	前月繰越	60,000	6/25	現　金	20,000
6/10	売　上	30,000			

買掛金

6/22	現　金	10,000	6/1	前月繰越	10,000
			6/15	仕　入	30,000

資本金

	6/1	前月繰越	50,000

繰越利益剰余金

	6/1	前月繰越	20,000

売　上

	6/10	売掛金	30,000
	6/12	現　金	50,000

仕　入

6/15	買掛金	30,000
6/20	現　金	20,000

・解答・

❶ 合計試算表

合 計 試 算 表

借方合計	勘定科目	貸方合計
90,000	現　　金	30,000
90,000	売　掛　金	20,000
10,000	買　掛　金	40,000
	資　本　金	50,000
	繰越利益剰余金	20,000
	売　　上	80,000
50,000	仕　　入	
240,000		**240,000**

20,000+50,000 +20,000 ·········→ 90,000（現金・借方）

20,000+10,000 ·········→ 30,000（現金・貸方）

60,000+30,000 ·········→ 10,000（買掛金・借方）

10,000+30,000 ·········→ 40,000（買掛金・貸方）

30,000+50,000 ·········→ 80,000（売上）

30,000+20,000 ·········→ 50,000（仕入）

↑ 合計金額は一致 ↑

借方合計金額と貸方合計金額が一致することを確認しましょう

❷ 残高試算表

残 高 試 算 表

借方残高	勘定科目	貸方残高
60,000	現　　金	
70,000	売　掛　金	
	買　掛　金	30,000
	資　本　金	50,000
	繰越利益剰余金	20,000
	売　　上	80,000
50,000	仕　　入	
180,000		**180,000**

20,000+50,000 +20,000 −（20,000+10,000） ·········→ 60,000（現金）

60,000+30,000 −20,000 ·········→ 70,000（売掛金）

10,000+30,000 −10,000 ·········→ 30,000（買掛金）

30,000+50,000 ·········→ 80,000（売上）

30,000+20,000 ·········→ 50,000（仕入）

↑ 合計金額は一致 ↑

借方残高金額の合計と貸方残高金額の合計が一致することを確認しましょう

第10章 試算表

豆テスト Q ❻❸：試算表の種類は？

251

❸合計残高試算表

合 計 残 高 試 算 表

借方残高	借方合計	勘定科目	貸方合計	貸方残高
60,000	90,000	現　　　金	30,000	
70,000	90,000	売　掛　金	20,000	
	10,000	買　掛　金	40,000	30,000
		資　本　金	50,000	50,000
		繰越利益剰余金	20,000	20,000
		売　　　上	80,000	80,000
50,000	50,000	仕　　　入		
180,000	240,000		240,000	180,000

合計金額は一致

合計残高試算表は、
合計試算表と残高試算表を
1つにまとめたものです

いま見てきたように試算表の借方と貸方の合計金額は必ず一致します。

試算表の借方と
貸方の合計金額は
一致するんですね

もし一致しなければ、
仕訳か転記をまちが
えているはずです

例題
10-2　次の❶合計試算表と❷諸取引にもとづいて、月末の合計残
高試算表を作成しなさい。なお、売上と仕入はすべて掛け
で行っている。

---

❶○年9月28日現在の合計試算表

合 計 試 算 表
○年9月28日

借方合計	勘定科目	貸方合計
100,000	現　　　金	30,000
200,000	当 座 預 金	150,000
50,000	受 取 手 形	20,000
80,000	売 　掛　 金	30,000
90,000	繰 越 商 品	
10,000	支 払 手 形	60,000
20,000	買 　掛　 金	70,000
	資 　本　 金	100,000
	繰越利益剰余金	50,000
10,000	売 　　　 上	250,000
180,000	仕 　　　 入	5,000
25,000	給 　　　 料	
765,000		765,000

❷○年9月29日から9月30日までの取引

9月29日　　売上：千代田商店　¥15,000　　　世田谷商店　¥20,000
　　　　　　仕入：練馬商店　　¥10,000　　　杉並商店　　　¥12,000
　　　　　　千代田商店に対する売掛金¥12,000を小切手で回収した。
　　　　　　練馬商店に対する買掛金¥15,000を現金で支払った。

9月30日　　売上：千代田商店　¥18,000
　　　　　　仕入：練馬商店　　　¥5,000
　　　　　　世田谷商店に対する売掛金¥10,000を現金で回収した。
　　　　　　杉並商店に対する買掛金¥10,000を約束手形を振り出し
　　　　　　て支払った。

第10章 ≫ 試算表

 Q⑥④：合計試算表とは？　また、残高試算表とは？

合 計 残 高 試 算 表
○年9月30日

借方残高	借方合計	勘定科目	貸方合計	貸方残高
77,000	122,000	現　　　金	45,000	
50,000	200,000	当 座 預 金	150,000	
30,000	50,000	受 取 手 形	20,000	
81,000	133,000	売 　掛 　金	52,000	
90,000	90,000	繰 越 商 品		
	10,000	支 払 手 形	70,000	60,000
	45,000	買 　掛 　金	97,000	52,000
		資 　本 　金	100,000	100,000
		繰越利益剰余金	50,000	50,000
	10,000	売　　　上	303,000	293,000
202,000	207,000	仕　　　入	5,000	
25,000	25,000	給　　　料		
555,000	892,000	金額が一致	892,000	555,000

取引のない勘定はそのまま記入

残高欄は借方と貸方の差額

金額が一致

金額が一致

・解 説・

①諸取引を仕訳します。

9月29日	①(借)売 掛 金	15,000	(貸)売　　上	15,000
	②(借)売 掛 金	20,000	(貸)売　　上	20,000
	③(借)仕　　入	10,000	(貸)買 掛 金	10,000
	④(借)仕　　入	12,000	(貸)買 掛 金	12,000
	⑤(借)現　　金	12,000	(貸)売 掛 金	12,000
	⑥(借)買 掛 金	15,000	(貸)現　　金	15,000
9月30日	⑦(借)売 掛 金	18,000	(貸)売　　上	18,000
	⑧(借)仕　　入	5,000	(貸)買 掛 金	5,000
	⑨(借)現　　金	10,000	(貸)売 掛 金	10,000
	⑩(借)買 掛 金	10,000	(貸)支 払 手 形	10,000

豆テスト **A** Q64 の答え：合計試算表は各勘定の借方・貸方それぞれの合計を集計した試算表。
残高試算表は各勘定の合計の差額（残高）を集計した試算表。

②各勘定を集計します。

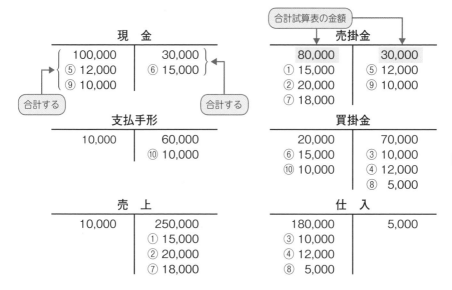

現　金

100,000	30,000
⑤ 12,000	⑥ 15,000
⑨ 10,000	

合計する　　　　　　　　合計する

合計試算表の金額

売掛金

80,000	30,000
① 15,000	⑤ 12,000
② 20,000	⑨ 10,000
⑦ 18,000	

支払手形

10,000	60,000
	⑩ 10,000

買掛金

20,000	70,000
⑥ 15,000	③ 10,000
⑩ 10,000	④ 12,000
	⑧ 5,000

売　上

10,000	250,000
	① 15,000
	② 20,000
	⑦ 18,000

仕　入

180,000	5,000
③ 10,000	
④ 12,000	
⑧ 5,000	

取引に出てくる勘定（T字型）を
作成して、合計試算表の金額と
取引の金額を記入しましょう

③合計残高試算表を作成します。

　貸借の合計欄の合計金額、貸借の残高欄の合計金額が一致することを確認します。

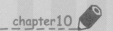

この 用語 を理解しよう！

P248・249参照

- ●総勘定元帳の記入が正しく行われたかを確かめるために作成する計算表
  →試算表
- ●試算表の種類→合計試算表、残高試算表、合計残高試算表

この 解答のプロセス を理解しよう！

P250〜255参照

- ●試算表の問題の解き方

  ステップ1 諸取引の仕訳
  ↓
  ステップ2 各勘定の集計
  ↓
  ステップ3 試算表の作成

よく理解できました

しっかり
確認しましょう

1 試算表　　解答＆解説 ➡ P259・260

次の (1) 合計試算表と (2) 諸取引にもとづいて、月末の合計残高試算表を
作成しなさい。

（1） ○年5月25日現在の合計試算表

合　計　試　算　表
○年5月25日

借方合計	勘定科目	貸方合計
60,000	現　　　金	25,000
70,000	当 座 預 金	30,000
50,000	受 取 手 形	10,000
135,000	売　掛　金	30,000
60,000	備　　　品	
15,000	支 払 手 形	45,000
15,000	買　掛　金	90,000
	資　本　金	100,000
	繰越利益剰余金	20,000
	売　　　上	170,000
100,000	仕　　　入	
15,000	給　　　料	
520,000		520,000

（2） ○年5月26日から5月31日までの諸取引

5月26日　売上：掛け（中野商店）¥40,000
　　　　　仕入：掛け（品川商店）¥30,000、掛け（江東商店）¥60,000
　27日　売上：現金¥10,000、掛け（港商店）¥25,000
　　　　　小切手振出し：買掛金支払（江東商店）¥20,000
　28日　当座預金の入金：売掛金回収（中野商店）¥40,000
　29日　仕入：掛け（品川商店）¥25,000

30日 手形受入：売掛金回収、港商店より¥35,000の約束手形を
受け取った。
手形振出し：買掛金支払、品川商店へ¥20,000の約束手形
を振り出した。
31日 27日に掛売りした商品に品違いがあったため、¥1,000の
売上戻りがあった。

合 計 残 高 試 算 表

○年 5 月 31 日

借方残高	借方合計	勘定科目	貸方合計	貸方残高
		現　　　金		
		当 座 預 金		
		受 取 手 形		
		売 　掛 　金		
		備　　　品		
		支 払 手 形		
		買 　掛 　金		
		資 　本 　金		
		繰越利益剰余金		
		売　　　上		
		仕　　　入		
		給 　　料		

☑ 解答&解説

1 試算表　　参照 ➡ P252〜255

合計残高試算表
○年5月31日

借方残高	借方合計	勘定科目	貸方合計	貸方残高
45,000	70,000	現　　　金	25,000	
60,000	110,000	当 座 預 金	50,000	
75,000	85,000	受 取 手 形	10,000	
94,000	200,000	売 　掛　 金	106,000	
60,000	60,000	備 　　　品		
	15,000	支 払 手 形	65,000	50,000
	55,000	買 　掛　 金	205,000	150,000
		資 　本　 金	100,000	100,000
		繰越利益剰余金	20,000	20,000
	1,000	売 　　　上	245,000	244,000
215,000	215,000	仕 　　　入		
15,000	15,000	給 　　　料		
564,000	826,000	金額が一致	826,000	564,000

金額が一致

ワンポイントアドバイス

借方の合計金額と貸方の合計金額が一致しているかどうかを確認しましょう

254・255ページからの①〜③の手順で、合計残高試算表を作成していきます。なお、仕訳を示すと次のようになります。

5月26日	（借）	売 掛 金	40,000	（貸）	売 上	40,000
	（借）	仕 入	90,000	（貸）	買 掛 金	30,000
					買 掛 金	60,000
27日	（借）	現 金	10,000	（貸）	売 上	35,000
		売 掛 金	25,000			
	（借）	買 掛 金	20,000	（貸）	当 座 預 金	20,000
28日	（借）	当 座 預 金	40,000	（貸）	売 掛 金	40,000
29日	（借）	仕 入	25,000	（貸）	買 掛 金	25,000
30日	（借）	受 取 手 形	35,000	（貸）	売 掛 金	35,000
	（借）	買 掛 金	20,000	（貸）	支 払 手 形	20,000
31日	（借）	売 上	1,000	（貸）	売 掛 金	1,000

次章からは
いよいよ決算の学習です

決算か！

がんばりましょう

第11章

決算① ～決算整理

決算は、期末に行う重要な手続きです。この章では、決算手続きの流れ、そして決算整理を中心に学習していきます。

① 決算

② 決算手続きの流れ

③ 決算整理

④ 決算整理―当座借越への振り替え

⑤ 決算整理―売上原価の計算

⑥ 決算整理―貸倒引当金

⑦ 決算整理―貯蔵品への振り替え

⑧ 決算整理―費用・収益の前払い・前受け

⑨ 決算整理―費用・収益の未払い・未収

⑩ 月次決算

いよいよ決算だね

重要なのでしっかり学習しましょう

マンガでチェック！ 決算・決算整理とは？

そろそろ年度末ですね

いよいよ決算（けっさん）の学習ですよ

決算大処分セール

こぐま文具店

決算セールっていうけど 決算って何だろう？

SALE

決算とは 会計期間における経営成績や期末における財政状態を明らかにするための手続きです

この2つを明らかにすることが簿記の目的であることは最初に学習しましたね

はいよく覚えていましたね

えへへ

決算はそういう手続きのことか

パチ パチ

決算は次のような流れで行います

| 総勘定元帳 | → | 試算表の作成 | → | 決算整理 |

↓

| 損益計算書・貸借対照表の作成 | 帳簿の締め切り |

決算はこんな流れで行うんだ

総勘定元帳から試算表の作成は勉強したけど 決算整理というのは？

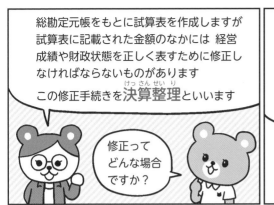

総勘定元帳をもとに試算表を作成しますが 試算表に記載された金額のなかには 経営成績や財政状態を正しく表すために修正しなければならないものがあります
この修正手続きを決算整理（けっさんせいり）といいます

修正ってどんな場合ですか？

たとえば 当期に計上するべきなのに まだ計上していないものがあったり 次期に計上するべきなのに すでに計上されてしまっていたりすることがあります

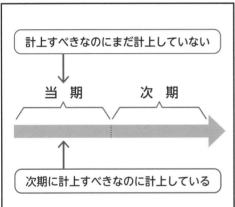

計上すべきなのにまだ計上していない

| 当　期 | 次　期 |

次期に計上すべきなのに計上している

このままでは正しい経営成績や財政状態を表すことができませんね

そうですから修正するわけですね

ただし修正手続きといっても特別なことをするわけではありません

これまでと同じように仕訳をするだけですよ

やはり仕訳なんですね

ところで何をはじめたんですか？

決算だから整理!!

在庫の整理も大事ですけど 簿記の決算整理は大丈夫ですか？

手伝います!

では 学習をはじめましょう

① 決算

● 決算とは？

決算とは、会計期間における**経営成績**や期末の**財政状態**を明らかにするための手続きです。これまでにも決算ということばが、何度か出てきましたが、会計期間ごとに勘定の記録を整理して、帳簿を締め切り、損益計算書と貸借対照表を作成する手続きのことをいいます。

そろそろ年度末…

いよいよ決算ですね

1年間でどれだけもうかったか計算しなきゃ

これまでも決算について、第2章ほかで軽く触れることがありましたが、これからくわしく学習していきましょう

● 決算日

会計期間の末日（期末）を決算日といいます。本書では会計期間を4月1日から翌年3月31日までとし、決算日を3月31日としています。

② 決算手続きの流れ

日常の手続きから決算の手続きまでの一連の流れを図にすると次のようになります。この流れをつかんでおきましょう。

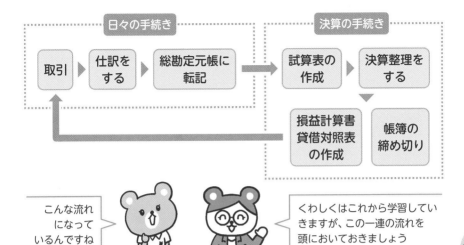

こんな流れになっているんですね

くわしくはこれから学習していきますが、この一連の流れを頭においておきましょう

③ 決算整理

決算整理とは？

決算にあたって、正しい経営成績と財政状態を示すために、各勘定を整理して、正しい金額を示すように修正する必要があります。この手続きを決算整理（けっさんせいり）といいます。そして、決算整理を行う事項を決算整理事項（けっさんせいりじこう）、決算整理に必要な仕訳を決算整理仕訳（けっさんせいりしわけ）といいます。

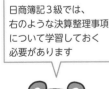

日商簿記3級では、右のような決算整理事項について学習しておく必要があります

簿記3級の決算整理事項

- 現金過不足の整理
- 売上原価の計算
- 貸倒引当金の計上
- 有形固定資産の減価償却
- 当座借越への振り替え
- 貯蔵品への振り替え
- 費用・収益の前払い・前受けと未払い・未収
- 法人税等の計上
- 消費税の納付額の計算

豆テスト Q ㊺：会計期間ごとに勘定の記録を整理して、帳簿を締め切り、貸借対照表と損益計算書を作成する手続きは？

このうち、現金過不足の整理、有形固定資産の減価償却、法人税等の計上、消費税の納付額の計算については下記の章で学習してきました。確認しておきましょう。

- 現金過不足の整理 → 第3章 P 59
- 有形固定資産の減価償却 → 第7章 P176
- 法人税等の計上 → 第8章 P196
- 消費税の納付額の計算 → 第8章 P201

この章では、これら以外の決算整理事項について学習していきます。

④ 決算整理—当座借越への振り替え

当座借越については第3章で学習しましたが、当座預金残高を超えて小切手を振り出しても、一定額までであれば銀行が立替え払いしてくれるものです。

決算において、当座預金勘定の貸方に残高がある場合、当座借越があることになります。

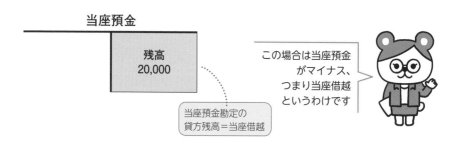

当座預金

残高
20,000

この場合は当座預金がマイナス、つまり当座借越というわけです

当座預金勘定の
貸方残高＝当座借越

この場合、**当座借越**勘定（負債）または**借入金**勘定（負債）に振り替える処理を行います。そして、次期の期首（翌期首）に、決算時の仕訳と逆の仕訳を行って、もとの勘定に振り替えます。この仕訳のことを**再振替仕訳**といいます。

例題
11-1 次の一連の取引を仕訳しなさい。

❶ 決算において、当座預金勘定の貸方残高が¥20,000となっているが、これは全額が当座借越によるものであるため、適切な勘定に振り替える。

❷ 期首において、当座借越勘定の残高¥20,000を適切な資産の勘定へ再振替仕訳を行った。

・解答・

資産➕　　　　　　　　　　　　　　負債➕

| ❶ | （借）当 座 預 金 | 20,000 | （貸）当座借越または借入金 | 20,000 |
| ❷ | （借）当座借越または借入金 | 20,000 | （貸）当 座 預 金 | 20,000 |

・解説・ ❶は当座預金勘定が貸方残高になっているので、当座借越勘定または借入金勘定に振り替えます。**当座預金勘定の借方**に記入するとともに、**当座借越勘定または借入金勘定の貸方**に記入します。

当座預金

| 20,000 | 残高 20,000 |

当座借越

| | 20,000 |

―――― 振り替える ――――

❷は❶の仕訳と逆の仕訳を行って、もとの勘定に振り替えます。

豆テスト Q⑯：決算にあたって、正しい経営成績と財政状態を示すために、各勘定を整理して、正しい金額を示すように修正する手続きは？

⑤ 決算整理—売上原価の計算

● 売上原価

　売上原価とは、当期に販売した商品の仕入原価のことをいいます。「もうけ」を確定するためには、販売した商品の売価に対応する商品の仕入原価を計算する必要があります。

　売上原価については、第4章の96・97ページで学習しましたが、ここで復習しましょう。

　売上原価は次のように計算します。

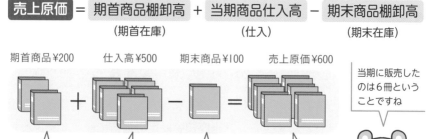

売上原価 =	期首商品棚卸高	+	当期商品仕入高	−	期末商品棚卸高
	（期首在庫）		（仕入）		（期末在庫）

期首商品¥200　仕入高¥500　期末商品¥100　売上原価¥600

当期に販売したのは6冊ということですね

前期末に1冊¥100のバインダーが2冊売れ残っている

1冊¥100のバインダーを5冊仕入れる

期末に1冊¥100のバインダーが1冊売れ残っている

すると売上原価は6冊、¥100×6冊＝¥600となる

● 売上原価を計算するための仕訳

　売上原価を計算するために仕訳を行う必要がありますが、**仕入勘定**で売上原価を計算する方法と新たに**売上原価勘定**を設けて計算する方法とがあります。

> ここを CHECK！
>
> 売上原価の計算については理解できても、売上原価を計算するための仕訳でつまずくことがあります。とても重要なところなので、しっかり理解しておきましょう。

まずは仕入勘定で売上原価を計算する方法について、前ページのバインダーの例で学習していきましょう。この方法は、次のSTEP 1、STEP 2の仕訳を行っていきます。

STEP・1

期首商品棚卸高を、繰越商品勘定から仕入勘定に振り替えます。

繰越商品勘定の前期繰越

（借）仕　　　入　200　　（貸）繰 越 商 品　200

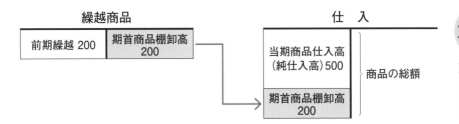

繰越商品

前期繰越 200	期首商品棚卸高 200

仕　入

| 当期商品仕入高（純仕入高）500 | 商品の総額 |
| 期首商品棚卸高 200 | |

STEP・2

期末商品棚卸高を仕入勘定から差し引いて、繰越商品勘定に振り替えます。

（借）繰 越 商 品　100　　（貸）仕　　　入　100

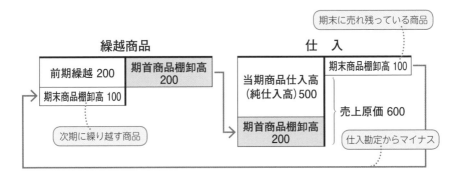

期末に売れ残っている商品

繰越商品

| 前期繰越 200 | 期首商品棚卸高 200 |
| 期末商品棚卸高 100 | |

次期に繰り越す商品

仕　入

| 当期商品仕入高（純仕入高）500 | 期末商品棚卸高 100 |
| 期首商品棚卸高 200 | 売上原価 600 |

仕入勘定からマイナス

豆テスト **Q** 67：〈仕訳問題〉決算において、当座預金勘定の貸方残高が¥30,000となっているが、これは全額が当座借越によるものであるため、適切な勘定に振り替える。

この仕訳が
大事なんですね

　続いて、売上原価勘定（費用）を別に設けて売上原価を計算する方法を学習していきましょう。次の3つのステップで仕訳を行っていきます。

STEP・1

期首商品棚卸高を、繰越商品勘定から売上原価勘定に振り替えます。

繰越商品勘定の前期繰越

（借）売 上 原 価　200　（貸）繰 越 商 品　200

繰越商品		売上原価	
前期繰越 200	期首商品棚卸高 200	期首商品棚卸高 200	

STEP・2

当期商品仕入高を仕入勘定から売上原価勘定へ振り替えます。

（借）売 上 原 価　500　（貸）仕　　　入　500

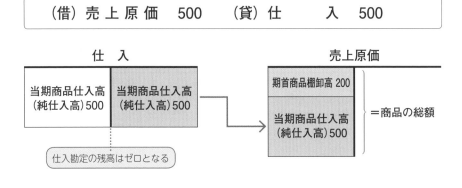

仕　入		売上原価	
当期商品仕入高（純仕入高）500	当期商品仕入高（純仕入高）500	期首商品棚卸高 200	＝商品の総額
		当期商品仕入高（純仕入高）500	

仕入勘定の残高はゼロとなる

Q67の答え：（借）当 座 預 金　30,000　（貸）当座借越または借入金　30,000

　期末商品棚卸高を売上原価勘定から差し引いて、繰越商品勘定に振り替えます。

（借）繰 越 商 品　　100　　　（貸）売 上 原 価　　100

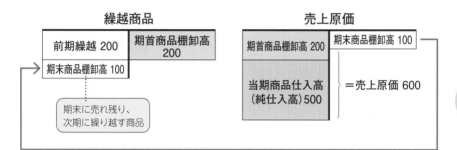

では、例題を使って学習していきましょう。

例題
11-2
決算にあたり、次の資料にもとづき、売上原価を計算するための仕訳をしなさい。なお、❶売上原価を仕入勘定で計算する方法、❷売上原価を売上原価勘定で計算する方法をそれぞれ示しなさい。

決算日　3月31日
期末商品棚卸高　¥30,000
勘定残高（決算整理前勘定残高一部）

繰越商品		仕　入	
4/1　前 期 繰 越 20,000		100,000	

テスト
Q 68：当期に販売した商品の仕入原価のことを何というか？

❶　（借）仕　　　　　入　20,000　　（貸）繰 越 商 品　20,000
　　（借）繰 越 商 品　30,000　　（貸）仕　　　　　入　30,000

❷　（借）売 上 原 価　20,000　　（貸）繰 越 商 品　20,000
　　（借）売 上 原 価　100,000　　（貸）仕　　　　　入　100,000
　　（借）繰 越 商 品　30,000　　（貸）売 上 原 価　30,000

・解 説・　❶仕入勘定で売上原価を計算する方法、❷売上原価勘定で売上原価を計算する方法、それぞれ勘定に記入、また図解すると次のようになります。

❶

	繰越商品				仕　入	
4/1 前期繰越 20,000	3/31 仕　　入 20,000				100,000	3/31 繰越商品 30,000
3/31 仕　　入 30,000				3/31 繰越商品 20,000		

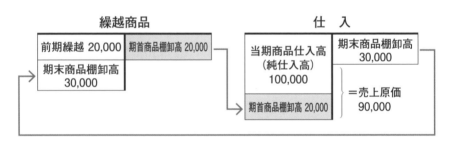

❷

	繰越商品			売上原価	
4/1 前期繰越 20,000	3/31 売上原価 20,000		3/31 繰越商品 20,000	3/31 繰越商品 30,000	
3/31 売上原価 30,000			3/31 仕　　入 100,000		

仕　入	
100,000	3/31 売上原価 100,000

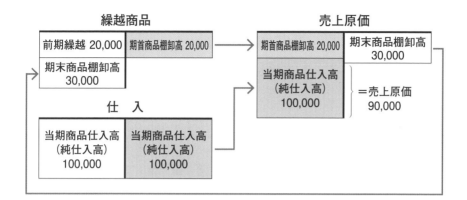

6 決算整理—貸倒引当金

貸倒れ

　得意先の倒産などによって、売掛金や受取手形などが回収できなくなることを**貸倒れ**といいます。

得意先が倒産…

この売掛金がもらえなくなってしまった…

困りましたね

　貸倒れが発生した場合には、**貸倒損失**勘定（費用）の**借方**に記入するとともに、貸倒れとなった売掛金が回収できないので、その勘定の**貸方**に記入して減少させます。

| （借）貸 倒 損 失 | ×××　　 | （貸）〔貸倒れの生じた債権〕 | ××× |

豆テスト **Q** 69：〈仕訳問題〉繰越商品勘定の前期繰越（期首商品棚卸高）が¥20,000、期末商品棚卸高が¥10,000である場合、売上原価を仕入勘定で計算する仕訳を示しなさい。

> **例題**
> **11-3** 次の取引について仕訳しなさい。
>
> 得意先のくろくま商店が倒産し、同店に対する売掛金¥50,000が貸倒れとなった。

・解答・

費用➕　　　　　　　　　　　　資産➖

（借）貸 倒 損 失　50,000　　（貸）売 掛 金　50,000

● 貸倒引当金とは？

貸倒れが発生すると思いがけない損失が生じます。そこで貸倒れが見込まれるときには、決算時にあらかじめ貸倒れしそうな金額を見積もって（設定して）費用として計上します。貸倒れに備えた準備額を**貸倒引当金**といいます。

● 貸倒引当金の計上

売上債権

決算において、受取手形や売掛金などについて、貸倒れが見込まれる場合には、その貸倒見積額を当期の費用として**貸倒引当金繰入**勘定（費用）の**借方**に記入します。そして、**貸倒引当金**勘定（資産のマイナス）の**貸方**に記入します。

資産をマイナスする勘定

（借）貸倒引当金繰入　×××　　（貸）貸倒引当金　×××

> **例題**
> **11-4** 次の取引について仕訳しなさい。
>
> 決算において、売掛金の期末残高¥30,000に対して2%の貸倒れを見積もり、貸倒引当金を設定する。

・解答・

費用⊕ .... 資産のマイナス

| （借）貸倒引当金繰入 | 600 | （貸）貸倒引当金 | 600 |

・解説・ 貸倒引当金繰入額は
次のように計算します。

　¥30,000 × 2% ＝ ¥600

> 貸倒引当金の設定率は、
> 検定試験では問題文に
> ○%というように指示
> があります

● 貸倒引当金が計上されている場合の貸倒れ 重要

　貸倒引当金が設定されている場合に、貸倒れが発生したときには次のように処理していきます。

| 期首 | 期末 | 貸倒れ発生 |

掛け取引を行う

決算

貸し倒れるかもしれないので
貸倒引当金を設定

貸し倒れてしまった。
残念…

①貸倒金額＜貸倒引当金残高

　貸倒れによる回収不能額よりも貸倒引当金残高が多い場合は、貸倒金額の全額を貸倒引当金で処理します。

| （借）貸倒引当金 | ××× | （貸）(貸倒れとなった債権) | ××× |

②貸倒金額＞貸倒引当金残高

　貸倒れによる回収不能額よりも貸倒引当金残高が少ない場合は、貸倒引当金だけでは不足するので、不足分は貸倒損失勘定で処理します。

| （借）貸倒引当金 | ××× | （貸）(貸倒れとなった債権) | ××× |
| 貸倒損失 | ××× | | |

豆テスト **Q** ⑦⓪：〈仕訳問題〉得意先栃木商店が倒産し、同店に対する売掛金¥10,000が貸倒れとなった。

では、次の例題で学習していきましょう。

例題 11-5 次の取引について仕訳しなさい。

　得意先のくろくま商店が倒産し、同店に対する売掛金¥60,000が回収不能となった。

❶ なお、貸倒引当金残高は¥80,000である。

❷ なお、貸倒引当金残高は¥40,000である。

・解答・

資産➖

❶	（借）貸倒引当金	60,000	（貸）売　掛　金	60,000
❷	（借）貸倒引当金	40,000	（貸）売　掛　金	60,000
	貸倒損失	20,000		

費用➕

資産➖

・解説・ ❶は貸倒れとなった金額（¥60,000）よりも貸倒引当金残高（¥80,000）が多いので、貸倒金額の全額を**貸倒引当金**で処理します。

ここを ▶ CHECK！

貸倒れとなった金額と貸倒引当金の残高がいくらなのかに注意しましょう。

❷は貸倒れとなった金額（¥60,000）よりも貸倒引当金残高（¥40,000）が少ないので、不足分（¥20,000）を**貸倒損失勘定**で処理します。

● 期末に貸倒引当金がある場合の貸倒引当金の設定 重要

　決算において、前期の期末に設定した貸倒引当金がまだ残っている場合があります。このような場合には、当期の設定額と期末の残高との差額だけ追加で貸倒引当金を計上します。この処理方法を**差額補充法**といいます。

　たとえば、当期に設定するべき貸倒引当金が¥1,000であったとします。貸倒引当金の残高が¥400である場合、当期の決算では、貸倒引当金の残高が¥1,000になるように、¥600（¥1,000－¥400）だけ貸倒引当金を追加で計上します。

豆テスト **A** Q⑳の答え：（借）貸倒損失　　10,000　　（貸）売　掛　金　　10,000

貸倒引当金

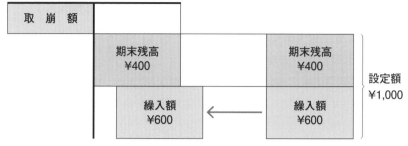

取 崩 額		
	期末残高 ¥400	期末残高 ¥400
	繰入額 ¥600	繰入額 ¥600

設定額 ¥1,000

（借）貸倒引当金繰入　×××　（貸）貸倒引当金　×××

設定額 － 貸倒引当金残高 ＝ 貸倒引当金繰入額

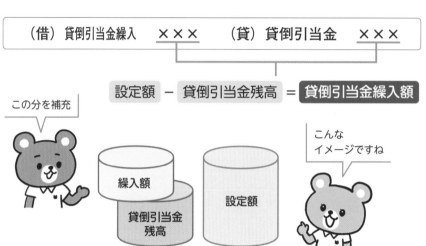

この分を補充

こんな イメージですね

繰入額

貸倒引当金 残高

設定額

では、次の例題で学習していきましょう。

例題

11-6　次の取引について仕訳しなさい。

　決算において、受取手形残高¥20,000と売掛金残高¥10,000に対して、2％の貸倒引当金を設定する。なお、貸倒引当金期末残高は¥300であった（差額補充法によること）。

・解　答・

費用⊕　　　　　　　　　　資産のマイナス

（借）貸倒引当金繰入　300　（貸）貸倒引当金　300

豆テスト **Q** ⑪：〈仕訳問題〉決算において、売掛金期末残高¥10,000に対し2％の貸倒れを見積もり、貸倒引当金を設定する。

・解 説・　設定額は、（¥20,000＋¥10,000）
×2％＝¥600となります。

繰入額は、設定額¥600－貸倒引当金残高
¥300＝¥300となります。

　なお、貸倒引当金の設定額が貸倒引当金の
残高よりも少ない場合は、設定額と残高の差額を貸倒引当金からマイナス
します。この場合、**貸倒引当金戻入**勘定（収益）で処理します。

| （借）貸倒引当金 | ××× | （貸）貸倒引当金戻入 | ××× |

貸倒引当金をマイナス

● 償却債権取立益

　前期以前に貸倒れとして処理してある債権を回収したときは、その回収
額を**償却債権取立益**勘定（収益）で処理します。

| （借）（現金など） | ××× | （貸）償却債権取立益 | ××× |

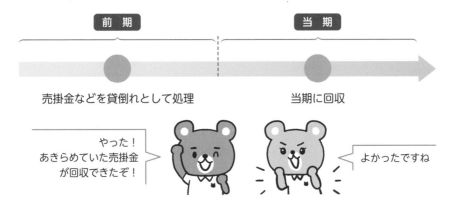

前期　　　　　　　　　当期

売掛金などを貸倒れとして処理　　　当期に回収

やった！
あきらめていた売掛金
が回収できたぞ！

よかったですね

前期に貸倒れとして処理した、たにまる商店に対する売掛金¥30,000
を、現金で回収した。

・解 答・

資産➕　　　　　　　　　　　　　　　収益➕

（借）現　　　金　30,000　　（貸）償却債権取立益　30,000

・解 説・　前期以前に貸倒れとして処理した債権を回収したときは、**償却債権取立益勘定**で処理します。

7 決算整理—貯蔵品への振り替え

　郵便切手や収入印紙などは購入時に費用として処理しますが、決算において未使用分がある場合、その未使用分を貯蔵品勘定（資産）に振り替える処理を行います。

　そして、次期の期首に、決算時の仕訳と逆の仕訳を行って、もとの勘定に振り替えます（再振替仕訳）。

使っていない切手が
たくさんあります

郵便切手や収入印紙は
換金性が高い資産です。
だから、決算で使って
いない分があれば、
それを貯蔵品として
資産にしておくわけです

豆
テスト Q 72：〈仕訳問題〉得意先群馬商店が倒産し、同店に対する売掛金¥1,000が貸倒れとなった。なお、貸倒引当金残高が¥2,000ある。

例題
11-8 次の一連の取引を仕訳しなさい。

❶ 郵便切手¥20,000を購入し、代金は現金で支払った。

❷ 決算において、未使用の郵便切手が¥10,000あった。

❸ 期首において、上記❷の郵便切手¥10,000について適切な費用
の勘定へ再振替仕訳を行った。

・解 答・

❶ （借）通 信 費 20,000 （貸）現 金 20,000
❷ （借）貯 蔵 品 10,000 （貸）通 信 費 10,000
❸ （借）通 信 費 10,000 （貸）貯 蔵 品 10,000

・解 説・ ❶は郵便切手を購入したので、**通信費勘定の借方**に記入します。

❷は未使用分の¥10,000を**貯蔵品勘定**に振り替えます。**通信費勘定の貸方**に記入するとともに、**貯蔵品勘定の借方**に記入します。

> ここを CHECK!
>
> 郵便切手は通信費勘定（費用）で、収入印紙は租税公課勘定（費用）で処理します。

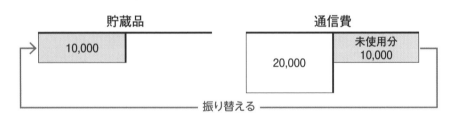

❸は❷の仕訳と逆の仕訳を行って、もとの勘定に振り替えます。

8 決算整理—費用・収益の前払い・前受け

● 前払い・前受けと未払い・未収とは？

　期中に費用や収益として記帳されているものでも、そのなかには次期以降のものが含まれていることがあります。反対に当期の費用や収益とするべきものが、その支払いや受取りがされていないので、記帳されていないことがあります。そのままでは正しく損益計算ができないので、決算のときに正しく区別する必要があります。

　そこで、期中に計上した費用・収益の中に、次期以降の費用・収益が含まれている場合は繰越処理を行います。
　また、当期の費用・収益であるのに、決算においてまだ計上されていない場合は、費用・収益を追加計上します。

● 費用の前払い

　当期に支払った費用のうち、次期以降の分が含まれているときには、これを当期の費用から除く必要があります。

Q⑦：〈仕訳問題〉決算につき、売掛金期末残高¥10,000に対して2%の貸倒引当金を設定する。なお、期末貸倒引当金残高は¥100であった（差額補充法によること）。

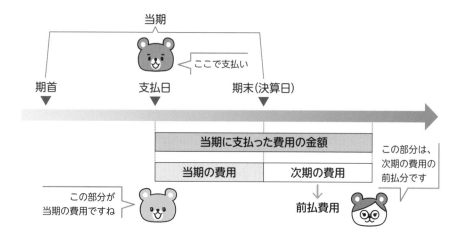

　費用として支払った金額のうち、次期以降の費用となる額（前払分）は、次のように**前払費用**勘定（資産）へ振り替えます。

次期にサービス等を受けられることを意味するので資産となる

前払保険料、前払家賃など　　　　　　　　　　　　　保険料、支払家賃など

たとえば保険料の場合、次のようになります。

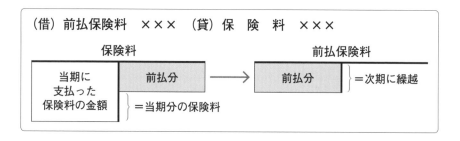

　次期に繰り越した前払費用は、次期の期首に、逆の仕訳を行って元の勘定に振り替えます（再振替仕訳）。

　保険料の例では、次のようになります。

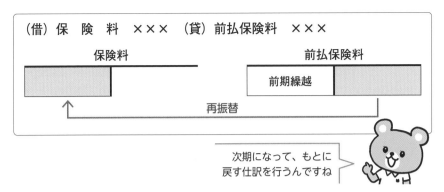

次期になって、もとに戻す仕訳を行うんですね

では、次の例題で確認しましょう。

例題 11-9 次の取引について仕訳しなさい（決算年1回、決算日3月31日）。

8月 1日 1年分の火災保険料¥24,000を現金で支払った。
3月31日 決算につき、当期8月1日に支払った保険料のうち、未経過分を前払処理する。
4月 1日 前期末の決算において前払処理した保険料を再振替する。

・解答・

費用➕ ··· 資産➖ ···

8月 1日	（借）保 険 料	24,000	（貸）現　　　金	24,000

資産➕ ··· 費用➖ ···

3月31日	（借）前払保険料	8,000	（貸）保 険 料	8,000
4月 1日	（借）保 険 料	8,000	（貸）前払保険料	8,000

逆の仕訳を行う

・解説・ 3月31日、8月1日に支払った保険料は1年分なので、決算時に未経過分（前払分）を前払保険料勘定へ振り替えます。未経過分は、次の図のように¥8,000（¥24,000÷12カ月×4カ月）となります。4月1日、次期に繰り越された前払保険料¥8,000について再振替仕訳を行います。

 Q⑦4：〈仕訳問題〉前期に貸倒れとして処理した得意先に対する売掛金¥10,000を現金で回収した。

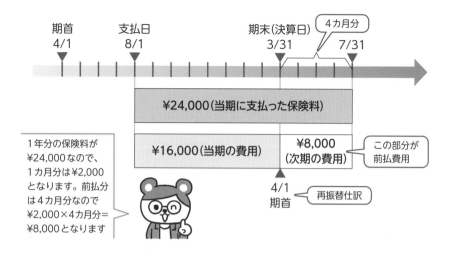

1年分の保険料が¥24,000なので、1カ月分は¥2,000となります。前払分は4カ月分なので¥2,000×4カ月分=¥8,000となります

収益の前受け

重要

当期に受け取った収益の金額に次期以降分が含まれているときには、これを当期の収益から除く必要があります。収益の前受けの処理も基本的には費用の場合と同様です。

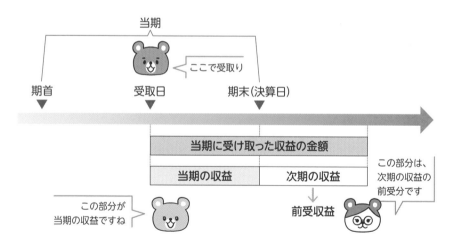

収益として受け取った金額のうち、次期以降の収益となる額（前受分）は、次のように前受収益勘定（負債）へ振り替えます。

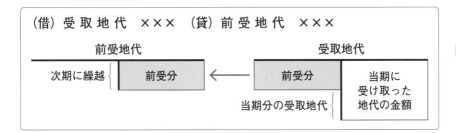

たとえば受取地代の場合、次のようになります。

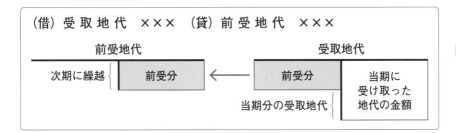

次期に繰り越した前受収益は、費用の場合と同じように、次期の期首に逆の仕訳を行って元の勘定に振り替えます（再振替仕訳）。

受取地代の例では、次のようになります。

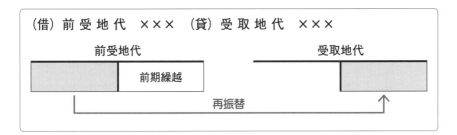

では、次の例題で確認してみましょう。

例題 11-10 次の取引について仕訳しなさい（決算年1回、決算日3月31日）。

7月 1日 1年分の地代¥600,000を現金で受け取った。
3月31日 決算につき、当期7月1日に受け取った地代のうち、未経過分を前受処理する。
4月 1日 前期末の決算において前受処理した地代を再振替する。

・解答・

資産➕　　　　　　　　　　　　　　　　収益➕

| 7月 1日 | （借）現 金 | 600,000 | （貸）受 取 地 代 | 600,000 |

収益➖　　　　　　　　　　　　　　　　負債➕

| 3月31日 | （借）受 取 地 代 | 150,000 | （貸）前 受 地 代 | 150,000 |
| 4月 1日 | （借）前 受 地 代 | 150,000 | （貸）受 取 地 代 | 150,000 |

逆の仕訳を行う

・解説・　3月31日、7月1日に受け取った地代は1年分なので、決算時に未経過分（前受分）を前受地代勘定へ振り替えます。未経過分は、次の図のように¥150,000（¥600,000÷12カ月×3カ月）となります。4月1日、次期に繰り越された前受地代¥150,000について再振替仕訳を行います。

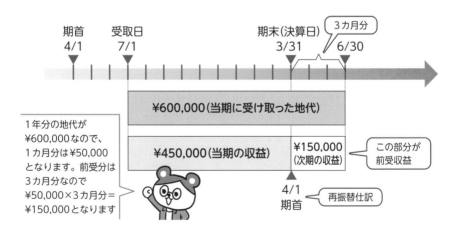

1年分の地代が¥600,000なので、1カ月分は¥50,000となります。前受分は3カ月分なので¥50,000×3カ月分＝¥150,000となります

❾ 決算整理 ― 費用・収益の未払い・未収

● 費用の未払い 重要

当期にすでに費用は発生しているが、実際には支払われていない費用がある場合、これを当期の費用とする必要があります。

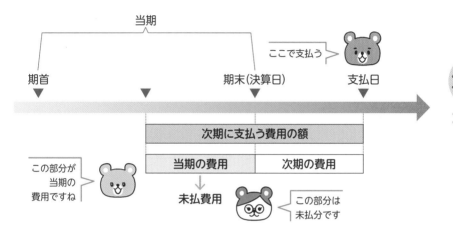

未計上の費用（未払分）は、次のように、その費用勘定の**借方**に記入するとともに、**未払費用**勘定（負債）の**貸方**に記入します。

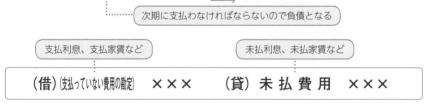

次期に支払わなければならないので負債となる

支払利息、支払家賃など　　　　　　　　未払利息、未払家賃など

（借）〔支払っていない費用の勘定〕　×××　　（貸）未 払 費 用　×××

たとえば支払利息の場合、次のようになります。

Q⑦：〈仕訳問題〉決算につき、当期の9月1日に支払った向こう1年分の保険料¥1,200のうち、未経過分を前払処理する（会計期間は4月1日〜3月31日）。

287

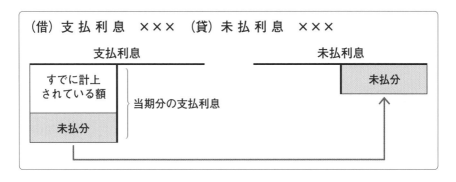

（借）支 払 利 息 ×××　（貸）未 払 利 息 ×××

支払利息

| すでに計上されている額 | |
| 未払分 | 当期分の支払利息 |

未払利息

| | 未払分 |

次期に繰り越した未払費用は、次期の期首に、逆の仕訳を行って元の勘定に振り替えます（再振替仕訳）。

支払利息の例では、次のようになります。

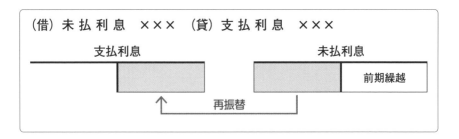

（借）未 払 利 息 ×××　（貸）支 払 利 息 ×××

支払利息

未払利息

| | 前期繰越 |

再振替

では、費用の未払いについて、次の例題で学習していきましょう。

例題 11-11　次の取引について仕訳しなさい（決算年1回、決算日3月31日）。

3月31日　決算に際し、当期の9月1日から1年契約で賃借している建物の家賃（1年分：¥720,000）の経過分（未払分）を未払処理する。なお、家賃は契約期間終了時に全額支払うことにしている。

4月 1日　前期末の決算において未払処理した未払家賃を再振替する。

・解答・

費用➕   負債➕

3月31日	（借）支払家賃	420,000	（貸）未払家賃	420,000
4 月 1 日	（借）未払家賃	420,000	（貸）支払家賃	420,000

・解説・ 3月31日、未払分の家賃は、決算時に当期分の支払家賃として計上します。未払分の家賃は図のように¥420,000（¥720,000÷12カ月×7カ月）となります。4月1日、次期に繰り越された未払家賃¥420,000について再振替仕訳を行います。

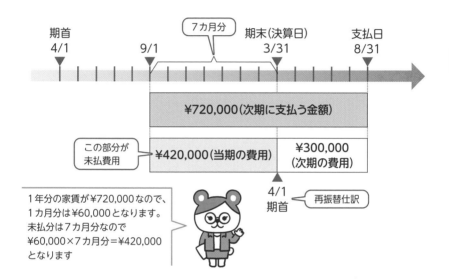

収益の未収

🔴 重要

当期にすでに収益が発生しているが、実際には受け取っていない場合は、その分を当期の収益とする必要があります。収益の未収の処理も基本的には費用の場合と同様です。

豆テスト Q⑰：〈仕訳問題〉（Q⑯の続き）前期末の決算において前払処理した前払保険料¥500を振り替えた。

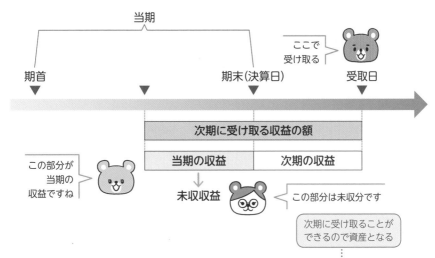

未計上となっている収益（未収分）は、次のように、**未収収益**勘定（資産）の**借方**に記入するとともに、収益の勘定の**貸方**に記入します。

たとえば受取利息の場合、次のようになります。

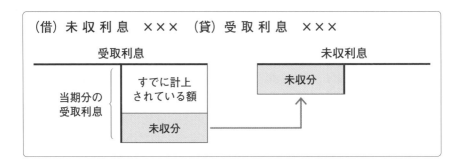

　次期に繰り越した未収収益は、次期の期首に、逆の仕訳を行って元の勘定に振り替えます（再振替仕訳）。

　受取利息の例では、次のようになります。

```
（借）受 取 利 息  ×××  （貸）未 収 利 息  ×××
```

受取利息	未収利息
	前期繰越

再振替

では、収益の未収について、次の例題で学習していきましょう。

例題 11-12 次の取引について仕訳しなさい（決算年1回、決算日3月31日）。

3月31日　決算に際し、利息の未収分を未収処理する。なお、利息は10月1日から貸し付けている貸付金から生じるもので、9月30日に1年分の利息¥30,000を受け取ることになっている。

4月 1日　前期末の決算において未収処理した未収利息を再振替する。

・解 答・

資産➕　　　　　　　　　　収益➕

3月31日	（借）未 収 利 息	15,000	（貸）受 取 利 息	15,000
4月 1日	（借）受 取 利 息	15,000	（貸）未 収 利 息	15,000

・解 説・　3月31日、未収分の利息は、決算時に当期分の受取利息として計上します。未収分の利息は、次の図のように¥15,000（¥30,000÷12カ月×6カ月）となります。4月1日、次期に繰り越された未収利息¥15,000について再振替仕訳を行います。

豆テスト Q78：〈仕訳問題〉決算につき、当期の9月1日に受け取った向こう1年分の地代¥24,000のうち、未経過分を前受処理する（会計期間は4月1日〜3月31日）。

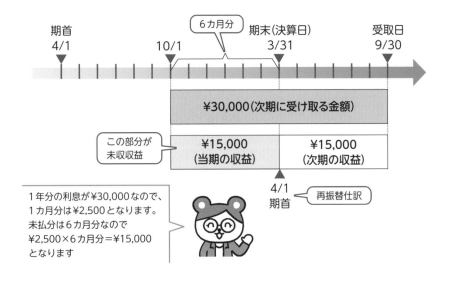

期首
4/1

10/1

6カ月分

期末(決算日)
3/31

受取日
9/30

¥30,000(次期に受け取る金額)

この部分が
未収収益

¥15,000
(当期の収益)

¥15,000
(次期の収益)

4/1
期首

再振替仕訳

1年分の利息が¥30,000なので、
1カ月分は¥2,500となります。
未払分は6カ月分なので
¥2,500×6カ月分=¥15,000
となります

ワンポイント Q&A

「前払い・前受けと未払い・未収」がよくわからない？

前払い・前受けと未払い・未収の問題の内容を簡単に図（タイムテーブル）にしてみましょう。

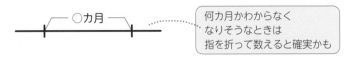

○カ月

何カ月かわからなく
なりそうなときは
指を折って数えると確実かも

図にしてみて、問われていることを理解します。そして、前払費用・前受収益、つまり前の文字がつく場合は、「前に」なので、該当する費用・収益からマイナスします。そして、未払費用・未収収益、未の文字がつく場合は、「未だ」なので、該当する費用・収益にプラスします。

ここまで決算整理仕訳について学習してきましたが、決算整理仕訳を反映させた試算表を決算整理後残高試算表といいます。

決算整理前
残高試算表

＋

決算整理

➡

決算整理後
残高試算表

⑩ 月次決算

● 月次決算とは

月次決算とは、1カ月に1回決算を行って、毎月の経営成績と財政状態を明らかにするための手続きです。これに対して、1年に1回決算を行うことを**年次決算**といいます。

3級では減価償却費の月割計上について学習します。

1カ月に1回
決算をすることが
あるんだなあ

月次決算です

例題
11-13 次の取引を仕訳しなさい。

月次決算に際して、建物（取得原価¥200,000、残存価額は取得原価の10％、耐用年数20年、記帳方法は間接法）について、定額法により減価償却費を見積もり、月割計上する。

・解答・

費用➕　　　　　　　　　　資産のマイナス

（借）減価償却費　　750　　（貸）建物減価償却累計額　　750

・解説・ 1カ月分の減価償却費は次のように計算します。

年間の減価償却費… $\dfrac{¥200,000 - ¥200,000 \times 10\%}{20年} = ¥9,000$

1カ月分の減価償却費…$¥9,000 \times \dfrac{1カ月}{12カ月} = ¥750$

減価償却については第7章で学習しました

この1カ月分の減価償却費を計上します。

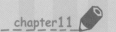
この 用語 を覚えよう！

P264・265参照

- 会計期間ごとに勘定の記録を整理して、帳簿を締め切り、貸借対照表と損益計算書を作成する手続き→**決算**
- 決算整理を行う事項→**決算整理事項**
- 決算整理に必要な仕訳→**決算整理仕訳**

この ルール を覚えよう！

P266・267参照

- 決算において、当座預金勘定の**貸方**に残高があるとき
  →**当座借越勘定または借入金勘定に振り替える**

この 仕訳 を覚えよう！

P268・269参照

- 仕入勘定で売上原価を計算する方法

（借）仕　　　　入	×××	（貸）繰 越 商 品	×××
（借）繰 越 商 品	×××	（貸）仕　　　　入	×××

この 用語 を覚えよう！

P273・274参照

- 得意先の倒産などによって、売掛金や受取手形などが回収できなくなること
  →**貸倒れ**
- 貸倒れに備えた準備額→**貸倒引当金**

- ●貸倒れが発生したとき＝**貸倒損失**勘定で処理

- ●貸倒引当金の設定・**差額補充法**

  当期の設定額と期末の残高との差額を計上

> （借）貸倒引当金繰入　×××　　（貸）貸倒引当金　×××

- ●決算において、郵便切手や収入印紙の未使用分があるとき

  →未使用分を貯蔵品勘定に振り替える

- ●期中に計上した費用・収益のなかに、次期以降の費用・収益が含まれている場合は繰越処理を行う→**前払い・前受け**

  ＊費用として支払った金額のうち、次期以降の費用となる額→**前払費用**勘定へ振り替える

  ＊収益として受け取った金額のうち、次期以降の収益となる額→**前受収益**勘定へ振り替える

- ●当期の費用・収益であるのに、決算においてまだ計上されていない場合は、費用・収益を追加計上する→**未払い・未収**

  ＊未計上の費用（未払分）→その費用勘定の借方に記入するとともに、**未払費用**勘定の貸方に記入

  ＊未計上となっている収益（未収分）→その収益勘定の貸方に記入するとともに、**未収収益**勘定の借方に記入

よく理解できました

しっかり
確認しましょう

☑ 理解度チェック問題

1 決算整理—当座借越への振り替え

解答＆解説 ➡P301

次の一連の取引を仕訳しなさい。なお、勘定科目は □□□□ の中から最も適当と思われるものを選ぶこと。

①決算において、当座預金勘定の貸方残高が¥50,000となっているが、これは全額が当座借越によるものであるため、当座借越勘定に振り替える。

②期首において、当座借越勘定の残高¥50,000を適切な資産の勘定へ再振替仕訳を行った。

勘定科目：現金、当座預金、普通預金、当座借越

	借 方		貸 方	
①				
②				

2 決算整理—売上原価の計算

解答＆解説 ➡P301

次の決算整理前残高試算表（一部）と決算整理事項にもとづいて、売上原価を計算するための決算整理仕訳を2つの方法で示しなさい。

①仕入勘定で売上原価を計算する方法

②売上原価勘定で売上原価を計算する方法

決算整理前残高試算表
○年3月31日 （単位：円）

借方合計	勘定科目	貸方合計
60,000	繰 越 商 品	
180,000	仕 　 入	

〈決算整理事項〉

期末商品棚卸高は、¥50,000である。

	借　　　方		貸　　　方	
①				
②				

---

3 決算整理―貸倒引当金① 　　解答&解説 ➡ P302

次の一連の取引を仕訳しなさい。なお、貸倒引当金残高は¥15,000とする。また、勘定科目は□□□□の中から最も適当と思われるものを選ぶこと。

　①得意先の台東商店が倒産し、売掛金¥8,000が回収不能となった。
　②得意先の品川商店が倒産し、売掛金¥10,000が回収不能となった。
　③得意先の目黒商店が倒産し、売掛金¥3,000が回収不能となった。

勘定科目：売掛金、貸倒引当金、貸倒損失

	借　　　方		貸　　　方	
①				
②				
③				

---

4 決算整理―貸倒引当金② 　　解答&解説 ➡ P302

次の取引について仕訳しなさい。なお、勘定科目は□□□□の中から最も適当と思われるものを選ぶこと。

　①X3年度の決算にあたり、売掛金残高¥80,000に対して3%の貸倒引当金を設定する。なお、当期以前に貸倒引当金の残高はない。
　②決算にあたり、受取手形勘定残高¥22,000と売掛金勘定残高¥38,000に対して2%の貸倒引当金を設定することにした。なお、貸倒引当金勘定の残高は¥600であった（差額補充法によること）。

勘定科目：受取手形、売掛金、貸倒引当金、貸倒引当金繰入、貸倒損失

	借　　　方		貸　　　方	
①				
②				

5 決算整理—貸倒引当金③　　解答＆解説 ➡ P303

次の取引について仕訳しなさい。なお、勘定科目は ◻ の中から最も適当と思われるものを選ぶこと。

　　前期に貸倒れとして処理した江戸川商店に対する売掛金¥30,000のうち、¥10,000が当期になって回収され、現金で受け取った。

勘定科目：売掛金、貸倒引当金、償却債権取立益、現金

借　　　方		貸　　　方	

6 決算整理—貯蔵品への振り替え　　解答＆解説 ➡ P303

次の一連の取引を仕訳しなさい。なお、勘定科目は ◻ の中から最も適当と思われるものを選ぶこと。

①決算において、未使用の郵便切手¥10,000と収入印紙¥20,000があった。

②期首において、上記①の郵便切手¥10,000と収入印紙¥20,000について適切な費用の勘定へ再振替仕訳を行った。

勘定科目：現金、貯蔵品、通信費、旅費交通費、租税公課

	借　　　方		貸　　　方	
①				
②				

7 決算整理—費用・収益の前払い・前受け① 解答&解説 ➡P303・304

次の一連の取引を仕訳しなさい。なお、会計期間は4月1日から3月31日までとする。また、勘定科目は◻◻◻の中から最も適当と思われるものを選ぶこと。

7月 1日 保険料1年分¥72,000を現金で支払った。

3月31日 決算にあたり、上記保険料のうち前払分を前払処理する。

4月 1日 保険料の前払分を保険料勘定に再振替した。

勘定科目：現金、当座預金、前払保険料、保険料

	借　　方		貸　　方	
7/1				
3/31				
4/1				

8 決算整理—費用・収益の前払い・前受け② 解答&解説 ➡P304

次の一連の取引を仕訳しなさい。なお、会計期間は4月1日から3月31日までとする。また、勘定科目は◻◻◻の中から最も適当と思われるものを選ぶこと。

12月 1日 家賃半年分¥600,000を現金で受け取った。

3月31日 決算にあたり、上記家賃の前受分を前受処理する。

4月 1日 家賃の前受分を受取家賃勘定に再振替した。

勘定科目：現金、前受家賃、受取家賃、支払家賃

	借　　方		貸　　方	
12/1				
3/31				
4/1				

次の一連の取引を仕訳しなさい。なお、会計期間は4月1日から3月31日までとする。また、勘定科目は _____ の中から最も適当と思われるものを選ぶこと。

　10月　1日　多摩銀行より、年利率6%で¥400,000を借り入れ、当座預金とした。なお、利息は1年後に元金とともに返済することとなっている。

　　3月31日　決算にあたり、当期分の利息を未払計上する。

　　4月　1日　前期から繰り越された未払利息の再振替を行った。

　　9月30日　上記の借入金¥400,000と1年分の利息を現金で支払った。

勘定科目：現金、当座預金、借入金、未払利息、受取利息、支払利息

	借　　　方		貸　　　方	
10/1				
3/31				
4/1				
9/30				

次の取引について仕訳しなさい。なお、会計期間は4月1日から3月31日までとする。また、勘定科目は _____ の中から最も適当と思われるものを選ぶこと。

　決算にあたり地代の未収分を計上する。9月1日に土地の賃貸契約（期間1年、¥240,000）を結び、地代は契約期間終了時に全額受け取ることにしている。

勘定科目：未収地代、受取地代、支払地代

	借　　　方		貸　　　方	

✓ 解答＆解説

1 決算整理―当座借越への振り替え　参照 ➡ P266・267

	借　　　　方		貸　　　　方	
①	当 座 預 金	50,000	当 座 借 越	50,000
②	当 座 借 越	50,000	当 座 預 金	50,000

①当座預金勘定が貸方残高になっているので、当座借越勘定に振り替えます。**当座預金勘定の借方**に記入するとともに、**当座借越勘定の貸方**に記入します。

②①の仕訳と逆の仕訳を行って、もとの勘定に振り替えます。

2 決算整理―売上原価の計算　参照 ➡ P268～273

	借　　　　方		貸　　　　方	
①	仕　　　　　　入	60,000	繰 越 商 品	60,000
	繰 越 商 品	50,000	仕　　　　　　入	50,000
②	売 上 原 価	60,000	繰 越 商 品	60,000
	売 上 原 価	180,000	仕　　　　　　入	180,000
	繰 越 商 品	50,000	売 上 原 価	50,000

①決算整理前残高試算表の繰越商品勘定の前期繰越（期首商品棚卸高）¥60,000を、**繰越商品勘定から仕入勘定に振り替えます。**そして、期末商品棚卸高¥50,000を**仕入勘定から差し引いて、繰越商品勘定に振り替えます。**

②決算整理前残高試算表の繰越商品勘定の前期繰越（期首商品棚卸高）¥60,000を、**繰越商品勘定から売上原価勘定に振り替えます。**そして、決算整理前残高試算表の仕入勘定の残高（当期商品仕入高）¥180,000を**仕入勘定から売上原価勘定へ振り替えます。**続いて、期末商品棚卸高¥50,000を**売上原価勘定から差し引いて、繰越商品勘定に振り替えます。**

```
仕　　入　×××　繰越商品　×××
繰越商品　×××　仕　　入　×××
　　　　　　　　　　　　ですね
```

> **ワンポイントアドバイス**
> 仕入勘定で売上原価を計算する仕訳はとても大切です。必ず覚えましょう

3 決算整理—貸倒引当金① 参照 ➡ P273〜276

	借　　方		貸　　方	
①	貸 倒 引 当 金	8,000	売　掛　金	8,000
②	貸 倒 引 当 金	7,000	売　掛　金	10,000
	貸 倒 損 失	3,000		
③	貸 倒 損 失	3,000	売　掛　金	3,000

①貸倒金額よりも貸倒引当金の残高のほうが多いので、全額を**貸倒引当金勘定で処理**します。

②貸倒引当金の残高（¥15,000−¥8,000＝¥7,000）よりも貸倒金額のほうが多いので、**貸倒引当金を取り崩し**、不足する分（¥10,000−¥7,000＝¥3,000）は貸倒損失勘定で処理します。

③**貸倒損失勘定で処理**します。

4 決算整理—貸倒引当金② 参照 ➡ P276〜278

	借　　方		貸　　方	
①	貸倒引当金繰入	2,400	貸 倒 引 当 金	2,400
②	貸倒引当金繰入	600	貸 倒 引 当 金	600

①貸倒引当金を設定するので、**貸倒引当金繰入勘定の借方、貸倒引当金勘定の貸方**に記入します。設定額は¥80,000×3％＝¥2,400となります。

②貸倒引当金の設定額は次のように計算します。（¥22,000＋¥38,000）×2％＝¥1,200

貸倒引当金勘定の残高が¥600なので、差額の¥600（¥1,200−¥600）を計上します。

5 決算整理—貸倒引当金③　　参照⏵P278・279

借　　　方		貸　　　方	
現　　　金	10,000	償却債権取立益	10,000

　前期以前に貸倒れとして処理してある売上債権が、当期になって回収された場合は、**償却債権取立益勘定の貸方**に記入します。

> ワンポイントアドバイス
> ●当期に発生した受取手形や売掛金が貸倒れしたとき
> 　→**貸倒損失**勘定で処理
> ●前期以前に発生した受取手形や売掛金が貸倒れたとき
> 　→設定している**貸倒引当金**を取り崩す。貸倒引当金を超える額は**貸倒損失**勘定で処理
> ●前期以前に貸倒れの処理をした受取手形や売掛金を回収したとき
> 　→回収額を**償却債権取立益**勘定で処理

6 決算整理—貯蔵品への振り替え　　参照⏵P279・280

	借　　　方		貸　　　方	
①	貯　蔵　品	30,000	通　信　費	10,000
			租　税　公　課	20,000
②	通　信　費	10,000	貯　蔵　品	30,000
	租　税　公　課	20,000		

①未使用分の郵便切手¥10,000と収入印紙¥20,000を**貯蔵品勘定に振り替え**ます。通信費勘定と租税公課勘定の貸方に記入するとともに、**貯蔵品勘定の借方**に記入します。
②①の仕訳と逆の仕訳を行って、もとの勘定に振り替えます。

7 決算整理—費用・収益の前払い・前受け①　　参照⏵P281〜284

	借　　　方		貸　　　方	
7/1	保　険　料	72,000	現　　　金	72,000
3/31	前 払 保 険 料	18,000	保　険　料	18,000
4/1	保　険　料	18,000	前 払 保 険 料	18,000

前払保険料となる金額は次のように計算します。

$$¥72,000 × \frac{3カ月}{12カ月} = ¥18,000$$

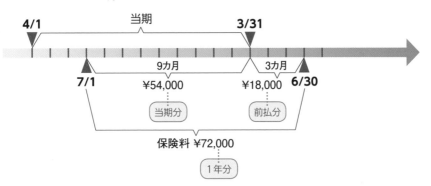

参照 ➡ P284～286

8 **決算整理―費用・収益の前払い・前受け②**

	借　　方		貸　　方	
12/1	現　　　　　金	600,000	受　取　家　賃	600,000
3/31	受　取　家　賃	200,000	前　受　家　賃	200,000
4/1	前　受　家　賃	200,000	受　取　家　賃	200,000

前受家賃となる金額は次のように計算します。

$$¥600,000 × \frac{2カ月}{6カ月} = ¥200,000$$

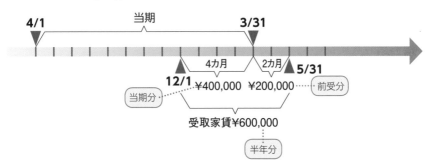

9 決算整理―費用・収益の未払い・未収① 参照➡P287〜289

	借　　方		貸　　方	
10/1	当 座 預 金	400,000	借 　 入 　 金	400,000
3/31	支 払 利 息	12,000	未 払 利 息	12,000
4/1	未 払 利 息	12,000	支 払 利 息	12,000
9/30	借 　 入 　 金	400,000	現 　 　 金	424,000
	支 払 利 息	24,000		

未払利息となる金額は次のように計算します。

$$¥400,000 \times 6\% \times \frac{6ヵ月}{12ヵ月} = ¥12,000$$

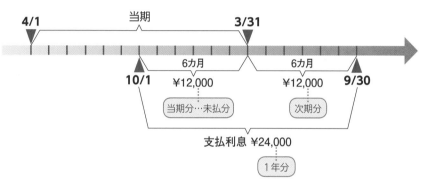

ワンポイントアドバイス
前払い・前受けと未払い・未収の
問題については、292ページでも
触れましたが、簡単な図を書いて
みましょう。そして、問われていることを理解
し、何カ月かわからなくなりそうなときは、指
を折って数えてみましょう

10 決算整理―費用・収益の未払い・未収② 参照 ➡P289〜292

借　　方		貸　　方	
未　収　地　代	140,000	受　取　地　代	140,000

未収地代となる金額は次のように計算します。

$$¥240,000 \times \frac{7 \, \text{カ月}}{12 \, \text{カ月}} = ¥140,000$$

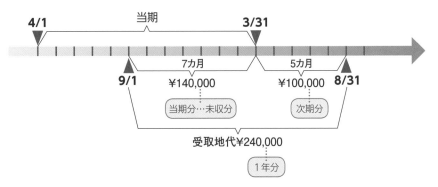

第12章

決算②

～精算表・帳簿の締め切り・ 損益計算書と貸借対照表の作成

いよいよ簿記3級の学習のしめくくりです。この章では、精算表や帳簿の締め切り、損益計算書と貸借対照表の作成について学習していきましょう。

1 精算表

2 帳簿の締め切り

3 損益計算書・貸借対照表の作成

簿記3級の学習もついに最終章だね

最後までがんばりましょう

いよいよ
最終章ですね

最後まで
がんばるぞ〜

前の章で学習した決算整理のあとに
損益計算書と貸借対照表を作成する
わけですが その前に **精算表**という
表を作成することがあります

せいさんって
何かつくるの？

それは
生産です

精算表は 決算整理前の試算表
から決算整理を行い損益計算書
と貸借対照表を作成するまでの
過程を1つにまとめた表です

なるほど…
精算ね

最後までボケ続けるくまの助

決算整理前の残高試算表 → 決算整理 → 損益計算書 / 貸借対照表

この過程をまとめた表 = 精算表

精算表は
こんな感じの
表です

こういう表を
作成する
わけですね

勘定科目	試算表		修正記入		損益計算書		貸借対照表	
	借方	貸方	借方	貸方	借方	貸方	借方	貸方
現　　金								
売 掛 金								
繰越商品								
備　　品								
買 掛 金								
売　　上								
仕　　入								
当期純利益								

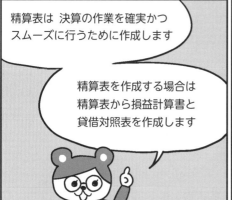

精算表は 決算の作業を確実かつスムーズに行うために作成します

精算表を作成する場合は精算表から損益計算書と貸借対照表を作成します

それから帳簿の**締め切り**という作業があります

締め切り…ん〜何か忘れてるような…

日々 帳簿に記録をしていきますが ここまでが当期の分 ここからは次期の分というように区切っておきます

区切っておくんですね

帳簿の締め切り			
現　金			
前期繰越	1,000	仕　入	1,500
売　上	2,000	次期繰越	1,500
	3,000		3,000
前期繰越	1,500		

当期分

次期分

当期と次期を区切って次期に備えて各勘定を整理しておく手続きが締め切りというわけですね

最後は損益計算書と貸借対照表です

損益計算書 …会社の一会計期間の経営成績を明らかにする計算書

貸借対照表 …会社の一定時点（決算日）の財政状態を明らかにする計算書

あっ、思い出した 締め切り！

しろくま商店さんへの納品 今日が締め切りだった

急がなきゃ

また忘れてたんですか

そのころ… 品物 おそいなぁ…

こぐま文具店さん 忘れてる？

最後までバタバタですねでは 学習をはじめましょう

① 精算表

● 精算表とは？

精算表（せいさんひょう）とは、決算整理前の残高試算表から損益計算書と貸借対照表を作成する過程を1つの表で示したものです。

精算表は、決算手続きに問題がないかどうかの検証や早い段階で経営成績を知ることを目的に作成されます。

| ここを CHECK！ |

第11章で学習した決算整理仕訳を使って、精算表を作成していきます。学習した内容を確認しておきましょう。

精算表は
このような形式に
なっています

精　算　表

勘定科目	試算表		修正記入		損益計算書		貸借対照表	
	借方	貸方	借方	貸方	借方	貸方	借方	貸方

● 精算表の記入方法

精算表は、次の手順で記入していきます。

STEP・1 残高試算表の勘定科目と金額を、精算表の勘定科目欄と試算表欄に記入します。

STEP・2 決算整理仕訳を修正記入欄に記入します。

精 算 表

勘定科目	試算表		修正記入		損益計算書		貸借対照表	
	借方	貸方	借方	貸方	借方	貸方	借方	貸方
STEP・1	**STEP・1**		**STEP・2**					

STEP・3 試算表欄に記入された金額に、修正記入欄の金額をプラス・マイナスして、損益計算書欄と貸借対照表欄に移していきます。プラス・マイナスについては次のルールに従っていきます。

> ● 借方どうし、貸方どうしはプラス
> ● 貸借逆のものはマイナス、残高のあるほうに移す

貸借対照表欄へは次のように移していきます。

精 算 表

勘定科目	試算表		修正記入		損益計算書		貸借対照表	
	借方	貸方	借方	貸方	借方	貸方	借方	貸方
（資産）	100		➕50				→150	
（資産）	100			➖50			→ 50	
（負債・資本）		100		➕50				→150
（負債・資本）		100	➖50					→ 50

残高金額が借方にあるものは、修正記入欄の**借方金額をプラス**、**貸方金額をマイナス**
残高金額が貸方にあるものは、修正記入欄の**貸方金額をプラス**、**借方金額をマイナス**

豆テスト **Q** ㊲ 決算整理前の残高試算表から損益計算書と貸借対照表を作成する過程を1つの表で示したものは？

損益計算書欄へは次のように移していきます。

精　算　表

勘定科目	試算表		修正記入		損益計算書		貸借対照表	
	借方	貸方	借方	貸方	借方	貸方	借方	貸方
（収益）		100		➕50		→150		
（収益）		100	➖50			→ 50		
（費用）	100		➕50		→150			
（費用）	100			➖50	→ 50			

残高金額が貸方にあるものは、修正記入欄の**貸方**金額をプラス、**借方**金額をマイナス
残高金額が借方にあるものは、修正記入欄の**借方**金額をプラス、**貸方**金額をマイナス

STEP・4 損益計算書欄・貸借対照表欄の借方金額合計と貸方金額合計の差額から当期純利益（または当期純損失）を求めます。そして、合計金額の少ない側に記入します。

精　算　表

勘定科目	試算表		修正記入		損益計算書		貸借対照表	
	借方	貸方	借方	貸方	借方	貸方	借方	貸方
（資産）	200		50				250	
（資産）	200			50			150	
（負債）		100		50				150
（負債）		100	50					50
（資本）		100						100
（収益）		200		50		250		
（収益）		100	50			50		
（費用）	100		50		150			
（費用）	100			50	50			
	600	600						
当期純利益					100			100
			200	200	300	300	400	400

貸借対照表欄の借方金額合計と貸方金額合計の差額＝**当期純利益**

一致する

損益計算書欄の借方金額合計と貸方金額合計の差額＝**当期純利益**

では、次の例題で精算表の記入について学習していきましょう。

例題 12-1 次の決算整理事項にもとづいて、精算表を作成しなさい。

〈決算整理事項〉

❶ 期末商品棚卸高は、¥90,000であった。売上原価は仕入の行で計算すること。

❷ 受取手形および売掛金の期末残高に対して2%の貸倒引当金を設定する。貸倒引当金の設定は差額補充法によること。

❸ 備品について定額法により減価償却費を計上する。耐用年数10年、残存価額は取得原価の10%である。

❹ 郵便切手の期末未使用分は¥25,000である。

❺ 保険料の前払分が¥8,000あった。

•解答• •解説•

(1) 決算整理仕訳を行います。

> 試算表欄から期首商品棚卸高を読み取る

❶ （借）仕 入 80,000 （貸）繰越商品 80,000
（借）繰越商品 90,000 （貸）仕 入 90,000

❷ （借）貸倒引当金繰入 2,000 （貸）貸倒引当金 2,000

（¥240,000 ＋ ¥260,000）× 2％ ＝ ¥10,000 ← 受取手形と売掛金の期末残高の2％
¥10,000 － ¥8,000 ＝ ¥2,000 ← 差額   試算表欄

❸ （借）減価償却費 18,000 （貸）備品減価償却累計額 18,000

$$\frac{¥200,000 － ¥20,000}{10年} ＝ ¥18,000$$

未使用分を振り替える

❹ （借）貯 蔵 品 25,000 （貸）通 信 費 25,000

次期分の保険料（前払分）を繰り延べる

❺ （借）前払保険料 8,000 （貸）保 険 料 8,000

豆テスト Q 80 ：〈決算整理仕訳問題〉現金過不足勘定の借方残高¥1,000を雑損として処理する。

精 算 表

勘定科目	試算表 借方	試算表 貸方	修正記入 借方	修正記入 貸方	損益計算書 借方	損益計算書 貸方	貸借対照表 借方	貸借対照表 貸方
現　　　金	80,000							
当 座 預 金	150,000							
受 取 手 形	240,000							
売 　掛 　金	260,000							
繰 越 商 品	80,000							
備 　　　品	200,000							
支 払 手 形		150,000						
買 　掛 　金		120,000						
貸 倒 引 当 金		8,000						
備品減価償却累計額		36,000						
資 　本 　金		400,000						
繰越利益剰余金		100,000						
売 　　　上		940,000						
仕 　　　入	620,000							
給 　　　料	60,000							
保 　険 　料	16,000							
通 　信 　費	30,000							
支 払 利 息	18,000							
	1,754,000	1,754,000						
貸倒引当金繰入								
減 価 償 却 費								
貯 　蔵 　品								
前 払 保 険 料								
当 期 純 利 益								

豆テスト **A** Q**80** の答え：（借）雑　　　損　　　1,000　　（貸）現金過不足　　　1,000

(2) 修正記入欄に記入します。

精算表

勘定科目	試算表 借方	試算表 貸方	修正記入 借方	修正記入 貸方	損益計算書 借方	損益計算書 貸方	貸借対照表 借方	貸借対照表 貸方
現　　　金	80,000							
当 座 預 金	150,000							
受 取 手 形	240,000							
売　掛　金	260,000							
繰 越 商 品	80,000		①90,000	①80,000				
備　　　品	200,000							
支 払 手 形		150,000						
買　掛　金		120,000						
貸 倒 引 当 金		8,000		② 2,000				
備品減価償却累計額		36,000		③18,000				
資　本　金		400,000						
繰越利益剰余金		100,000						
売　　　上		940,000						
仕　　　入	620,000		①80,000	①90,000				
給　　　料	60,000							
保　険　料	16,000			⑤ 8,000				
通　信　費	30,000			④25,000				
支 払 利 息	18,000							
	1,754,000	1,754,000						
貸倒引当金繰入			② 2,000					
減 価 償 却 費			③18,000					
貯　蔵　品			④25,000					
前 払 保 険 料			⑤ 8,000					
当期純利益								
			223,000	223,000				

一致する

ここを CHECK!

借方合計と貸方合計が一致することを確認しましょう。

豆テスト Q 81：〈決算整理仕訳問題〉当座預金勘定の貸方残高が¥10,000となっており、これを適切な勘定に振り替える。

(3) 損益計算書欄と貸借対照表欄に記入します。

精 算 表

勘定科目	試算表 借方	試算表 貸方	修正記入 借方	修正記入 貸方	損益計算書 借方	損益計算書 貸方	貸借対照表 借方	貸借対照表 貸方
現　　　金	80,000						80,000	
当 座 預 金	150,000						150,000	
受 取 手 形	240,000						240,000	
売 掛 金	260,000						260,000	
繰 越 商 品	80,000		➕90,000	➖80,000			90,000	
備　　　品	200,000						200,000	
支 払 手 形		150,000						150,000
買 掛 金		120,000						120,000
貸 倒 引 当 金		8,000		➕2,000				10,000
備品減価償却累計額		36,000		18,000				54,000
資 本 金		400,000						400,000
繰越利益剰余金		100,000		➕				100,000
売　　　上		940,000				940,000		
仕　　　入	620,000		➕80,000	➖90,000	610,000			
給　　　料	60,000				60,000			
保 険 料	16,000			➖8,000	8,000			
通 信 費	30,000			25,000	5,000			
支 払 利 息	18,000			➖	18,000			
	1,754,000	1,754,000						
貸倒引当金繰入			2,000		2,000			
減 価 償 却 費			18,000		18,000			
貯 蔵 品			25,000				25,000	
前 払 保 険 料			8,000				8,000	
当 期 純 利 益								
			223,000	223,000				

> 資産・負債・資本は貸借対照表欄

> 収益・費用は損益計算書欄

> 貸借対照表欄と損益計算書欄を間違えないように注意しましょう

> 費用

> 注意！前払保険料は資産

> 各勘定が資産・負債・資本・収益・費用のどれなのかをよく考え、記入することが大切です。前払費用・前受収益、未払費用・未収収益などについて確認しておきましょう

(4) 当期純利益を計算します。当期純利益は、損益計算書欄と貸借対照表欄の借方金額の合計と貸方金額の合計の差額で求めます。

					損益計算書		貸借対照表	
当期純利益						219,000	一致する	219,000
			223,000	223,000	940,000	940,000	1,053,000	1,053,000

当期純損失の場合は、損益計算書欄の貸方に差額を記入することになります

ここを CHECK !

損益計算書の当期純利益と貸借対照表の当期純利益は一致します。確認しましょう。

ワンポイント Q&A 「精算表」の問題を解くコツは？

まずは、決算整理仕訳がしっかりできるようにしておきましょう。そして、貸借反対に記入したり、記入する欄を間違えないように気をつけることが大事です。損益計算書欄と貸借対照表欄を間違えないように注意しましょう。試算表欄の勘定科目は**資産→負債→資本→収益→費用**の順に並んでいます。

集計するときには、最初に修正記入欄の合計が合うことを確認しましょう。そして、損益計算書欄、貸借対照表欄を合計して当期純利益を求め、一致しているかどうか確認します。

第12章 決算②〜精算表・帳簿の締め切り・損益計算書と貸借対照表の作成

豆テスト Q⁸² ：〈決算整理仕訳問題〉決算の結果、当期の法人税等が¥3,500と確定した。なお、中間申告納付額¥1,500は、仮払法人税等として処理している。

次に、推定して作成する精算表の問題を学習しておきましょう。

例題 12-2 次の精算表を完成させなさい。

精　算　表

勘定科目	試算表 借方	試算表 貸方	修正記入 借方	修正記入 貸方	損益計算書 借方	損益計算書 貸方	貸借対照表 借方	貸借対照表 貸方
現　　金							12,400	
当 座 預 金							50,000	
売 　掛 　金							60,000	
貸 　付 　金							20,000	
繰 越 商 品	40,000						35,000	
備　　品							60,000	
買 　掛 　金								80,000
貸倒引当金								2,000
備品減価償却累計額		27,000						
資 　本 　金								
繰越利益剰余金								20,000
売　　上						210,000		
受 取 利 息						5,000		
仕　　入					150,000			
給　　料					18,000			
保 　険 　料					12,000			
通 　信 　費					3,000			
貸倒引当金繰入					600			
減 価 償 却 費					5,400			
貯 　蔵 　品							1,000	
未 収 利 息							2,000	
当期純(　　)								

精 算 表

修正記入欄に記入し、各欄の金額を推定していく

勘定科目	試算表 借方	試算表 貸方	修正記入 借方	修正記入 貸方	損益計算書 借方	損益計算書 貸方	貸借対照表 借方	貸借対照表 貸方
現　　　金	12,400						12,400	
当 座 預 金	50,000						50,000	
売　掛　金	60,000						60,000	
貸　付　金	20,000						20,000	
繰 越 商 品	40,000		35,000	40,000			35,000	
備　　　品	60,000						60,000	
買　掛　金		80,000						80,000
貸倒引当金		1,400		600				2,000
備品減価償却累計額		27,000		5,400				32,400
資　本　金		80,000						80,000
繰越利益剰余金		20,000						20,000
売　　　上		210,000				210,000		
受 取 利 息		3,000		2,000		5,000		
仕　　　入	145,000		40,000	35,000	150,000			
給　　　料	18,000				18,000			
保　険　料	12,000				12,000			
通　信　費	4,000			1,000	3,000			
	421,400	421,400						
貸倒引当金繰入			600		600			
減価償却費			5,400		5,400			
貯　蔵　品			1,000				1,000	
未 収 利 息			2,000				2,000	
当期純(利益)					26,000			26,000
			84,000	84,000	215,000	215,000	240,400	240,400

差額補充法 ¥2,000−¥600

¥27,000＋¥5,400

借方合計と貸方合計の差額で求める(¥421,400−¥341,400)

¥5,000−¥2,000

¥150,000＋¥35,000−¥40,000

¥3,000＋¥1,000

貸方合計−借方合計 (¥215,000−¥189,000)

一致する

推定して空欄をうめていくんですね

まるでパズルみたいだね

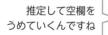

豆テスト Ｑ ⑧③ ：〈決算整理仕訳問題〉決算において、消費税の納付額を計算する。仮払消費税は ¥1,000、仮受消費税は¥3,000である。

・解 説・

　推定して精算表を完成する問題についても、解答手順はさきほど学習した通常の作成問題と同じように決算整理仕訳を記入します。そして、そこから各欄の金額を推定していきます。

〈決算整理仕訳〉

			貸借対照表欄				損益計算書欄			試算表欄↓

① （借）仕　　　入　　40,000　（貸）繰 越 商 品　　40,000
　 （借）繰 越 商 品 → 35,000　（貸）仕　　　入　　35,000
② （借）貸倒引当金繰入　　 600 ←（貸）貸 倒 引 当 金　　　600
③ （借）減 価 償 却 費　 5,400 ←（貸）備品減価償却累計額　5,400
④ （借）貯 蔵 品 → 1,000　（貸）通 信 費　　　1,000
⑤ （借）未 収 利 息　　2,000　（貸）受 取 利 息　　　2,000

（貸借対照表欄）　　（貸借対照表欄。受取利息の未収分があることがわかる）

　このような推定型の問題の場合、<u>決算整理仕訳で対になる勘定科目に注目するとスムーズに解くことができます。</u>精算表の<u>試算表欄の二重線より下の勘定科目</u>を見ると、決算整理で新たに出てきた勘定科目が記載されています。二重線より下の勘定科目に注目して、二重線より上の勘定科目から対になる勘定科目を探すことができます。

　たとえば、二重線より下の勘定科目に貸倒引当金繰入があります。貸倒引当金繰入と対になるのは貸倒引当金ですから、「貸倒引当金繰入と貸倒引当金」の組み合わせというようにです。

　ただし、売上原価を算定する決算整理仕訳の場合、「繰越商品」も「仕入」も試算表欄の二重線より上にあるので、注意が必要です。

試算表欄の二重線より下に注目してください

ここを CHECK！

精算表の問題では、どのようなパターンであっても、決算整理仕訳を確実に押さえておくことが大切といえます。

豆テスト **A** Q 83 の答え：　（借）仮受消費税　　3,000　（貸）仮払消費税　　1,000
　　　　　　　　　　　　　　　　　　　　　　　　　　未払消費税　　2,000

❷ 帳簿の締め切り

　日々の取引は帳簿に記入されますが、決算にあたってこの帳簿が締め切られます。ここでは、総勘定元帳の**締め切り**について学習していきます。

決算整理も終わって
決算も大詰め

帳簿を締め切るぞ！

ワンポイント
Q&A
帳簿の「締め切り」とは？
これまでにも「締め切り」という言葉が出てきましたが、ここであらためて意味を確認しておきましょう。

帳簿には当期の取引などが記入されますが、次期には次期の取引などが記入されます。そこで、当期と次期とを区切っておく必要があります。次期に備えて各勘定を整理しておく手続きを締め切りといいます。

帳簿の締め切りの流れは次のようになります。

❶ 損益勘定の設定	▶	❷ 収益・費用の諸勘定残高の損益勘定への振替え	▶	❸ 当期純利益の繰越利益剰余金勘定への振替え	▶	❹ 各勘定の締め切り

①損益勘定の設定

　当期純利益（当期純損失）を計算するために、あらたに損益勘定（そんえきかんじょう）を設けます。

豆テスト **Q** ⑧⑷：〈決算整理仕訳問題〉期首商品棚卸高が¥50,000、期末商品棚卸高が¥40,000である場合、売上原価を仕入勘定で計算する仕訳を示しなさい。

②収益・費用の諸勘定残高の損益勘定への振替え

損益勘定の貸方に収益の勘定残高を、借方に費用の勘定残高を振り替えて純利益（純損失）を計算します。

> 「振替え」については第3章61ページで学習しましたが、ある勘定の金額をほかの勘定に移動させる手続きのことです

[収益諸勘定の振替え]

収益の勘定の借方に記入するとともに、損益勘定の貸方に記入します。

（借）（収益の勘定）	1,000	（貸）損　　　益	1,000

[費用諸勘定の振替え]

費用の勘定の貸方に記入するとともに、損益勘定の借方に記入します。

（借）損　　　益	800	（貸）（費用の勘定）	800

図にすると次のようになります。

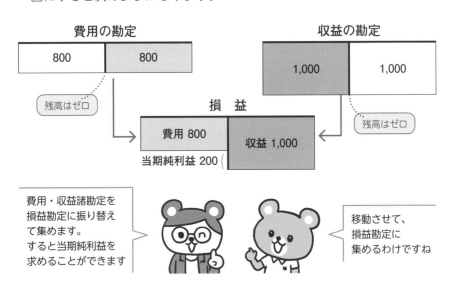

費用・収益諸勘定を損益勘定に振り替えて集めます。
すると当期純利益を求めることができます

移動させて、損益勘定に集めるわけですね

③当期純利益（当期純損失）の繰越利益剰余金勘定への振替え

損益勘定の貸方には収益の勘定残高が、借方には費用の勘定残高が記入されています。損益勘定の借方と貸方の差額は当期純損益を示しています。第8章でも軽く触れましたが、この当期純利益（当期純損失）を<u>繰越利益剰余金</u>勘定に振り替えます。

［当期純利益の繰越利益剰余金勘定への振替え］

繰越利益剰余金勘定の貸方に振り替えます。

［当期純損失の繰越利益剰余金勘定への振替え］

繰越利益剰余金勘定の借方に振り替えます。

第12章　決算②〜精算表・帳簿の締め切り・損益計算書と貸借対照表の作成

 テスト **Q** ⑧⑤：〈決算整理仕訳問題〉売掛金に対する貸倒引当金繰入額は¥600である（差額補充法）。

323

④各勘定の締め切り

[収益・費用の諸勘定の締め切り]

　今、学習した決算振替仕訳を転記したのち、勘定を締め切ります。たとえば次のようになります。

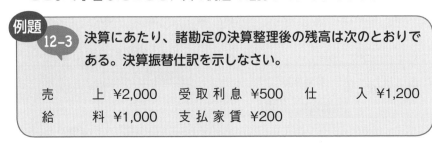

給			料	
○/○ △△△		50	3/31 損　益	100
○/○ △△△		50		
		100		100

売			上	
3/31 損　益	1,000	○/○ △△△	600
		○/○ △△△	400
	1,000		1,000

> 借方合計と貸方合計が一致したら二重線で締め切る

[損益勘定の締め切り]

　損益勘定の締め切りは次のように行います。

損			益	
3/31 仕　入	700	3/31 売　上	1,000
〃 　給　料	100		
〃 　繰越利益剰余金	200		
	1,000		1,000

> こんなふうに締め切るわけか

　ここまで学習したことを、次の例題で確認しておきましょう。

例題 12-3
決算にあたり、諸勘定の決算整理後の残高は次のとおりである。決算振替仕訳を示しなさい。

売 上 ¥2,000	受取利息 ¥500	仕 入 ¥1,200
給 料 ¥1,000	支払家賃 ¥200	

豆テスト **A** Q⑧⑤の答え：　（借）貸倒引当金繰入　　600　　（貸）貸倒引当金　　600

・解答・

[1] 収益の振替

（借）売 上	2,000	（貸）損 益	2,500
受 取 利 息	500		

[2] 費用の振替

（借）損 益	2,400	（貸）仕 入	1,200
		給 料	1,000
		支 払 家 賃	200

[3] 純損益の振替

（借）損 益	100	（貸）繰越利益剰余金	100

・解説・

[1] 収益諸勘定を損益勘定へ振り替えます。

[2] 費用諸勘定を損益勘定へ振り替えます。

[3] 当期純利益は繰越利益剰余金勘定へ振り替えます。

　損益勘定の締め切りを示すと次のようになります。

損				益			
3/31 仕	入	1,200		3/31 売	上	2,000	
〃 給	料	1,000		〃 受 取 利 息		500	
〃 支 払 家 賃		200					
〃 繰越利益剰余金		100					
		2,500				2,500	

[資産・負債・資本の諸勘定の締め切り]

　資産、負債、資本については、借方と貸方の差額を「次期繰越」として少ないほうに朱記（赤字）します。そして、貸借を一致させて締め切ります。続いて「前期繰越」と記入します。

 豆テスト **Q** 86：〈決算整理仕訳問題〉備品の減価償却費 ¥9,000 を計上する（間接法）。

	現		金		
		500			300
			3/31 次期繰越		200
		500			500
4/1 前期繰越		200			

	借		入	金	
		100			200
3/31 次期繰越		100			
		200			200
			4/1 前期繰越		100

その他の資産・負債・資本の諸勘定も同様に締め切ります

繰越利益剰余金

3/31 次期繰越		600			500
			3/31 損　益		100
		600			600
			4/1 前期繰越		600

③ 損益計算書・貸借対照表の作成

　最後に、**損益計算書**と**貸借対照表**の作成について学習しましょう。第1章で学習しましたが、損益計算書とは、一会計期間の収益と費用の発生高および当期純利益を一覧表にまとめて、企業の**経営成績**を明らかにするためのものです。そして、貸借対照表は、一定時点の資産・負債および資本（純資産）の内容とその残高を一覧表にまとめて、企業の**財政状態**を明らかにするためのものです。

これがこぐま文具店の経営成績…

意外ともうかってるかも

これがこぐま文具店の財政状態か…

損益計算書　　貸借対照表

● 損益計算書の作成

損益計算書と貸借対照表のフォームには勘定式と報告式があるが、ここでは勘定式について学習する

　損益計算書は、借方側に費用の項目を、貸方側に収益の項目を記載します。

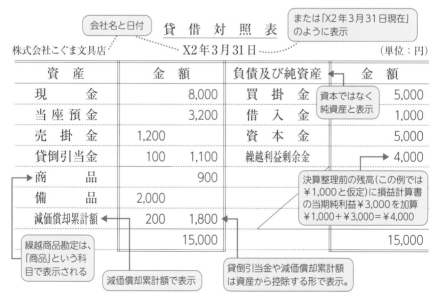

損益計算書

または「自X1年4月1日　至X2年3月31日」のように表示

会社名と会計期間

株式会社こぐま文具店　X1年4月1日からX2年3月31日まで　　　　　　　　（単位：円）

費　用	金　額	収　益	金　額
売　上　原　価	12,000	売　上　高	20,000
給　　　料	8,900	受取手数料	5,000
貸倒引当金繰入	50		
減価償却費	50		
支　払　家　賃	1,000		
当期純利益	3,000		
	25,000		25,000

売上勘定は「売上高」という科目で表示される

当期純利益として朱記される

売上原価は仕入勘定または売上原価勘定で計算されるが、「売上原価」という科目で表示される

貸借対照表の作成

　貸借対照表は、借方側に資産の項目を、貸方側に負債および資本（純資産）の項目を記載します。

貸　借　対　照　表

会社名と日付

または「X2年3月31日現在」のように表示

株式会社こぐま文具店　　X2年3月31日　　　　　　　　（単位：円）

資　産	金　額		負債及び純資産	金　額
現　　　金		8,000	買　掛　金	5,000
当　座　預　金		3,200	借　入　金	1,000
売　掛　金	1,200		資　本　金	5,000
貸倒引当金	100	1,100	繰越利益剰余金	4,000
商　　　品		900		
備　　　品	2,000			
減価償却累計額	200	1,800		
		15,000		15,000

資本ではなく純資産と表示

決算整理前の残高（この例では¥1,000と仮定）に損益計算書の当期純利益¥3,000を加算　¥1,000＋¥3,000＝¥4,000

繰越商品勘定は、「商品」という科目で表示される

減価償却累計額で表示

貸倒引当金や減価償却累計額は資産から控除する形で表示。

 テスト **Q** ⑧⑦：〈決算整理仕訳問題〉支払家賃のうち、¥3,000を前払処理する。

327

では、損益計算書と貸借対照表の作成を、次の例題で学習していきましょう。

例題 12-4 次の決算整理後残高試算表にもとづいて、損益計算書および貸借対照表を作成しなさい。

決算整理後残高試算表
X2年3月31日

借　方	勘定科目	貸　方
10,000	現　　　金	
28,000	売　掛　金	
2,000	繰越商品	
30,000	備　　　品	
	買　掛　金	17,000
	借　入　金	8,000
	貸倒引当金	1,000
	備品減価償却累計額	9,000
	資　本　金	25,000
	繰越利益剰余金	5,000
	売　　　上	60,000
	受取手数料	7,000
50,000	仕　　　入	
8,000	給　　　料	
200	貸倒引当金繰入	
3,000	減価償却費	
800	支　払　利　息	
132,000		132,000

損 益 計 算 書

X1年4月1日からX2年3月31日まで

(単位:円)

費　用	金　額	収　益	金　額
売 上 原 価	50,000	売　上　高	60,000
給　　料	8,000	受取手数料	7,000
貸倒引当金繰入	200		
減価償却費	3,000		
支 払 利 息	800		
当期純利益	5,000		
	67,000		67,000

貸 借 対 照 表

X2年3月31日

(単位:円)

資　産	金　額		負債及び純資産	金　額
現　　金		10,000	買　掛　金	17,000
売　掛　金	28,000		借　入　金	8,000
貸倒引当金	1,000	27,000	資　本　金	25,000
商　　品		2,000	繰越利益剰余金	10,000
備　　品	30,000			
減価償却累計額	9,000	21,000		
		60,000		60,000

¥5,000＋¥5,000

•解説•　決算整理後残高試算表の資産・負債・資本(純資産)の金額は貸借対照表に、収益・費用の金額は損益計算書に記入していきます。

損益計算書の貸借差額から当期純利益を計算します。

当期純利益…¥67,000 − ¥62,000 ＝ ¥5,000

当期純利益は繰越利益剰余金勘定に振り替える(P325で学習)ので、繰越利益剰余金の金額は当期純利益を加えた金額となります。

繰越利益剰余金…¥5,000 ＋ ¥5,000 ＝
　　　　　　　　¥10,000

ここを CHECK!

勘定科目名と表示科目名が異なるものに注意しましょう。
売　　上 → 売　上　高
仕　　入 → 売 上 原 価
繰 越 商 品 → 商　　　品

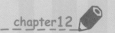
この 手順 を理解しよう！

P310～317参照

●精算表作成の手順

残高試算表の勘定科目と金額を、精算表の勘定科目欄と試算表欄に記入

→決算整理仕訳を修正記入欄に記入

→試算表欄に記入された金額に、修正記入欄の金額をプラス・マイナスして、
　損益計算書欄と貸借対照表欄に移す

> ●借方どうし、貸方どうし＝プラス
> ●貸借逆のもの＝マイナス、残高のあるほうに移す

→損益計算書欄・貸借対照表欄の借方金額合計と貸方金額合計の差額から当
　期純利益（または当期純損失）を求める

この 流れ を理解しよう！

P321～326参照

●帳簿（総勘定元帳）の締め切りの流れ

損益勘定の設定→収益・費用の諸勘定残高の損益勘定への振り替え

→当期純利益の繰越利益剰余金勘定への振り替え→各勘定の締め切り

この ルール を覚えよう！

P326～329参照

●損益計算書の作成

＊売上勘定→「売上高」で表示

＊仕入勘定→「売上原価」で表示

●貸借対照表の作成

＊繰越商品勘定→「商品」で表示

よく理解できました

しっかり
確認しましょう

☑ 理解度チェック問題

1 精算表　解答＆解説 ➡P335・336

次の決算整理事項にもとづいて精算表を完成させなさい。ただし、会計期間はX1年4月1日からX2年3月31日までとする。

①現金の超過は、現金売上の記帳漏れであることが判明した。

②売掛金の期末残高に対して2%の貸倒れを見積もり、貸倒引当金を設定する。差額補充法によること。

③期末商品棚卸高は¥98,000である。売上原価は「仕入」の行で計算すること。

④備品について、耐用年数10年、残存価額ゼロで定額法により減価償却を行う。

⑤貸付金の利息のうち、¥900が未収になっている。

⑥家賃のうち¥12,000が未払いとなっているので、未払家賃として処理する。

⑦法人税、住民税及び事業税¥50,000、および確定申告時に納付すべき税額（未払法人税等）を計上する。

第12章 決算②〜精算表・帳簿の締め切り・損益計算書と貸借対照表の作成

精　算　表

勘定科目	試算表 借方	試算表 貸方	修正記入 借方	修正記入 貸方	損益計算書 借方	損益計算書 貸方	貸借対照表 借方	貸借対照表 貸方
現　　　金	119,000							
現金過不足		3,000						
売　掛　金	120,000							
貸　付　金	80,000							
繰 越 商 品	102,000							
仮払法人税等	20,000							
備　　　品	80,000							
買　掛　金		90,000						
借　入　金		60,000						
貸倒引当金		1,000						
備品減価償却累計額		40,000						
資　本　金		200,000						
繰越利益剰余金		20,000						
売　　　上		424,000						
受 取 利 息		2,000						
仕　　　入	220,000							
給　　　料	70,000							
支 払 家 賃	24,000							
支 払 利 息	5,000							
	840,000	840,000						
貸倒引当金繰入								
減 価 償 却 費								
未 払 家 賃								
未収（　　　）								
法人税, 住民税及び事業税								
未払法人税等								
当期純（　　　）								

2 損益計算書・貸借対照表の作成　　解答&解説 ➡P337・338

次の[資料1]と[資料2]にもとづいて、損益計算書と貸借対照表を完成させなさい。なお、会計期間はX1年4月1日からX2年3月31日までの1年間である。

[資料1] 決算整理前残高試算表

決算整理前残高試算表

借　方	勘定科目	貸　方
146,000	現　　金	
166,000	当座預金	
250,000	売 掛 金	
98,000	繰越商品	
100,000	備　　品	
500,000	土　　地	
	買 掛 金	130,000
	借 入 金	400,000
	貸倒引当金	3,000
	備品減価償却累計額	20,000
	資 本 金	500,000
	繰越利益剰余金	147,000
	売　　上	650,000
	受取手数料	12,000
420,000	仕　　入	
120,000	給　　料	
60,000	支払家賃	
2,000	水道光熱費	
1,862,000		1,862,000

[資料2] 決算整理事項等

①売掛金の期末残高に対して2%の貸倒引当金を差額補充法により設定する。

②期末商品棚卸高は¥96,000である。

③備品について、定額法（残存価額ゼロ、耐用年数5年）により減価償却を行う。

損 益 計 算 書

X1年4月1日からX2年3月31日まで　　　　　　（単位：円）

費　用	金　額	収　益	金　額
売 上 原 価	（　　　　）	売 上 高	（　　　　）
給　　料	（　　　　）	受取手数料	（　　　　）
支 払 家 賃	（　　　　）		
水道光熱費	（　　　　）		
貸倒引当金繰入	（　　　　）		
減価償却費	（　　　　）		
当期（　　）	（　　　　）		
	（　　　　）		（　　　　）

貸 借 対 照 表

X2年3月31日　　　　　　（単位：円）

資　産	金　額		負債及び純資産	金　額
現　　金		（　　　　）	買 掛 金	（　　　　）
当 座 預 金		（　　　　）	借 入 金	（　　　　）
売 掛 金	（　　　）		資 本 金	（　　　　）
（　　　　）	（　　　）	（　　　）	繰越利益剰余金	（　　　　）
商　　品		（　　　　）		
備　　品	（　　　）			
減価償却累計額	（　　　）	（　　　）		
土　　地		（　　　　）		
		（　　　　）		（　　　　）

☑ 解答&解説

1 精算表 参照 ➡ P310〜317

精 算 表

勘定科目	試算表 借方	試算表 貸方	修正記入 借方	修正記入 貸方	損益計算書 借方	損益計算書 貸方	貸借対照表 借方	貸借対照表 貸方
現　　　　金	119,000						119,000	
現金過不足		3,000	3,000					
売　掛　金	120,000						120,000	
貸　付　金	80,000						80,000	
繰 越 商 品	102,000		98,000	102,000			98,000	
仮払法人税等	20,000			20,000				
備　　　　品	80,000						80,000	
買　掛　金		90,000						90,000
借　入　金		60,000						60,000
貸倒引当金		1,000		1,400				2,400
備品減価償却累計額		40,000		8,000				48,000
資　本　金		200,000						200,000
繰越利益剰余金		20,000						20,000
売　　　　上		424,000		3,000		427,000		
受 取 利 息		2,000		900		2,900		
仕　　　　入	220,000		102,000	98,000	224,000			
給　　　料	70,000				70,000			
支 払 家 賃	24,000		12,000		36,000			
支 払 利 息	5,000				5,000			
	840,000	840,000						
貸倒引当金繰入			1,400		1,400			
減価償却費			8,000		8,000			
未 払 家 賃				12,000				12,000
未収（利息）			900				900	
法人税、住民税及び事業税			50,000		50,000			
未払法人税等				30,000				30,000
当期純（利益）					35,500			35,500
			275,300	275,300	429,900	429,900	497,900	497,900

> **ワンポイントアドバイス**
> 損益計算書の当期純利益と貸借対照表の当期純利益は一致します。確認を。また、損益計算書欄と貸借対照表欄を間違えないように注意しましょう

決算整理仕訳を示すと次のようになります。

①現金過不足

（借）現金過不足　　3,000　　（貸）売　　　　上　　3,000

②貸倒引当金の計上

（借）貸倒引当金繰入　1,400　　（貸）貸倒引当金　　1,400
　　　　¥120,000×2％－¥1,000＝¥1,400

　　　売掛金残高　　　　貸倒引当金残高

③売上原価の算定

（借）仕　　　　入　102,000　　（貸）繰 越 商 品　102,000
（借）繰 越 商 品　98,000　　（貸）仕　　　　入　98,000

④減価償却費の計上

（借）減価償却費　　8,000　　（貸）備品減価償却累計額　8,000

$$減価償却費…\frac{¥80,000－¥0}{10年}＝¥8,000$$

⑤収益の未収

（借）未 収 利 息　　900　　（貸）受 取 利 息　　900

⑥費用の未払い

（借）支 払 家 賃　12,000　　（貸）未 払 家 賃　12,000

⑦法人税等の計上

（借）法人税、住民税及び事業税　50,000　　（貸）仮払法人税等　20,000
　　　　　　　　　　　　　　　　　　　　　未払法人税等　30,000

ワンポイントアドバイス
法人税等の計上について
は第8章P196〜199で
学習しました

2 損益計算書・貸借対照表の作成　参照➡P326〜329

損益計算書

X1年4月1日からX2年3月31日まで　（単位：円）

費　用	金　額	収　益	金　額
売 上 原 価	（422,000）	売　上　高	（650,000）
給　　　料	（120,000）	受取手数料	（ 12,000）
支 払 家 賃	（ 60,000）		
水 道 光 熱 費	（ 2,000）		
貸倒引当金繰入	（ 2,000）		
減 価 償 却 費	（ 20,000）		
当期（純利益）	（ 36,000）		
	（662,000）		（662,000）

貸 借 対 照 表

X2年3月31日　（単位：円）

資　産	金　額		負債及び純資産	金　額
現　　　金		（146,000）	買 掛 金	（130,000）
当 座 預 金		（166,000）	借 入 金	（400,000）
売 掛 金	（250,000）		資 本 金	（500,000）
（貸倒引当金）	（ 5,000）	（245,000）	繰越利益剰余金	（183,000）
商　　　品		（ 96,000）		
備　　　品	（100,000）			
減価償却累計額	（ 40,000）	（ 60,000）		
土　　　地		（500,000）		
		（1,213,000）		（1,213,000）

　決算整理仕訳を行って、決算整理前残高試算表に加算・減算して、貸借対照表と損益計算書に記入していきます。

　決算整理仕訳は次のようになります。

ワンポイントアドバイス

このようなパターンの問題も、まずは決算整理仕訳を行っていきます

① （借）貸倒引当金繰入　2,000　　（貸）貸倒引当金　2,000
　　　貸倒引当金…¥250,000 × 2 ％ ＝ ¥5,000　　繰入額…¥5,000 － ¥3,000

＝¥2,000
　　貸倒引当金繰入は損益計算書に記入し、**貸倒引当金は残高試算表の金額**と合計して**貸借対照表に記入**します。

② （借）仕　　　　入　98,000　　（貸）繰 越 商 品　98,000
　　（借）繰 越 商 品　96,000　　（貸）仕　　　　入　96,000
　　繰越商品・仕入は残高試算表の金額に加算・減算して**貸借対照表と損益計算書にそれぞれ記入**します。

③ （借）減価償却費　20,000　　（貸）備品減価償却累計額　20,000
　　減価償却費…¥100,000÷5年＝¥20,000
　　減価償却費は損益計算書に記入し、**減価償却累計額は残高試算表の金額**と合計して**貸借対照表に記入**します。

　損益計算書の貸借差額で当期純利益を求めますが、当期純利益は繰越利益剰余金勘定に振り替えるので、繰越利益剰余金の金額は当期純利益を加えた金額（¥147,000＋¥36,000＝¥183,000）となります。

これで日商簿記3級の
学習は終了です

最後は
総合問題ですね

総合問題
がんばるぞ！

総 合 問 題

第1問 (45点)

下記の各取引について仕訳しなさい。ただし、勘定科目は、各取引の下の勘定科目の中から最も適当と思われるものを選び、記号で解答すること。なお、消費税については、問題文に指示があるもののみ考慮すること。

1. 商品販売を行っている得意先に対する掛け代金¥1,500,000について、本日、普通預金口座に振り込まれた。
   ア．当座預金　　イ．普通預金　　ウ．売掛金
   エ．前受金　　　オ．買掛金　　　カ．仮受金

2. 新しい事業を行うために、店舗建設用の土地¥3,000,000を購入し、仲介手数料¥300,000と合わせて現金で支払った。
   ア．現金　　　イ．普通預金　　ウ．土地
   エ．仮払金　　オ．支払利息　　カ．支払手数料

3. 商品¥200,000をクレジット払いの条件で販売した。なお、信販会社への手数料（販売代金の5%）は販売時に計上する。
   ア．売掛金　　イ．クレジット売掛金　　ウ．未収入金
   エ．売上　　　オ．支払利息　　　　　　カ．支払手数料

4. 取引先銀行から借り入れていた資金¥1,000,000について、本日返済日を迎え、利息¥50,000と合わせて普通預金口座から引落された。
   ア．当座預金　　イ．普通預金　　ウ．貸付金
   エ．借入金　　　オ．支払利息　　カ．支払手数料

5. 社会保険料の納付として、給料から差し引いた従業員負担分の保険料¥400,000と当社負担分の¥400,000を合わせて普通預金口座から納付した。
   ア．当座預金　　　　イ．普通預金　　　ウ．未払金
   エ．社会保険料預り金　オ．法定福利費　　カ．租税公課

6. 事務所の賃貸借契約を締結し、1カ月当たりの家賃は¥150,000とされた。契約にあたり、1カ月分の家賃と敷金¥300,000を普通預金口

座から振り込んだ。

ア． 当座預金　　**イ．** 普通預金　　**ウ．** 前払金

エ． 差入保証金　　**オ．** 支払手数料　　**カ．** 支払家賃

7. 株式会社の設立にあたり、1株当たり¥500で株式を1,000株発行し、出資者より当座預金口座に振り込まれた。なお、払込金額の全額を資本金とする。

ア． 現金　　**イ．** 当座預金　　**ウ．** 普通預金

エ． 資本金　　**オ．** 利益準備金　　**カ．** 繰越利益剰余金

8. 現金の実際有高が帳簿残高より少なかったため、¥52,000が現金過不足勘定で処理されていた。そのうち、¥48,000は旅費交通費の記入漏れであることが、決算日に判明した。残額については原因不明のため、適当な科目に振り替えることにした。

ア． 現金　　**イ．** 現金過不足　　**ウ．** 旅費交通費

エ． 雑益　　**オ．** 支払手数料　　**カ．** 雑損

9. 備品（取得原価¥800,000、残存価額ゼロ、耐用年数5年）を3年間使用してきたが、4年目の期首に¥250,000で売却し、代金は翌月受け取ることにした。減価償却費は定額法で計算し、記帳は間接法を用いている。

ア． 売掛金　　**イ．** 未収入金　　**ウ．** 備品

エ． 備品減価償却累計額　　**オ．** 固定資産売却益　　**カ．** 固定資産売却損

10. 品川株式会社は株主総会において、繰越利益剰余金¥500,000の一部を次のとおり処分することが承認された。

　　　株主配当金：¥300,000　　　利益準備金の積立て：¥30,000

ア． 当座預金　　**イ．** 未払金　　**ウ．** 未払配当金

エ． 資本金　　**オ．** 利益準備金　　**カ．** 繰越利益剰余金

11. 営業活動で使用する公共交通機関の利用料金支払用ICカードに現金¥15,000をチャージ（入金）し、領収書の発行を受けた。なお、ICカードへのチャージ（入金）を行った際に全額費用計上している。

ア． 現金　　**イ．** 当座預金　　**ウ．** 仮払金

エ． 立替金　　**オ．** 旅費交通費　　**カ．** 租税公課

12. 仕入先への買掛金￥480,000について、電子債権記録機関に取引銀行を通じて電子記録債務の発生記録を行った。

ア. 当座預金　　**イ.** 電子記録債権　　**ウ.** 支払手形

エ. 買掛金　　**オ.** 電子記録債務　　**カ.** 仕入

13. 得意先に対して商品￥300,000（税抜価額）を販売し、代金は注文時に受け取っていた手付金￥30,000を差し引いた残額を現金で受け取った。なお、消費税は税抜価額に対して消費税率10％で計算し、税抜方式で記帳する。

ア. 現金　　　**イ.** 仮払消費税　　**ウ.** 前受金

エ. 仮受金　　**オ.** 仮受消費税　　**カ.** 売上

14. 土地と建物の固定資産税の納税通知を受け取り、第1期分の￥29,200が普通預金口座より引落された。

ア. 当座預金　　**イ.** 普通預金　　**ウ.** 建物

エ. 土地　　　**オ.** 法人税等　　**カ.** 租税公課

15. 事務作業などの業務に使用するための物品を購入し、品物とともに次の請求書を受け取り、代金は後日支払うことにした。なお、杉並商店株式会社は、品物の受け取りに関する仕訳は品物受取時に行っている。

納品書兼請求書

杉並商店株式会社　　御中

中野電機株式会社

品　　物	数　量	単　価	金　額
コピー用紙（500枚入り）	5	500	￥2,500
デスクトップパソコン（PC 000）	1	250,000	￥250,000
		合　計	￥252,500

○年10月31日までに合計額を下記口座にお振込みください。
××銀行△△支店　普通　0000000　ナカノデンキ（カ

ア. 備品　　**イ.** 買掛金　　**ウ.** 未払金

エ. 仕入　　**オ.** 通信費　　**カ.** 消耗品費

第2問 (20点)

（1） 次の江東株式会社における各取引の伝票記入において、空欄①～④にあてはまる適切な勘定科目または金額を答えなさい。なお、勘定科目は下記の語群から選び、記号で解答すること。

〈語群〉　ア．現金　　　イ．当座預金　　ウ．受取手形　　エ．備品
　　　　オ．支払手数料　カ．売上　　　　キ．仕入

1. 板橋商店へ商品￥250,000を売り上げ、代金のうち￥200,000は同店振り出しの約束手形で受け取り、残額は現金で受け取った。

入　金　伝　票	
科　目	金　額
	（　①　）

振　替　伝　票			
借方科目	金　額	貸方科目	金　額
（　②　）	200,000		200,000

2. 備品￥550,000を購入し、代金は小切手を振り出して支払った。なお、据付費￥20,000については現金で支払った。

出　金　伝　票	
科　目	金　額
（　③　）	（　④　）

振　替　伝　票			
借方科目	金　額	貸方科目	金　額
	570,000		570,000

（2） 次の9月中の取引等にもとづいて、下記の問いに答えなさい。

9月　1日　A商品の前月繰越高は、100個@￥620であった。

　　　3日　A商品100個を@￥640で仕入れ、代金は月末払いとした。

　　12日　A商品150個を@￥800で売り上げ、代金は現金で受け取った。

　　20日　A商品200個を@￥660で仕入れ、代金は小切手を振り出して支払った。

　　25日　A商品200個を@￥900で売り上げ、代金は現金で受け取った。

問1　9月のA商品の商品有高帳を作成しなさい。なお、商品の払出単価の決定方法は移動平均法を採用し、摘要欄の記入は「仕入」または「売上」とする。

問2　9月のA商品の売上高、売上原価および売上総利益を答えなさい。

第3問 (35点)

次の (1) 決算整理前残高試算表と (2) 決算整理事項等にもとづいて、答案用紙の貸借対照表と損益計算書を完成しなさい。なお、会計期間は X1 年 4 月 1 日から X2 年 3 月 31 日までの 1 年間である。

（1）決算整理前残高試算表

決算整理前残高試算表

借方残高	勘定科目	貸方残高
482,000	現　　　金	
926,000	普 通 預 金	
740,000	売 　掛 　金	
18,000	仮払法人税等	
270,000	繰 越 商 品	
200,000	備　　　品	
3,600,000	土　　　地	
	買 　掛 　金	330,000
	借 　入 　金	500,000
	仮 　受 　金	120,000
	貸 倒 引 当 金	3,000
	備品減価償却累計額	80,000
	資 　本 　金	5,000,000
	繰越利益剰余金	129,000
	売 　　　上	2,950,000
	受 取 手 数 料	52,000
1,680,000	仕 　　　入	
480,000	給 　　　料	
75,000	通 　信 　費	
600,000	支 払 家 賃	
93,000	水 道 光 熱 費	
9,164,000		9,164,000

（2）決算整理事項等

1. 現金￥30,000を普通預金口座に預け入れたが、この取引が未処理である。

2. 仮受金は、全額が売掛金の回収であることが判明した。

3. 売掛金の期末残高に対して2％の貸倒引当金を差額補充法により設定する。

4. 期末商品棚卸高は￥280,000である。

5. 備品について、残存価額ゼロ、耐用年数5年とする定額法により減価償却を行う。

6. 通信費のうち、￥5,000は未使用の切手代なので貯蔵品に振り替える。

7. 家賃の前払額が￥100,000ある。

8. 借入金はX1年6月1日に借入期間1年、年利率3％で借り入れたもので、利息は元金とともに返済時に支払うことになっている。利息の計算は月割による。

9. 法人税等の金額が￥38,000と計算されたので、仮払法人税等との差額を未払法人税等として計上する。

答案用紙

第1問 (45点)

	仕 訳			
	借方科目	金 額	貸方科目	金 額
1				
2				
3				
4				
5				
6				
7				

	仕 訳			
	借方科目	金 額	貸方科目	金 額
8				
9				
10				
11				
12				
13				
14				
15				

第2問 (20点)

(1)

① ¥	②	③	④ ¥

(2) 問1

商 品 有 高 帳

（移動平均法） A商品

日付		摘 要	受 入			払 出			残 高		
			数量	単価	金額	数量	単価	金額	数量	単価	金額
9	1	前月繰越									
	30	次月繰越									

問2

売上高	売上原価	売上総利益
¥	¥	¥

第3問 (35点)

貸 借 対 照 表

X2年3月31日　　　　　　　　　　　　（単位：円）

資 産	金 額	負債及び純資産	金 額
現　　　　金	（　　　　　　　）	買　掛　金	（　　　　　　　）
普 通 預 金	（　　　　　　　）	借　入　金	（　　　　　　　）
売　掛　金	（　　　　　　　）	未払法人税等	（　　　　　　　）
貸倒引当金	（▲　　　）（　　　）	未 払 費 用	（　　　　　　　）
貯　蔵　品	（　　　　　　　）	資　本　金	（　　　　　　　）
商　　　　品	（　　　　　　　）	繰越利益剰余金	（　　　　　　　）
（　　　）費用	（　　　　　　　）		
備　　　　品	（　　　　　　　）		
減価償却累計額	（▲　　　）（　　　）		
土　　　　地	（　　　　　　　）		
	（　　　　　　　）		（　　　　　　　）

損 益 計 算 書
X1年4月1日からX2年3月31日まで
（単位：円）

費　用	金　額	収　益	金　額
売 上 原 価	（　　　　）	売　上　高	（　　　　）
給　　　料	（　　　　）	受取手数料	（　　　　）
貸倒引当金繰入	（　　　　）		
減価償却費	（　　　　）		
通　信　費	（　　　　）		
支 払 家 賃	（　　　　）		
水道光熱費	（　　　　）		
支 払 利 息	（　　　　）		
法 人 税 等	（　　　　）		
当期（　　）	（　　　　）		
	（　　　　）		（　　　　）

解 答 & 解 説

第1問 (45点)

	仕　訳			
	借方科目	金　額	貸方科目	金　額
1	イ（普 通 預 金）	1,500,000	ウ（売　掛　金）	1,500,000
2	ウ（土　　　地）	3,300,000	ア（現　　　金）	3,300,000
3	イ（クレジット売掛金）	190,000	エ（売　　上）	200,000
	カ（支払手数料）	10,000		

	仕　　　訳			
	借方科目	金　額	貸方科目	金　　額
4	エ（借　入　金）	1,000,000	イ（普 通 預 金）	1,050,000
	オ（支 払 利 息）	50,000		
5	エ（社会保険料預り金）	400,000	イ（普 通 預 金）	800,000
	オ（法定福利費）	400,000		
6	カ（支 払 家 賃）	150,000	イ（普 通 預 金）	450,000
	エ（差入保証金）	300,000		
7	イ（当 座 預 金）	500,000	エ（資　本　金）	500,000
8	ウ（旅費交通費）	48,000	イ（現金過不足）	52,000
	カ（雑　　　損）	4,000		
9	エ（備品減価償却累計額）	480,000	ウ（備　　　品）	800,000
	イ（未 収 入 金）	250,000		
	カ（固定資産売却損）	70,000		
10	カ（繰越利益剰余金）	330,000	ウ（未払配当金）	300,000
			オ（利益準備金）	30,000
11	オ（旅費交通費）	15,000	ア（現　　　金）	15,000

	仕 訳			
	借方科目	金 額	貸方科目	金 額
12	エ（買　掛　金）	480,000	オ（電子記録債務）	480,000
13	ウ（前　受　金）	30,000	カ（売　　　　上）	300,0000
	ア（現　　　金）	300,000	オ（仮受消費税）	30,000
14	カ（租　税　公　課）	29,200	イ（普　通　預　金）	29,200
15	カ（消　耗　品　費）	2,500	ウ（未　払　金）	252,500
	ア（備　　　品）	250,000		

仕訳1組につき3点　合計45点

1. 掛け代金が普通預金口座に振り込まれたので、**売掛金勘定の貸方、普通預金勘定の借方**に記入します。

2. 仲介手数料は土地の取得原価に含めるので、取得原価は￥3,300,000となります。また、現金で支払っているので、**土地勘定の借方、現金勘定の貸方**に記入します。

3. クレジット払いの条件で商品を売り上げたので、**売上勘定の貸方**に記入するとともに、**クレジット売掛金勘定の借方**に記入します。また、信販会社への手数料は**支払手数料勘定で処理**します。
支払手数料…￥200,000×5％＝￥10,000
クレジット売掛金…￥200,000－￥10,000＝￥190,000

4. 借入金を利息とともに返済したので、**借入金勘定の借方、支払利息勘定の借方、普通預金勘定の貸方**に記入します。

5. 従業員負担分の保険料については**社会保険料預り金勘定の借方**に記入し、当社負担分の保険料については**法定福利費勘定の借方**に記入します。また、普通預金口座から納付したので、**普通預金勘定の貸方**に記入します。

6. 家賃については**支払家賃勘定の借方**に記入し、敷金については**差入保証金勘定の借方**に記入します。普通預金口座から支払っているので、**普通預金勘定の貸方**に記入します。

7. 株式を発行しているので、**資本金勘定の貸方**に記入します。払込金額は、￥500×1,000株＝￥500,000となり、当座預金口座に振り込まれたので、**当座預金勘定の借方**に記入します。

8. 現金過不足発生時には、現金の実際有高が帳簿残高より少なかったので、次のように処理をしています。

    （借）**現金過不足**　　52,000　　（貸）**現　　金**　　52,000

    そのうち、￥48,000は旅費交通費の記入漏れであることが判明したので、旅費交通費勘定に振り替えます。

    （借）**旅費交通費**　　48,000　　（貸）**現金過不足**　　48,000

    残額は原因不明なので、雑損勘定に振り替えます。

    （借）**雑　　損**　　4,000　　（貸）**現金過不足**　　4,000

9. 備品を売却したので、**備品勘定を減少**させるとともに、**備品減価償却累計額勘定を減少**させます。そして、売却価額が帳簿価額を下回っているので、その差額を**固定資産売却損勘定で処理**します。また、代金は翌月受け取ることにしたので、**未収入金勘定で処理**します。

    1年分の減価償却費：￥800,000÷5年＝￥160,000
    期首の減価償却累計額：￥160,000×3年＝￥480,000
    売却価額：￥250,000
    帳簿価額：￥800,000－￥480,000＝￥320,000
    固定資産売却損：￥320,000－￥250,000＝￥70,000

10. 株主総会において繰越利益剰余金の処分が決まったので、繰越利益剰余金勘定から、それぞれの勘定科目に振り替えます。株主配当金については、株主にまだ支払っていないので**未払配当金勘定の貸方**、利益準備金の積立てについては**利益準備金勘定の貸方**に記入します。また、配当金と利益準備金の分、繰越利益剰余金を減少させるので、**繰越利益剰余金勘定の借方**に記入します。

11. 電車などの公共交通機関の利用料金は旅費交通費勘定で処理します。ICカードへのチャージ（入金）を行った際に全額費用計上しているとあるので、**旅費交通費勘定の借方、現金勘定の貸方**に記入します。

12. 買掛金について取引銀行を通じて電子記録債務の発生記録を行ったので、**買掛金勘定の借方**に記入するとともに、**電子記録債務勘定の貸方**に記入します。

13. 注文時に受け取っていた手付金￥30,000については、前受金勘定で処理しているので、**前受金勘定の借方**に記入して減少させます。税抜方式では、受け取った消費税を売上に含めないので、売上については税抜価額で処理をします。また、受け取った消費税（￥300,000 × 10％＝￥30,000）は、**仮受消費税勘定の貸方**に記入します。そして残額を現金で受け取っているので、**現金勘定の借方**に記入します。

14. 固定資産税は租税公課勘定で処理するので、**租税公課勘定の借方**に記入します。また、普通預金口座から引落されているので、**普通預金勘定の貸方**に記入します。

15. 証ひょうから仕訳を行う問題です。コピー用紙は消耗品なので**消耗品費勘定の借方**に記入します。パソコン￥250,000については**備品勘定の借方**に記入します。また、代金は後日支払うので、合計金額を**未払金勘定で処理**します。

第2問 (20点)

(1)

① ￥	50,000	②	**ウ**	③	**イ**	④ ￥	20,000

(2) 問1

商 品 有 高 帳

（移動平均法） A商品

日付		摘 要	受 入			払 出			残 高		
			数量	単価	金額	数量	単価	金額	数量	単価	金額
9	1	前月繰越	100	620	62,000				100	620	62,000
	3	仕 入	100	640	64,000				200	630	126,000
	12	売 上				150	630	94,500	50	630	31,500
	20	仕 入	200	660	132,000				250	654	163,500
	25	売 上				200	654	130,800	50	654	32,700
	30	次月繰越				50	654	32,700			
			400		258,000	400		258,000			

問2

	売上高		売上原価		売上総利益
￥	300,000	￥	225,300	￥	74,700

1つにつき2点 合計20点

（1）

1. の取引を仕訳すると次のようになります。

（借）受 取 手 形　　200,000　　（貸）売　　　　上　　250,000
（借）現　　　　金　　 50,000

振替伝票の金額欄に¥200,000と記載されているところから、取引を分割して記入する方法であることがわかります。

（借）②**受取手形**　　200,000　　（貸）売　　　　上　　200,000 → 振替伝票
（借）現　　　　金　①**50,000**　　（貸）売　　　　上　　 50,000 → 入金伝票

2. の取引を仕訳すると次のようになります（据付費は備品の取得原価に含める）。

（借）備　　　　品　　570,000　　（貸）当 座 預 金　　550,000
　　　　　　　　　　　　　　　　　　　　現　　　　金　　 20,000

振替伝票の金額欄に¥570,000と記載されているところから、取引を仮定して記入する方法であることがわかります。

（借）備　　　　品　　570,000　　（貸）当 座 預 金　　570,000 → 振替伝票
（借）③**当座預金**　　 20,000　　（貸）現　　　　金　④**20,000** → 出金伝票

（2）

問1　商品有高帳の記入

商品有高帳の受入欄は、商品の仕入原価を記入し、払出欄は、売上原価を記入します。移動平均法の場合は、商品を異なる単価で仕入れるごとに平均単価を計算します。

9月3日の平均単価

$$\frac{@¥620 \times 100個 + @¥640 \times 100個}{100個 + 100個} = ¥630$$

9月20日の平均単価

$$\frac{@¥630 \times 50個 + @¥660 \times 200個}{50個 + 200個} = ¥654$$

問2　売上高、売上原価および売上総利益の計算

売上高、売上原価および売上総利益は次のように計算します。

〈売上高〉

売上高…@¥800 × 150個 + @¥900 × 200個 = ¥300,000

12日売上　　　25日売上

〈売上原価〉

月初商品棚卸高…¥62,000

当月商品仕入高…@¥640×100個+@¥660×200個=¥196,000

|← 3日仕入 →| |← 20日仕入 →|

月末商品棚卸高…¥32,700

売上原価…¥62,000+¥196,000−¥32,700=¥225,300

なお、売上原価は商品有高帳の払出欄の12日の金額と25日の金額を合計することによって計算することもできます。¥94,500(12日)+¥130,800(25日)=¥225,300

〈売上総利益〉

売上総利益…¥300,000−¥225,300=¥74,700

〈参考〉

本問の商品の払出単価の決定方法を先入先出法とした場合、商品有高帳は次のようになります。

商 品 有 高 帳

(先入先出法) A商品

日付		概　　要	受　入			払　出			残　高		
			数量	単価	金額	数量	単価	金額	数量	単価	金額
9	1	前月繰越	100	620	62,000				100	620	62,000
	3	仕　　入	100	640	64,000				{100	620	62,000
									{100	640	64,000
	12	売　　上				{100	620	62,000			
						{50	640	32,000	50	640	32,000
	20	仕　　入	200	660	132,000				{50	640	32,000
									{200	660	132,000
	25	売　　上				{50	640	32,000			
						{150	660	99,000	50	660	33,000
	30	次月繰越				50	660	33,000			
			400		258,000	400		258,000			

第3問 (35点)

貸借対照表
X2年3月31日 (単位：円)

資　産	金　額		負債及び純資産	金　額
現　　　金		(452,000)	買　掛　金	(330,000)
普 通 預 金		(956,000)	借　入　金	(500,000)
売　掛　金	(620,000)		未払法人税等	(20,000)
貸倒引当金	(▲12,400)	(607,600)	未 払 費 用	(12,500)
貯　蔵　品		(5,000)	資　本　金	(5,000,000)
商　　　品		(280,000)	繰越利益剰余金	(218,100)
(前払)費用		(100,000)		
備　　　品	(200,000)			
減価償却累計額	(▲120,000)	(80,000)		
土　　　地		(3,600,000)		
		(6,080,600)		(6,080,600)

損 益 計 算 書
X1年4月1日からX2年3月31日まで (単位：円)

費　用	金　額	収　益	金　額
売 上 原 価	(1,670,000)	売　上　高	(2,950,000)
給　　　料	(480,000)	受取手数料	(52,000)
貸倒引当金繰入	(9,400)		
減価償却費	(40,000)		
通　信　費	(70,000)		
支 払 家 賃	(500,000)		
水道光熱費	(93,000)		
支 払 利 息	(12,500)		
法 人 税 等	(38,000)		
● 当期(純利益)	(89,100)		
	(3,002,000)		(3,002,000)

▭ 1つにつき3点、●のみ2点　合計35点

決算整理事項等の仕訳は次のとおりです。

1. 普通預金口座への預け入れ（未処理事項）

（借）普 通 預 金　　30,000　　　（貸）現　　　金　　30,000
・現金：¥482,000 － ¥30,000 ＝ **¥452,000**
・普通預金：¥926,000 ＋ ¥30,000 ＝ **¥956,000**

2. 仮受金の内容判明

（借）仮 受 金　　120,000　　　（貸）売 掛 金　　120,000
・売掛金：¥740,000 － ¥120,000 ＝ **¥620,000**

3. 貸倒引当金の設定

（借）貸倒引当金繰入　　9,400　　　（貸）貸倒引当金　　9,400
・貸倒引当金設定額：¥620,000 × 2％ ＝ **¥12,400**
・貸倒引当金繰入額：¥12,400 － ¥3,000 ＝ **¥9,400**

4. 売上原価の計算

（借）仕　　　　入　　270,000　　　（貸）繰 越 商 品　　270,000
（借）繰 越 商 品　　280,000　　　（貸）仕　　　　入　　280,000
・売上原価：¥270,000 ＋ ¥1,680,000 － ¥280,000 ＝ **¥1,670,000**
・商品：**¥280,000**
※決算整理後の仕入勘定の金額が損益計算書の売上原価の金額となります。繰越
　商品勘定は、貸借対照表上では商品として表示します。

5. 減価償却

（借）減価償却費　　40,000　　　（貸）備品減価償却累計額　　40,000
・減価償却費：¥200,000 ÷ 5年 ＝ **¥40,000**
・減価償却累計額：¥80,000 ＋ ¥40,000 ＝ **¥120,000**

6. 貯蔵品への振り替え

（借）貯 蔵 品　　5,000　　　（貸）通 信 費　　5,000
・通信費：¥75,000 － ¥5,000 ＝ **¥70,000**
・貯蔵品：**¥5,000**

7. 前払費用の処理

（借）前 払 家 賃　　100,000　　　（貸）支 払 家 賃　　100,000
・支払家賃：¥600,000 － ¥100,000 ＝ **¥500,000**

・前払費用：¥100,000

※前払家賃は、貸借対照表上は前払費用として表示します。

8．未払費用の処理

（借）支払利息　　　　12,500　　　（貸）未払利息　　　　12,500

※¥500,000 × 3% × $\dfrac{10 \text{カ月}}{12 \text{カ月}}$ ＝ ¥12,500

・支払利息：¥12,500

・未払費用：¥12,500

※未払利息は、貸借対照表上は未払費用として表示します。

9．法人税等

（借）法人税等　　　　38,000　　　（貸）仮払法人税等　　18,000

　　　　　　　　　　　　　　　　　　　　未払法人税等　　20,000

・法人税等：¥38,000

・未払法人税等：¥38,000 － ¥18,000 ＝ ¥20,000

※損益計算書の貸借差額から当期純利益を計算します。

・当期純利益：¥89,100

※繰越利益剰余金の金額は、当期純利益を加えた金額となります。

・繰越利益剰余金：¥129,000 ＋ ¥89,100 ＝ ¥218,100

ワンポイントアドバイス

総合問題をひと通り解いてみて、できなかったところ、よくわからなかったところなどは、テキストの本文と理解度チェック問題で確認・復習しましょう。また、問題を解く際に、思ったよりも解答に時間がかかってしまったかもしれません。そのような場合は、繰り返し問題を解く練習をしましょう。繰り返し練習することによって、解答のスピードがアップしていきます

さくいん

●著者

前田 信弘（まえだ・のぶひろ）

1級ファイナンシャル・プランニング技能士、CFP®。経営コンサルタント。大学や専門学校等においてFP技能検定受検対策講座や簿記等の講師を担当。長年ビジネス教育に取り組むとともに、幅広く執筆・コンサルティング活動を行う。著書に『一発合格！ FP技能士3級完全攻略テキスト』『一発合格！ FP技能士3級完全攻略実戦問題集』『一発合格！ FP技能士2級AFP完全攻略テキスト』『一発合格！ FP技能士2級AFP完全攻略実戦問題集』『一発合格！ マンガで攻略！ FP技能士3級』『一発合格！ マンガで攻略！ FP技能士2級AFP』（以上ナツメ社）、『マンガでやさしくわかる日商簿記3級』『マンガでやさしくわかる日商簿記2級 商業簿記』『マンガでやさしくわかる日商簿記2級 工業簿記』（以上日本能率協会マネジメントセンター）、『知識ゼロからの会社の数字入門』（幻冬舎）ほか多数。

〈問い合わせ先〉
マエダオフィス　e-mail：nmaeda@mtg.biglobe.ne.jp

●本文デザイン・DTP／CONNECT
●本文イラスト／成瀬 瞳
●校閲／今田茂司
●校正／株式会社ぷれす
●編集制作／有限会社ヴュー企画（須藤和枝）
●編集担当／原 智宏（ナツメ出版企画株式会社）

本書に関するお問い合わせは、書名・発行日・該当ページを明記の上、下記のいずれかの方法にてお送りください。電話でのお問い合わせはお受けしておりません。
・ナツメ社webサイトの問い合わせフォーム
　https://www.natsume.co.jp/contact
・FAX（03-3291-1305）
・郵送（下記、ナツメ出版企画株式会社宛て）
なお、回答までに日にちをいただく場合があります。正誤のお問い合わせ以外の書籍内容に関する解説・受験指導は、一切行っておりません。あらかじめご了承ください。

サクサク身につく！ 日商簿記3級テキスト＆問題集 第2版

2020年1月2日 初版発行
2021年11月1日 第2版発行
2024年4月10日 第2版第3刷発行

著　者	前田信弘	© Maeda Nobuhiro, 2020, 2021
発行者	田村正隆	

発行所	株式会社ナツメ社
	東京都千代田区神田神保町1-52　ナツメ社ビル1F（〒101-0051）
	電話　03（3291）1257（代表）　FAX　03（3291）5761
	振替　00130-1-58661
制　作	ナツメ出版企画株式会社
	東京都千代田区神田神保町1-52　ナツメ社ビル3F（〒101-0051）
	電話　03（3295）3921（代表）
印刷所	ラン印刷社

ISBN978-4-8163-7101-1　　　　　　　　　　Printed in Japan
（定価はカバーに表示してあります）（落丁・乱丁本はお取り替えします）
本書の一部または全部を著作権法で定められている範囲を超え、ナツメ出版企画株式会社に無断で複写、複製、転載、データファイル化することを禁じます。